NCS-based FOOD and BEVERAGE Service

국가직무능력표준 National Competency Standards

호텔/외식 식음료서비스

송흥규

지식인

NCS 기반

호텔/외식 식음료서비스

2018년 3월 5일 초판 1쇄 인쇄
2018년 3월 10일 초판 1쇄 발행

지은이 | 송홍규
펴낸이 | 김종욱
펴낸곳 | 지식인
등 록 | 제301-2013-134호
주 소 | 서울시 도봉구 도봉로 180길 20 투웨니퍼스트 102동 602호
전 화 | 02)2266-8606 (대)
팩 스 | 02)2266-8607
E-mail | jisikin2013@naver.com
홈페이지 | www.jisikinbook.co.kr

ISBN 979-11-88105-21-2 (93320)

값 19,000원

NCS 기반

호텔/외식 식음료서비스

필자는 1988년 7월 1일 당시 호텔신라에서 위탁 운영하고 있던 63빌딩 55층 프렌치레스토랑(거버너스 챔버)에 웨이터로 입사하였다. 이후 세프드랑(숙련웨이터), 그리고 바텐터와 소믈리에로도 근무하였고 시간이 흘러 중식당, 일식당, 한식당, 뷔페식당, 연회장 그리고 판촉 지배인, 웨딩담당 지배인, 식음연회 과장 등 2개월 부족한 23년을 근무하였다. 지금에서 당시의 일들을 회고해 보면 서비스인으로 살아간다는 것은 매우 자존심이 상한 일이 아닐 수 없었다. 누구는 우아한 식당에서 왕으로서 대접을 받고, 누구는 그 왕을 위해 서비스나 하고, 혈기 넘친 젊은 사람으로서는 무척 괴로웠다. 업무를 마감할 저녁 11시가 다가오면 63빌딩 55층 최고의 전망, 명사들에게 최고로 인기 있었던 오팔룸에서 바라본 88올림픽대로를 보며 나름의 다짐을 했다. '내 나이 오십이 되면 이곳에 고객이 되어 오리라!'

시간이 흘러 현 교수라는 직업을 갖게 되었고, 식당을 컨설팅 하는 외식컨설턴트가 되면서 과거에 배웠던 일들을 활용하는 전문가가 되었다. 과거에 손님을 응대하고 접객했던 일들이 국가의 큰 행사 의전에 자문을 하고, 한국관광공사의 음식을 자문하는 역할까지, 이외 외식기업인들을 대상으로 강연하는 일도 적지 않게 늘었다. 그리고 무엇보다도 이 분야에서 성공한 많은 외식기업인들을 만났다. 반면, 지금도 현직에서 일하고 있는 옛 동료들도 있고, 나보다 더욱 성장한 분들도 더러 있다. 왜 사람은 비슷한 환경에서도 누구는 성공하고 누구는 답보상태일까? 스노우폭스 김승호 회장과 같이 글로벌 외식기업인으로 수 조원 대 매출을 달성하는 존경받는 사람이 되어있는가 하면, 누구는 언제 회사에서 쫓겨날지 근심걱정을 하며 살고 있다. 어떻게 보면 당시 목표의식을 가지고 좀 더 열심히 노력하지 못함을 아쉬워할 때가 많았다. 이 분야에서도 너무도 성공한 분들이 많고 그분들이 서비스산업을 이끌고 있기 때문이다. 지천명의 나이가 되어 깨닫다니 그래도 나에겐 행운이다. 나는 과거의 일들로 인하여 전문가로 살아가기 때문이다.

많은 시간이 지난 나는 나의 과거를 벗어나지 못함을 깨달았다. TThoughts → FFeelings → AActions = RResults '생각이 감정을 낳는다, 감정이 행동을 낳는다, 행동이 결과를 낳는다.' 이 말은 아마존 최장기 베스트셀러인 백만장자의 시크릿의 저자 하브 에커T. Havy Eker의 '부의 법칙' 이론이다. 아주 오래된 학창시절 이 글을 접했지만, 적지 않은 시간이 흘러 이 말이 삶의 진리임을 알게 되었다. 나의 현재 모습은 나의 과거 경험에 대한 결과이기 때문이다.

오늘날의 서비스는 개인의 경쟁력이자 기업의 강한 경쟁력이고 이는 국가의 경쟁력이 되어 서비스산업으로 발전하였다. 그 중에서 식음료서비스는 훌륭한 음식을 고객에게 제공하는 일이다.

필자가 서비스인으로 근무할 당시와 비교하면 오늘날의 서비스인은 전문분야로 성장해왔고 앞으로도 지속적으로 발전할 것이다. 4차산업시대에 호텔외식 서비스 분야의 직업은 부가가치를 창출할 수 있는 산업으로 주목받을 가능성이 높다. 바로 우리가 하는 서비스는 세상에서 가장 위대하고 값진 일이 되어가고 있기 때문이다. 서비스인은 서비스전문가, 서비스디자이너, 서비스경영인으로 세분화된 직업으로 성장할 수 있다. 학습자 여러분이 스노우폭스 김승호 회장이나 유니온스퀘어 대니마이어 회장과 같은 경영인이 되어야겠다면 외식기업을 경영하는 서비스경영인을 꿈꿀 수 있다. 경영보다는 필자와 같은 전문가가 되겠다면 서비스전문가 혹은 서비스디자이너로 호텔외식 분야에서 성공하면 된다.

이 분야도 성공하기란 쉽지 않다. 특히 타산업보다 노동의 강도가 커서 이직이 많은 분야이다. 비교적 취업이 쉽지만 아무나 이곳에서 성공하진 못했다. 반면, 타 산업 대비 창업이 쉽고 기업인으로 성장할 가능성이 높은 분야이기도 하다. 이곳에서 성공하려면 조건이 있다. 직업관이다. 바로 서비스인의 정신이 투철한 사람은 성공할 수가 있다. 필자가 경험했고 직접 성공한 인물들을 만나 확인했다. 이러한 부분을 학습자에게 공유한다. 내가 하는 이 서비스가 세상에서 가장 위대하고 값진 일임을 나는 학습자 여러분에게 공유한다. 나는 외식서비스인으로 인류와 지역사회의 발전에 이바지하고 살아갈 것을 다짐한다.

저 자

학습과정 안내 ········ 009

CHAPTER 01 서비스인의 기본자세 ········ 015

1. 서비스인의 정신 ········ 015
2. 서비스인의 용모 ········ 018
3. 서비스인의 표정관리 ········ 020
4. 서비스인의 태도 ········ 022
5. 서비스인의 대화예절 ········ 025
6. 서비스인의 전화예절 ········ 027

CHAPTER 02 바른 인사법과 자세 ········ 033

1. 서비스인의 인사법 ········ 033
2. 상황별 인사 ········ 037
3. 서비스인의 안내자세 ········ 039
4. 고객응대 화법 ········ 047

CHAPTER 03 파지법 기본 실무 ········ 055

1. 트레이 파지법 ········ 055
2. 플레이트 파지법 ········ 057
3. 글라스 파지법 ········ 059
4. 실버웨어 파지법 ········ 061
5. 서빙스푼 & 포크 파지법 ········ 062
6. 린넨 취급법 ········ 062

CHAPTER 04 테이블 기물과 장비 ········ 067

1. 기물류 ········ 067
2. 글라스류 ········ 069
3. 도자기류 ········ 070
4. 린넨류 ········ 072
5. 장비류 ········ 074

CHAPTER 05 테이블세팅 077

1. 테이블세팅 077
2. 테이블세팅하기 078
3. 냅킨 085

CHAPTER 06 음식서비스 091

1. 테이블서비스 091
2. 테이블서비스의 방법 093

CHAPTER 07 음료서비스 103

1. 음료서비스의 요령 103
2. 와인서비스의 실무 106
3. 샴페인서비스 108
4. 브랜디서비스 110
5. 위스키서비스 111

CHAPTER 08 주문서비스 115

1. 접객서비스의 과정 115
2. 주문서비스 117

CHAPTER 09 고객접점서비스 127

1. 예약서비스 127
2. 주차서비스 129
3. 환영서비스 130
4. 주문서비스 132
5. 식음료서비스 133
6. 뒷정리서비스 138
7. 계산과 환송서비스 139

CHAPTER 10 서양음식의 이해 145

1. 서양음식의 특징 145
2. 프랑스음식 146
3. 이탈리아음식 164

CHAPTER 11 서양음식서비스 실무 ······ 177

1. 테이블세팅 ······ 177
2. 서비스 과정 ······ 181

CHAPTER 12 동양음식의 이해 ······ 189

1. 중국음식 ······ 189
2. 일본음식 ······ 213
3. 한식음식 ······ 228

CHAPTER 13 한식서비스 ······ 243

1. 한식의 테이블세팅 ······ 243
2. 서비스 과정 ······ 247

CHAPTER 14 일식서비스 ······ 255

1. 일식의 테이블세팅 ······ 255
2. 서비스 과정 ······ 258
3. 카운터서비스 ······ 262

CHAPTER 15 중식서비스 ······ 267

1. 중식의 테이블세팅 ······ 267
2. 서비스 과정 ······ 270

CHAPTER 16 고객 불평 처리법 ······ 277

1. 고객 불평 ······ 277
2. 고객 불평 응대법 ······ 279

사례예시 NCS 기반 직무능력수행평가 ······ 284

학습과정 안내

1. 학습목표

본 학습과정의 목표는 국가직무능력표준NCS, National Competency Standards[1]에 의거하여 산업현장에서 식음료 접객서비스를 수행하기 위해 요구되는 지식 · 기술 · 소양 등의 내용으로 식음료서비스 전문가를 양성하는 것이다. 학습자는 이 과정을 통해 식음산업 분야의 전문가로 진로를 선택할 수 있으며, 또한 기타 서비스 분야에서 자부심을 가지고 학습자 자신의 경력을 개발할 수 있다. 식음료서비스는 고객을 직접 응대하고 고객만족을 통해 부가가치를 창출하는 직무를 수행해야 한다. 때문에 아무나 성공할 수 없는 분야이기에 뚜렷한 직업관이 요구된다. 또한 직무상 혼자 수행하기 어려운 경우가 많고 대부분 협업을 통해 부가가치를 창출해야 하기에 동료에 대한 협력하고자 하는 노력이 요구된다. 이에 수업과정은 고객만족을 통해 부가가치를 창출하는 직무의 자부심을 담은 '서비스인의 정신'과 '동료에 대한 협력을 기반으로 한 배려 정신'을 주 내용으로 구성하고 있다. 고객만족에 의한 부가가치 창출은 고객을 대상으로 신속한 서비스와 친절한 안내가 기본이기에 바른 성품과 용모, 그리고 순발력은 서비스인의 기본사항이다.

이 과목은 국가가 인정하는 직무의 수준 1~8단계를 모두 학습할 수 있도록 설계되었다. 따라서 학습과정을 모두 이수하면 호텔식음료 레스토랑, 전문 외식기업의 레스토랑 등으로 진로를 선택할 수 있으며, 향후 식음료서비스 전문 지배인, 관리자,

1) "국가직무능력표준"이란 산업현장에서 직무를 수행하기 위하여 요구되는 지식 · 기술 · 소양 등의 내용을 국가가 산업부문별 · 수준별로 체계화한 것을 말한다.

운영자로 진로를 선택할 수 있다.

2. 학습방법

본 교재는 기본학습과 심화학습이 가능하도록 설계되어 있다. 교과과정이 한 학기 3학점으로 되어 있다면 본 교재의 내용 순서대로 진행하여도 무리 없고, 만약 1~2학기로 2학점씩 진행된다면 기본과정(1~8장)과 심화과정(1~2장 복습, 9~16장)으로 나누어 진행할 수 있다. 다음은 수업방법에 대한 권유사항이다. 필자의 학습방법을 참조하여 학습자에게 적합한 학습방법을 설계하길 추천한다.

이 수업은 호텔 · 외식 식음료 산업의 현장 직무 특성을 고려하여 학습자가 스스로 수행 그룹을 만들어 학습과정에 참여하도록 설계하였다. 단순 식음료서비스는 담당 서버Server에 의해 제공될 수 있으나, 대다수 레스토랑에서의 직무성과는 서비스에 참여하는 조원들의 협업이 없이는 달성이 불가능한 경우가 많다. 때문에 이 수업과정은 학습자 간 역할을 수행할 수 있는 그룹을 조직하여 훈련하는 것이 효과적이다.

학습자 그룹은 매주, 혹은 2주에 한 번 리더Leader를 선정하여 순차적으로 진행하고 학습리더는 교수자의 내용을 이해하고 조원들에게 전달하는 역할을 한다. 따라서 그룹 조원이 모두 학습의 내용을 달성할 수 있도록 해야 한다. 교수자는 학습 리더가 역할을 충분히 수행할 수 있도록 돕는다.

학습 리더는 그룹 구성원이 수업에 적극적으로 참여할 수 있도록 해야 한다. 또한 조직구성원이 학습 내용을 이해하고 성과를 달성할 수 조력해야 한다. 또한 학습자는 구성원 각자 역할을 결정하고 학습 리더가 제 역할을 수행할 수 있도록 한다.

학습자 그룹 구성은 상호존중의 원칙에 의거하여 학습 리더를 존중해야 하며 리더의 지시에 성실히 따라야 하고, 리더가 학습자들을 이끌 수 있도록 해야 한다. 교수자는 그룹 구성원이 훈련 학습에 몰입할 수 있도록 지도한다. 단, 학습자의 그룹 구성원에 동참하지 못하는 경우, 교수자는 신속히 학습자를 다른 구성원의 그룹에 참여할 수 있도록 도와야 한다.

3. 식음료서비스의 직무현황

1) 산업현장 직무능력 수준

한국고용정보원의 자료에 따르면, 식음료서비스 분야에 대한 직무능력수준은 [표 1]과 같이 나타난다.

[표 1] 식음료서비스 분야의 직무능력수준

직능수준 \ 세분류	식음료접객(호텔)	식음료접객(외식)	소믈리에	바리스타	바텐더(조주사)
Ⅳ(직무경험 : 10~13년)	F&B Director (식음료 관리자)	사업본부장	지배인	매장 매니저	지배인
Ⅲ(직무경험 : 7~9년)	Outlet Manager (지배인)	점장	수석 소믈리에	수석 바리스타	수석 바텐더
Ⅱ(직무경험 : 4~6년)	Captain (주임)	부점장 / 매니저	소믈리에	바리스타	서비스 바텐더
Ⅰ(직무경험 : 1~3년)	Waiter, Waitress (접객원)	시니어, 주니어	웨이터	바리스타 보조	바 서브

자료 : 한국고용정보원 직업의 전망(2012), 한국직업정보시스템 인용하여 작성

식음료접객 분야의 직무능력 수준은 호텔식음부시스템을 기준으로 위의 [표 1]과 같으며, 접객원 - 주임 - 지배인 - 식음료부장으로 직무 수준이 구분된다. 식음료부장은 해당부서의 최고책임자로서 영업에 관한 계획 및 정책수립, 영업장관리 · 감독, 서비스인의 인시관리 등 식음료부서의 전반적인 운영에 대한 책임을 지며, 지배인은 영업장의 책임자로서 영업장의 운영 및 고객관리, 인사관리, 교육훈련과 부서장 간의 직 · 간접적인 중계역할, 문서관리를 한다. 주임은 영업장 지배인을 보좌하는 접객책임자로서 영업의 준비상태와 직원의 복장 및 용모점검, 영업 준비를 위한 제반사항 점검, 식음료주문 및 서비스담당, 담당웨이터와 웨이트리스 지휘, 계산서 제공을 담당한다. 접객원은 주임의 업무를 보조하며, 자신의 담당구역에서 자신의 업무분장을 수행하며 식음료서비스와 테이블세팅 및 각종 서비스용품을 체크한다.

외식 기업의 직급시스템은 기업마다 차이가 있지만, 대기업을 중심으로 주니어 - 시

니어 - 매니저 - 부점장 - 점장 - 본부장으로 구분된다. 주니어와 시니어 과정은 보통 2년 이하에서 과정을 모두 수료하는 경우가 대부분이고, 호텔식음료부 시스템보다는 진급이 빠른 것이 특징이다.

소믈리에는 와인문화 확산과 와인바 레스토랑이 인기를 끌면서 국내 와인문화에 유입이 활발해지고 있다. 소믈리에는 웨이터 - 소믈리에 - 수석 소믈리에 - 지배인으로 직능 수준이 구분되어 있는데, 여기에서 웨이터와 웨이트리스란 일반적인 웨이터와 웨이트리스가 아닌 와인을 취급하는 레스토랑의 와인 전문웨이터, 웨이트리스이다.

바리스타의 직능 수준은 바리스타 보조 - 바리스타 - 수석 바리스타 - 매장 매니저 순으로 나뉘며, 현재 국내 전문 바리스타의 수는 적지만 직업이 전문성을 보이고 있고, 커피문화에 대한 관심도 높아 바리스타에 대한 수요는 꾸준히 증가하고 있다.

바텐더는 바 서브 - 서비스 바텐더 - 수석 바텐더 - 지배인으로 직능 수준이 구분되며, 음료 서브는 홀의 전반적인 헬퍼 역할로서 바텐더를 도와주는 역할을 한다. 바텐더는 '조주기능사'라는 국가기술 자격이 존재하는데, 바텐더로 취업 시 필수적인 것은 아니나 호텔과 같은 고급 업소에서는 자격증을 요구하는 일이 많고 전문대졸 이상의 학력을 요구하기도 하면서, 자격응시와 취득수가 증가하고 있다.

2) 경력개발 경로구성(식음료 분야)

다음 표는 호텔식음료 분야의 경력개발 경로를 구성한 것이다.

중분류	소분류	경력개발 경로
호텔업	레스토랑	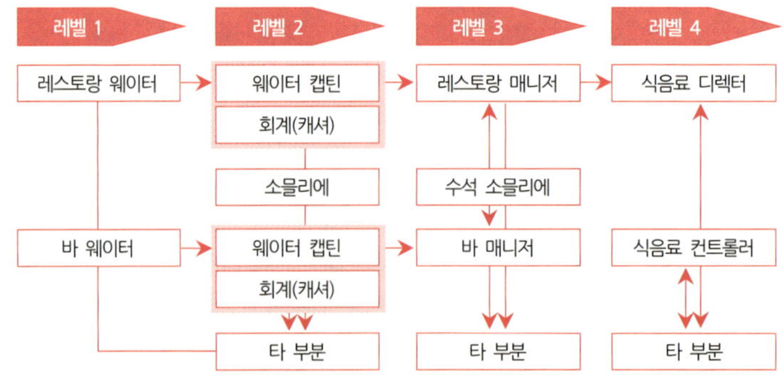

4. 국가직무능력표준 수준체계

수 준	직무 수준 정의
8수준	• 해당분야에 대한 최고도의 이론 및 지식을 활용하여 새로운 이론을 창조할 수 있고, 최고도의 숙련으로 광범위한 기술적 작업을 수행할 수 있으며 조직 및 업무 전반에 대한 권한과 책임이 부여된 수준 (지식기술) • 해당분야에 대한 최고도의 이론 및 지식을 활용히여 새로운 이론을 칭조할 수 있는 수준 • 최고도의 숙련으로 광범위한 기술적 작업을 수행할 수 있는 수준 (역 량) • 조직 및 업무 전반에 대한 권한과 책임이 부여된 수준 (경 력) • 수준7에서 2~4년 정도의 계속 업무 후 도달 가능한 수준
7수준	• 해당분야의 전문화된 이론 및 지식을 활용하여, 고도의 숙련으로 광범위한 작업을 수행할 수 있으며 타인의 결과에 대하여 의무와 책임이 필요한 수준 (지식기술) • 해당분야의 전문화된 이론 및 지식을 활용할 수 있으며, 근접분야의 이론 및 지식을 사용할 수 있는 수준 • 고도의 숙련으로 광범위한 작업을 수행하는 수준 (역 량) • 타인의 결과에 대하여 의무와 책임이 필요한 수준 (경 력) • 수준6에서 2~4년 정도의 계속 업무 후 도달 가능한 수준
6수준	• 독립적인 권한 내에서 해당분야의 이론 및 지식을 자유롭게 활용하고, 일반적인 숙련으로 다양한 과업을 수행하고, 타인에게 해당분야의 지식 및 노하우를 전달할 수 있는 수준 (지식기술) • 해당분야의 이론 및 지식을 자유롭게 활용할 수 있는 수준 • 일반적인 숙련으로 다양한 과업을 수행할 수 있는 수준 (역 량) • 타인에게 해당분야의 지식 및 노하우를 전달할 수 있는 수준 • 독립적인 권한 내에서 과업을 수행할 수 있는 수준 (경 력) • 수준5에서 1~3년 정도의 계속 업무 후 도달 가능한 수준
5수준	• 포괄적인 권한 내에서 해당분야의 이론 및 지식을 사용하여 매우 복잡하고 비일상적인 과업을 수행하고, 타인에게 해당분야의 지식을 전달할 수 있는 수준 (지식기술) • 해당분야의 이론 및 지식을 사용할 수 있는 수준 • 매우 복잡하고 비일상적인 과업을 수행할 수 있는 수준 (역 량) • 타인에게 해당분야의 지식을 전달할 수 있는 수준 • 포괄적인 권한 내에서 과업을 수행할 수 있는 수준 (경 력) • 수준4에서 1~3년 정도의 계속 업무 후 도달 가능한 수준

<table>
<tr><th>수 준</th><th>직무 수준 정의</th></tr>
<tr><td rowspan="4">4수준</td><td>• 일반적인 권한 내에서 해당분야의 이론 및 지식을 제한적으로 사용하여 복잡하고 다양한 과업을 수행하는 수준</td></tr>
<tr><td>(지식기술)
• 해당분야의 이론 및 지식을 제한적으로 사용할 수 있는 수준
• 복잡하고 다양한 과업을 수행할 수 있는 수준</td></tr>
<tr><td>(역 량)
• 일반적인 권한 내에서 과업을 수행할 수 있는 수준</td></tr>
<tr><td>(경 력)
• 수준3에서 1~4년 정도의 계속 업무 후 도달 가능한 수준</td></tr>
<tr><td rowspan="4">3수준</td><td>• 제한된 권한 내에서 해당분야의 기초이론 및 일반지식을 사용하여 다소 복잡한 과업을 수행하는 수준</td></tr>
<tr><td>(지식기술)
• 해당분야의 기초이론 및 일반지식을 사용할 수 있는 수준
• 다소 복잡한 과업을 수행하는 수준</td></tr>
<tr><td>(역 량)
• 제한된 권한 내에서 과업을 수행하는 수준</td></tr>
<tr><td>(경 력)
• 수준2에서 1~3년 정도의 계속 업무 후 도달 가능한 수준</td></tr>
<tr><td rowspan="4">2수준</td><td>• 일반적인 지시 및 감독 하에 해당분야의 일반지식을 사용하여 절차화 되고 일상적인 과업을 수행하는 수준</td></tr>
<tr><td>(지식기술)
• 해당분야의 일반지식을 사용할 수 있는 수준
• 절차화되고 일상적인 과업을 수행하는 수준</td></tr>
<tr><td>(역 량)
• 일반적인 지시 및 감독 하에 과업을 수행하는 수준</td></tr>
<tr><td>(경 력)
• 수준1에서 6~12개월 정도의 계속 업무 후 도달 가능한 수준</td></tr>
<tr><td rowspan="3">1수준</td><td>• 구체적인 지시 및 철저한 감독 하에 문자이해, 계산능력 등 기초적인 일반지식을 사용하여 단순하고 반복적인 과업을 수행하는 수준</td></tr>
<tr><td>(지식기술)
• 문자이해, 계산능력 등 기초적인 일반 지식을 사용할 수 있는 수준
• 단순하고 반복적인 과업을 수행하는 수준</td></tr>
<tr><td>(역 량)
• 구체적인 지시 및 철저한 감독 하에 과업을 수행하는 수준</td></tr>
</table>

5. 국가직무능력표준에 의한 분류체계

대분류	중분류	소분류	세분류
13. 음식서비스	01. 식음료조리 · 서비스	02. 식음료서비스	01. 식음료접객 02. 소믈리에 03. 바리스타 04. 바텐더

* 서비스경영실무 1과정은 세분류 식음료접객을 기본으로 소믈리에, 바리스타, 바텐더의 기초과정을 포함하고 있음

CHAPTER 01

서비스인의 기본자세

학습목표

- 서비스인의 정신을 이해한다.
- 서비스인의 용모와 복장을 갖춘다.
- 서비스인의 표정을 관리할 수 있다.
- 서비스인의 기본자세를 실행한다.
- 서비스인의 대화예절을 이해하고 수행한다.

1. 서비스인의 정신

서비스정신은 사람을 기쁘게 하려고 하는 마음, 봉사적인 태도 혹은 감정으로 정의된다. 서비스업에 종사하는 자는 누구든지 다른 사람을 기쁘게 하는 행동과 립서비스Lip Service를 하는 것은 일상이지만, 이 정신은 대인관계에 있어 서비스 제공자를 포함한 모든 조직에 경쟁력을 향상시키는 것은 사실이다. 만일 상대를 기쁘게 하려고 하는 마음 없이 상대를 접한 경우, 이기주의에 의한 충돌은 좋은 인간관계를 성립시키지는 않기 때문이다. 서비스정신은 이러한 환대하는 마음이 평소보다 강화된 것을 의미하고, 이를 수행하는 종사자를 서비스인, 그리고 환대정신이 투철한 종사의 정신을 '서비스인의 정신'이라 한다.

이러한 서비스인의 정신은 기쁨을 생산하는 창조자이고 행복을 전하는 전도사이기에 늘 행복하고 불안할 시간이 주어지지 않는다. 때문에 서비스산업에서 성공하기 위한 가장 기초적인 단계가 바로 서비스인의 정신이다.

서비스인의 정신 선언문

나의 목표는 글로벌 서비스전문가이다.
때문에 내가 하는 서비스는 세상에서 가장 위대하고 값진 일이다.

하나, 나는 서비스 전문인으로 나의 생애를 인류공영에 이바지할 것을 다짐한다.
둘, 나는 서비스 디자이너로 고객의 가치를 첫째로 생각하고 수행할 것을 다짐한다.
셋, 나는 서비스 경영인으로 우리의 팀원이 최고로 발전할 수 있도록 협력할 것을 다짐한다.
넷, 나는 최고의 서비스인이고, 서비스인으로 성공할 것이며 서비스인의 명예와 자긍심을 갖고 살아갈 것을 엄숙히 선언한다.

20 . .

이름 서명

1) 서비스인의 마음가짐

- 항상 미소 띤 얼굴로 명랑하게 대답하고 행동한다 : 서비스인은 고객과 눈을 마주쳐서 고객의 마음을 정확하게 읽어야 하며, 고객을 대할 때는 명랑하게 "Yes" 라고 대답하고 적극적으로 행동하는 자세를 익혀야 한다.
- 고객의 이름을 기억하고 불러준다 : 고객은 작은 것에서 감동한다는 것을 잊지 말아야 한다.
- 한 발 앞서가는 서비스를 한다 : 서비스인은 고객을 먼저 알아보아야 하고, 고객보다 한 걸음 앞서 생각하고 행동하며 고객들이 원하는 서비스를 먼저 제공해야 한다.
- 서비스는 신속하고 정확해야 한다 : 신속하고 정확한 서비스를 위해서는 동료 간 또는 부서 간의 팀워크를 강화하고, 수준 높은 서비스를 위해 서로 협력해야 한다.
- 풍부한 업무지식을 갖도록 노력한다 : 풍부한 업무지식은 고객의 질문이나 도움

요청에 자신감 있게 대처할 수 있게 해준다.

- 긍정적이고 적극적인 사고를 함양한다 : 긍정적인 사고를 가지고 열정적이며 일을 사랑하는 마음으로 업무에 임한다.
- 고객이 감동하도록 모든 손님을 나의 고객으로 환대한다 : 특별한 사람으로 대접받은 고객은 우리 레스토랑의 영원한 고객이 될 것이다.

2) 서비스인의 수행규칙

(1) 서비스인이 해야 할 것

- 고객은 언제나 옳다.
- 고객의 이름(또는 직함)을 기억하여 호칭할 때는 반드시 사용한다.
- 항상 밝고 웃는 표정을 연출한다.
- 고객이 필요로 하는 것을 찾아 고객을 관찰하고 고객의 의견을 경청한다.
- 고객의 요청사항을 잘못 이해하는 일이 없도록 반드시 확인한다.
- 고객의 요청사항은 모든 방법을 다해 처리되도록 한다.
- 고객에게 항상 "감사합니다."라고 말한다.
- 고객이 떠날 때는 반드시 배웅한다.(최소한 5보 이상 함께 걷는다.)

(2) 서비스인이 하지 말아야 할 것

- 어떤 경우에도 고객과 논쟁하지 않는다.
- 단순히 "없습니다."라고 말하지 않는다.
- 단순히 "모릅니다."라고 말하지 않는다.
- 손가락으로 위치나 방향을 가리키지 않는다.
- 고객 앞에서 서비스인 개인의 사생활이나 회사의 문제점에 대해 이야기하지 않는다.
- 고객의 사생활에 대해 묻지 않는다.
- 고객들이 다니는 장소에서는 절대로 뛰지 않는다.

2. 서비스인의 용모

서비스인은 고객에게 즐거움과 행복감을 주는 일을 하는 사람이기에 투철한 직업관이 요구된다. 때문에 서비스인의 용모는 밝고 청결해야 하며 자부심을 가지고 있어야 한다.

1) 복장

- 복장은 단정하고 깨끗이 한다.
- 복장 상태는 구김이나 얼룩이 없고, 깨끗이 세탁한 후 반드시 다림질하여 착용한다.
- 스커트 및 블라우스는 솔기에 실밥이 나오지 않도록 주의한다.
- 단추가 떨어진 경우 즉시 교체하며, 공공장소에서는 항상 상의단추를 채운다.
- 스타킹은 커피색, 살색 정도만을 착용하며, 여분의 스타킹을 반드시 준비한다.
- 양말은 의상과 같은 색으로 하나, 보통 여성의 경우는 백색 양말을 착용하고 남성의 경우는 검정색이 기본이다.

2) 명찰

- 명찰은 복장 규정의 일부이다.
- 항상 부착하며, 명찰을 부착하지 않으면 근무할 수가 없다.
- 명찰은 기업과 본인을 대표하는 것으로, 고의적인 훼손이나 분실해서는 안 된다.
- 닳거나 깨어진 명찰은 이름을 알 수가 없으므로 즉시 교환해서 착용해야 한다.

3) 두발

- 머리는 항상 단정하고 깨끗하게 유지한다.
- 여성의 경우 뒷머리 길이는 목깃에 닿지 않는 길이를 유지하며, 남성의 경우 옆머리가 귀를 덮지 않도록 유지한다.

- 앞머리는 눈을 가리지 않으며, 옆머리는 흘러내리지 않도록 한다.
- 크고 화려하거나 컬러가 있는 핀은 사용을 피한다.
- 유행에 민감한 머리형은 삼간다.
- 긴 머리는 반드시 묶어 옷깃에 닿지 않는 위치에 고정시킨다.

자료 : https://cm-viewer.com(王様のレストラン)

4) 얼굴

- 턱수염과 콧수염은 기를 수 없는 것이 원칙이다.
- 화장은 밝고 자연스러워야 하며, 너무 진한 화장은 피한다.
- 눈화장은 자연스런 색상이어야 하며, 인조 속눈썹은 금한다.
- 윤이 나는 립스틱과 짙은 색의 루즈는 피하며, 엷고 자연스런 색상을 사용한다.
- 향이 강한 향수나 화장품은 피한다.

5) 구강과 손

- 근무 전 반드시 입냄새를 제거하고 구강상태를 점검한다.
- 식사 후에는 반드시 양치질을 한다.
- 손과 손톱은 항상 청결하게 하며, 손톱은 짧게 유지한다.
- 손은 자주 닦고, 닦은 후에는 스킨로션을 사용하도록 한다.

- 매니큐어는 깨끗한 상태를 유지해야 하며, 색상은 투명해야 한다.

6) 구두

- 구두는 매일 손질하여 깨끗하고 빛이 나게 한다.
- 근무 시 사용하는 구두는 출 · 퇴근 시 사용하지 않아야 하며, 근무 이외의 용도로는 착용하지 않는다.
- 근무시간 내에 신발을 벗어서는 안 된다.
- 오랫동안 서서 근무를 해야 하므로, 발이 편하고 굽이 지나치게 높지 않은 것을 신는다.
- 굽이 닳거나 벗겨진 것은 수선하여 신도록 하며 구겨서 신지 않는다.

7) 액세서리

- 반지, 팔찌, 체인 등의 액세서리 착용은 금하는 것이 원칙이다.
- 목걸이도 유니폼에 어울리지 않는다고 생각되면 금한다.
- 시계는 작고 단정한 것은 허용하나, 주방서비스인은 착용을 금한다.

3. 서비스인의 표정관리

표정은 마음을 나타내는 거울이라고 흔히들 말한다. 미소가 있는 얼굴은 상대를 편하게 하고, 인간관계를 좋게 하며 호감이 가는 인상을 준다. 또한 본인 자신의 마음도 즐겁게 한다.

1) 호감 인상

얼굴에 '얼'은 영혼을 뜻하고 '굴'은 통로라 한다. 즉 얼굴은 나의 영혼까지도 보여

줄 수 있는 중요한 의미를 가지고 있다. 밝은 표정을 짓는 것은 타인을 향한 배려심에서 나온다고 볼 수 있다.

- 미간은 복이 들어오는 입구
- 미간에서 콧등까지를 복이 내려오는 길
- 입꼬리를 복을 담는 그릇으로 표현

2) 미소 만들기

미소가 있는 얼굴은 좋은 첫인상을 상대에게 줄 수 있다. 첫인상을 남길 수 있는 기회는 한 번이므로 처음 만남을 소중히 해야 한다. 사람의 첫인상은 2~3초, 적어도 7초 안에 결정된다. 이렇게 한 번 결정된 이미지를 바꾸는 데는 많은 시간과 노력이 필요하므로, 처음에 좋은 인상을 주도록 노력하는 것이 필요하다.

스마일 얼굴을 만들 때 중요한 것은 눈과 입으로 웃는 것이다. 하지만 웃는 얼굴이 부자연스럽게 느껴질 때는 눈은 웃는데 입은 웃지 않는다든가, 혹은 입은 웃는데 눈은 웃지 않는다는 것이다. 능동적인 스마일 웃음, 구각으로 웃는 미소에 약한 사람은 스스로 구각운동Mouth Angle을 해야 한다.

- 긴장을 푼 얼굴이 기본이다.
- 긴장을 푼 얼굴 → 작게 웃는 얼굴 → 긴장을 푼 얼굴 → 보통의 웃는 얼굴 → 긴장을 푼 얼굴 → 크게 웃는 얼굴 순으로 연습한다.
- 웃는 얼굴을 만들 때에는 양쪽 구각을 눈 쪽으로 당기고 집게손가락으로 확인해 본다.

근육 풀기
도레미솔을 부른다.
분명하고 정확하게 3회 반복한다.

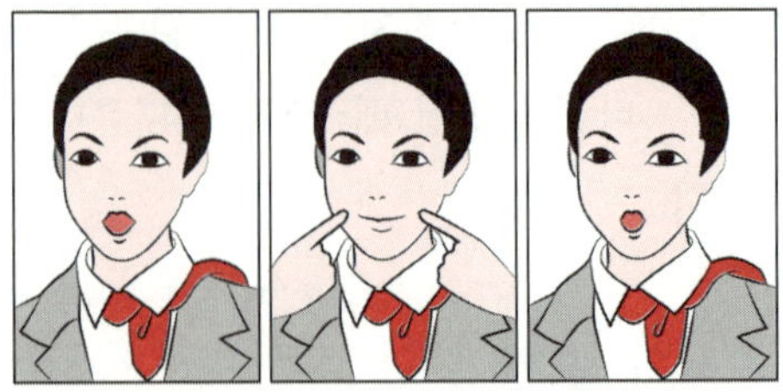

근육 탄력주기
입을 최대한 크게 벌려 10초간 유지한다.
그 다음 입꼬리를 수평이 되도록 최대한 길게 벌린 뒤 10초간 유지한다.
마지막으로 입술을 중앙으로 동그랗게 오므리면서 10초간 유지한다.

웃음 만들기
입을 1/3만 벌리고 작게 웃는다.
이어 입을 1/2 정도 벌리고 웃는다.
마지막으로 크게 입을 벌려 마음껏 웃는다.
이 과정을 3회 반복한다.

웃음 유지하기
입꼬리에 힘을 줘 위쪽으로 당겨 올린다.
이 상태에서 "위스키", "쿠키"를 발음한다.
이어 입을 다물고 입꼬리를 올렸다가 내렸다가 하는 동작을 반복한다.

자료 : 코세아(COSEA)

4. 서비스인의 태도

명사와 같은 용모를 갖춘 서비스인은 태도 또한 바른자세가 요구된다.

1) 인사할 때

인사란, 우리의 일상생활에서 빠질 수 없는 가장 서비스인의 기본적인 예절이다. 인사는 고객에 대한 서비스정신의 표시이며 마음에서 우러나오는 만남의 첫걸음이다. 유명 패밀리레스토랑이나 고급식당에는 리셉션리스트가 있다. 이들은 고객 안내를 담당하며 고객을 위한 정형서비스로 정중례(혹은 최경례), 보통례, 목례를 상황에 따라 정확히 수행한다. 그러나 홀에서 근무하는 서비스인들은 음식을 나르고 고객의 요청사항을 들으며 바쁘게 움직이기 때문에, 상황별 바른 인사법을 숙지해야 한다. 올바른 인사법은 다음 장에서 자세히 다루겠다.

2) 악수할 때

- 악수는 윗사람(고객)이 먼저 청하며, 아랫사람이 손을 먼저 내밀어서는 안 된다.
- 상대의 얼굴을 주시하면서 웃는 얼굴로 손을 내민다.
- 손은 알맞고 힘 있게 잡으며, 손을 너무 세게 쥐거나 손끝만 내밀고 해서는 안 된다.
- 인사가 끝나면 곧 손을 놓는다.

【주의】 장갑을 낀 손으로 악수를 해서는 안 된다.

3) 소개할 때

- 소개할 사람들 사이에 선다.
- 개인관계에서 있어서는 친분관계를 따져 자기와 가까운 사람을 먼저 소개한다.
- 손아랫사람을 손윗사람에게 먼저 소개시킨다.
- 남성을 여성에게 먼저 소개시킨다.

【주의】 소개하는 순서를 혼동하지 않는다.

구 분	상 황	먼저 소개해야 할 사람	나중에 소개해야 할 사람
고객응대	외부고객에게 사내 임직원 개인을 소개할 때	사내 임직원	외부고객
	외부고객에게 사내 임직원 여러 명을 소개할 때	사내의 지위가 높은 직원부터 낮은 직원의 순(順)	외부고객
사원 간	상 · 하 서비스인 간	아랫사람	상사
	한 사람을 여러 사람에게 소개할 때	한 사람	여러 사람

4) 명함을 교환할 때

- 명함은 최소 10장 이상 준비하며 명함지갑에 항상 깨끗이 충분하게 보관한다.

- 방문한 곳에서는 상대방보다 먼저 건넨다.
- 소개의 경우, 먼저 소개받은 사람부터 건넨다.
- 아랫사람이 먼저 건넨다.
- 명함 교환은 일어서서 한다.
- 오른손으로 상대방이 읽기 쉬운 방향으로 전한다.
- 오른손에 왼손을 받쳐 정중히 전한다.
- 명함을 전하면서 소속과 이름, 직함 순으로 말한다.("OO레스토랑 OOO 매니저입니다.")
- 고개를 숙여 인사하며 "잘 부탁드립니다."라고 말한다.
- 상대의 명함은 두 손으로 받는다.
- 상대방의 명함을 정확히 읽고 회사명, 직함 및 이름을 확인한다.
- 정확히 읽지 못할 때는 분명히 확인해야 한다.

【주의】 상대방이 보는 앞에서 상대의 명함에 메모를 하면 안 된다. 명함은 그 사람을 나타내는 증표이므로, 정중히 다루어 상대방에 경의를 표한다. 때문에 받은 명함을 돈지갑에 넣거나 하의 바지주머니에 넣는 것은 예의에 어긋한 행동이다.

【주의】 상대방과 말할 때 부담감을 주지 않는 비즈니스의 거리는 70cm~1m가 적당하다.

5) 용건을 물을 때

- 상대방을 똑바로 본다.
- 정성을 다하여 상냥한 모습으로 묻는다.
- 허리를 꼿꼿이 하고 가슴을 편다.
- 10도 각도로 상반신을 숙인다.
- '묻고 있다'고 하는 기분을 충분히 적극적으로 표현한다.
- 정중하게 용건을 묻는다.

6) 필기구를 건넬 때

- 펜 끝이 자신을 향하게 하고 건넨다.

- 왼손을 위쪽으로 하고, 오른손을 아래쪽으로 받치면서 건넨다.
- 15도 각도로 건넨다.
- 필기구는 항상 충분히 준비한다.

5. 서비스인의 대화예절

1) 대화예절 기본

- 상황에 맞추어 존칭어와 겸양어를 사용한다.
- 서술형은 "~입니다.(습니다.)"를 사용한다.

【주의】 "~어요", "예요" 등은 낮춘 말은 아니지만, 격식을 갖춘 언어는 아니다.

- 의문형은 "~입니까? / 습니까?"를 사용한다.
- 명령형은 의뢰형으로 바꾸어 사용한다.(~해 주시겠습니까?)

【주의】 적합하지 않은 화제는 피한다.

- 개인의 프라이버시에 관계된 질문은 하지 않는다.(나이, 결혼 여부 등)
- 정치, 종교, 스포츠 등 어느 편에 서게 되는 내용은 바람직하지 않다.
- 월급이나 봉사료에 대해 고객 앞에서 이야기하지 않는다.

2) 듣기

- 호의적인 태도로 듣는다.
- 상대방 외에는 다른 사람에게 관심을 두지 않는다.
- 의미를 정확히 이해하기 위해 자신의 말로 고쳐가며 듣는다.
- 이미 알고 있는 내용이더라도 때에 따라서 모른 체 들어준다.

【주의】 말을 중간에 끊지 않는다.

구 분	듣기의 기본자세
눈	• 상대를 정면으로 보고 경청한다. • 시선을 자주 마주친다.
몸	• 정면을 향해 조금 앞으로 내밀 듯이 앉는다. • 손이나 다리를 꼬지 않는다. • 끄덕끄덕하거나 메모하는 적극적인 경청태도를 보인다.
입	• 맞장구를 친다. • 질문을 섞어가면서 모르면 물어본다. • 복창해 준다.
마음	• 흥미와 성의를 가진다. • 말하고자 하는 의도가 느껴질 때까지 인내한다. • 상대의 마음을 편안하게 해준다.

3) 말하기

- 무엇을 어떻게 말할 것인지 생각(계획)한다.
- 상대방에게 좋은 느낌을 가지고 말한다.
- 자신감을 가지고 말한다.
- 분명한 발음으로 말한다.
- 맑은 목소리로 말한다.
- 필요한 말만 간결하고 정확하게 말한다.

구 분	말하기의 기본자세
눈	• 듣는 사람을 정면으로 보면서 말한다. • 상대의 눈을 부드럽게 주시한다.
몸	• 표정 : 밝은 눈과 표정으로 말한다. • 자세 : 등을 펴고 똑바른 자세를 보인다. • 동작 : 제스처를 사용한다.
입	• 어조 : 입은 똑바로, 정확한 발음, 자연스럽게 그리고 상냥하게 말한다. • 말씨 : 알기 쉽게 친절한 말씨와 경어를 사용한다. • 목소리 : 한 톤을 올려서, 적당한 속도, 맑은 목소리, 적당한 크기로 한다.
마음	• 성의와 신의를 가진다.

4) 끼어들기

- 분위기와 상황파악을 잘한 후 주문을 의뢰한다.
- 고객에게 방해가 되지 않는 범위 내에서 곁에 서서 주문 의뢰를 기다린다.
- 고객응대 시 너무 가까이 밀착하여 대화하는 것은 삼간다.(상대방에게 불쾌감, 어색함을 느끼게 하는 것은 지양)

【주의】 - 전문용어나 외래어를 남발하지 않는다.
- 외국인 앞에서 한국 사람끼리 한국어로만 이야기하지 않는다.(외국인에게 양해를 구한 후 한국어로 이야기한다.)

6. 서비스인의 전화예절

1) 전화 받기

- 고객을 맞이하는 마음으로 전화기를 든다.
- 벨이 3번 이상 울리기 전에 수화기를 든다.
- 발음은 정확하고 밝게 한다.
- 부서와 이름을 밝힌다.
- 메모준비를 하고 용건을 경청한다.
- 용건이 끝났음을 확인하고 통화 내용을 복창한다.
- 내용은 간단하고 명료하게 한다.
- 마무리 인사말을 잊지 않는다.("전화주셔서 감사합니다.")
- 수화기는 상대방이 전화를 끊은 후 조용히 놓는다.

2) 전화 걸기

- 용건을 육하원칙으로 정리하여 메모한다.
- 다이얼을 돌리기 전에 전화번호를 확인한다.

- 발음은 정확하고 밝게 한다.
- 상대방이 나오면 자신을 밝힌 후 상대방을 확인한다.
- 간단한 인사말을 하고 용건을 말한다.
- 대화에 집중한다.
- 요점을 반드시 복창한다.
- 용건이 끝났음을 확인한 후 마무리인사를 한다.("감사합니다." 등)
- 상대방이 수화기를 내려놓은 다음, 수화기를 조심스럽게 내려놓는다.(보통은 전화를 끊지만, 고객이나 손윗사람의 경우에는 상대방이 끊은 뒤에 자신이 끊는 배려가 필요하다.)

【주의】 - 손가락이 아닌 다른 도구로 버튼을 누르지 않는다.
- 통화 중 타인과 대화하지 않는다.
- 전문용어를 사용하지 않는다.
- 개인적인 일로 전화를 길게 하지 않는다.

3) 전화응대 용어

구 분	바람직하지 않은 표현	바람직한 표현
1	안녕하세요?	안녕하십니까?
2	우리 회사	저희 회사
3	데리고 온 사람	모시고 온 분
4	누구십니까?	어느 분이십니까?
5	OO씨입니까?	OO 고객님 되십니까?
6	잠깐만 기다려 주십시오.	(죄송합니다만) 잠시만 기다려 주시겠습니까?
7	잠깐 자리에 없습니다.	죄송합니다. 잠시 자리를 비웠습니다.
8	전화 주십시오.	전화를 주시겠습니까?
9	다시 한 번 말해 주십시오.	다시 한 번 말씀해 주시겠습니까?
10	알았습니다.	잘 알겠습니다.
11	모르겠습니다.	죄송합니다만, 제가 알아봐 드리겠습니다.
12	알아봐 주십시오.	확인해 주시겠습니까?
13	다른 전화를 받고 있으니 기다리세요.	다른 전화를 받고 있습니다. 잠시만 기다려 주시겠습니까?

구 분	바람직하지 않은 표현	바람직한 표현
14	나중에 전화 드릴게요.	잠시 후에 전화 드리겠습니다.
15	그런 사람 없습니다.	죄송합니다. 찾으시는 분은 저희 회사의 서비스인이 아닙니다.
16	들리지 않아요. 뭐라구요?	죄송합니다. 전화상태가 좋지 않으니 다시 한 번 말씀해 주시겠습니까?
17	고마워요.	감사합니다.
18	전화 돌려 드릴게요.	전화를 연결해 드리겠습니다.

* 서술형은 "~입니다.(~습니다.)"를 사용한다.(~어요,~예요 등은 낮춘 말은 아니나, 격식을 갖춘 언어가 아니다.)
* 의문형은 "~입니까?(습니까?)"를 사용한다. 명령형은 의뢰형으로 바꾸어 사용한다.

학습내용평가 01

1. 서비스인의 정신

항 목 내 용	상	중	하	비고
서비스인의 정신 선언문을 모두 낭독한다.				
서비스인의 마음가짐을 이해한다.				
서비스인의 수행 규칙을 이해한다.				
서비스인이 해야 할 것을 이해한다.				
서비스인이 하지 말아야 할 것을 이해한다.				

2. 서비스인의 용모

항 목 내 용		상	중	하	비고
복장	명찰은 정 위치에 부착하고 있는가?				
	유니폼 또는 정장이 깨끗한가?				
	다림질은 잘되어 있는가?				
	단추는 느슨하지 않은가?				
	스타킹 또는 양말이 유니폼과 정장에 어울리는가?				
	스타킹에 줄은 가지 않았는가?				
명찰	명찰은 닳거나 깨어지지 않았는가?				
	명찰은 제 위치가 부착되어 있는가?				
	명찰을 바르게 착용하고 있는가?				
두발	머리가 삐치거나 흘러내리지 않도록 단정하게 손질했는가?				
	비듬은 없는가?				
	냄새는 나지 않는가?				
	앞머리가 눈을 가리지 않는가?				
	머리핀이나 망은 머리색과 어울리는 색상인가?				
얼굴	귓속과 콧속은 깨끗한가?				
	화장이 밝고 자연스러운가?				
	립스틱 색깔은 엷고 자연스러운가?				
	향수는 은은한가?				
구강 및 손	입 냄새는 나지 않는가?				
	손과 손톱은 깨끗한가?				
	매니큐어는 엷고 투명한 색인가?				
구두	구두는 깨끗하고 빛이 나는가?				
	구두 굽은 닳거나 훼손되지 않았는가?				
	구두 굽은 너무 높지 않는가?				
액세서리	귀걸이는 귀에 고정되어 달랑이지 않는가?				
	목걸이는 옷 밖으로 늘어져 업무에 방해가 되지 않는가?				
	팔찌가 늘어져 업무에 방해가 되지 않는가?				
	반지는 너무 화려하지 않는가?				

학습내용평가 01

3. 서비스인의 표정관리

항 목 내 용	상	중	하	비고
호감 인상을 이해한다.				
스마일(눈과 입으로 웃는) 얼굴을 이해한다.				
구각운동을 할 수 있다.				
아름다운 미소를 지을 수 있다.				

4. 서비스인의 태도

항 목 내 용	상	중	하	비고
상대의 얼굴을 주시하며 웃는 얼굴로 악수하는가?				
악수할 때 손은 알맞은 힘으로 잡는가?				
손아랫사람을 손윗사람에게 먼저 소개시키는가?				
남성을 여성에게 먼저 소개시키는가?				
명함지갑은 준비하는가?				
명함은 항상 10장 이상 준비하는가?				
명함이 구겨지거나 끝이 접혀져 더럽지 않는가?				
명함을 전하면서 소속과 이름, 직함 순으로 말하는가?				
상대의 명함을 두 손으로 받는가?				
용건을 물을 때 상대방을 똑바로 보는가?				
펜을 건넬 때 펜 끝이 자신을 향하게 하는가?				

5. 서비스인의 대화예절

항 목 내 용	상	중	하	비고
상대가 이야기를 꺼내기 쉽도록 분위기를 조성하는가?				
남의 이야기를 들을 때 상대의 눈을 보고 듣는가?				
상대의 이야기를 중간에 끊지 않고 끝까지 듣는가?				
(~해 주시겠습니까?) 의뢰형을 사용하는가?				
"안녕하십니까?" 등의 인사를 항상 먼저 하는가?				
밝고 친절하게 이야기하는가?				
경어를 바르게 사용하는가?				

학습내용평가 01

항 목 내 용	상	중	하	비고
거절할 수 없을 경우, 상대가 상처받지 않도록 말을 돌려서 하는가?				
가벼운 미소를 짓는가?				
상대의 눈을 바라보는가?				
누가 불렀을 때 상냥하게 "예"라고 대답하는가?				
상대방의 주의를 요할 때 "실례합니다."라고 말하는가?				

6. 전화예절

항 목 내 용		상	중	하	비고
전화예절 (받을 때)	벨이 울리면 3회 이내에 받는가?				
	메모준비는 되어있는가?				
	부서명과 이름을 밝히는가?				
	밝고 분명한 발음으로 응대하는가?				
	경어 또는 겸양어는 적절한가?				
	상대의 말에 공감을 가지고 경청하는가?				
	용건을 들으며 메모하는가?				
	요점을 복창하는가?				
	전문용어를 사용하지 않는가?				
	끝맺는 인사말은 하는가?				
	상대방이 끊은 후에 전화를 끊는가?				
	수화기는 조용히 내려놓는가?				
전화예절 (걸 때)	상대방의 번호를 확인하고 거는가?				
	용건을 미리 메모하고 거는가?				
	밝은 목소리로 분명하게 자신을 소개하는가?				
	상대방을 확인하는가?				
	경어나 겸양어는 적절한가?				
	요점을 서로 확인하는가?				
	끝맺는 인사말은 하는가?				
	상대방이 끊은 후에 전화를 끊는가?				
	수화기는 조용히 내려놓는가?				

CHAPTER 02

바른 인사법과 자세

학습목표

- 서비스인의 바른 인사법을 수행한다.
- 상황별 인사를 수행할 수 있다.
- 바람직한 안내자세를 수행할 수 있다.
- 서비스인의 기본자세를 실행한다.
- 서비스인의 고객응대 화법을 구사한다.

1. 서비스인의 인사법

1) 바른 인사법

어떠한 경우라도 인사하는 것은 부족하기보다 지나칠 정도로 하는 편이 좋다.(톨스토이) '선수필승(先手必勝)'이라는 말이 있다. "상대가 누구든 내가 먼저 인사하는 사람이 이긴다."는 뜻이다. 먼저 인사하는 것은 상대를 존중한다는 뜻을 담고 있기 때문이다. 나를 존중하는 사람에게 함부로 할 수 없는 이치와 같다. 이러한 인사법은 기본적인 요소 3가지를 가지고 있다. '진실된 미소', '명랑한 목소리', '공손한 자세'이다.

(1) 바른 인사요령

- 밝은 미소로 상대와 시선을 맞춘 후, "안녕하십니까?" 인사말을 전한다.
- 목소리는 다소 높고, 명랑하게 C음계에서 '솔'음으로 하는 것이 좋다.

- 머리, 등, 허리가 일직선이 되도록 숙인 상태에서 약, 1~2초 정도(한 번 심호흡 할 정도) 자연스럽게 멈춘다.
- 다음으로 굽힐 때보다 천천히 상체를 들어올린다.
- 상체를 들어 똑바로 선 다음 상대와 시선을 맞춘다.
- 인사의 시작과 마지막은 'Eye Contact(눈맞춤)'이다.

(2) 호칭하며 인사하기

상대방을 응시하고 "OOO 사장님, OOO 고객님 안녕하십니까?" 5보 전방(약 1.5m) 앞에서 호칭하면서 인사를 한다.

(3) 존중을 바탕으로 한 미소 인사하기

사람의 첫인상은 2~3초, 늦어도 7초 안에 결정된다. 첫인상을 남길 수 있는 기회는 한 번이므로, 고객과의 처음 만남은 소중히 해야 한다. 업소에서는 항상 밝고 명랑한 기분을 유지하도록 해야 자연스러운 미소를 지을 수 있다. 인사의 참맛은 바로 고객을 존중하는 마음에서 나오는 미소에서 시작되기 때문이다.

인사는 깊이 구부리고, 오래 구부릴수록 더욱 정중한 마음을 전달할 수 있다. 하지만 많은 고객이 입장하는 상황이나 바쁘게 돌아가는 영업장에서는 정중한 인사가 오히려 시간을 저촉할 수 있는 상황에서는 보통례나 목례로 대신해야 한다.

이런 인사는 No!

자료 : SPC그룹 서비스매뉴얼

2) 인사요령

(1) 인사 기본기 실습

구 분	 정중례	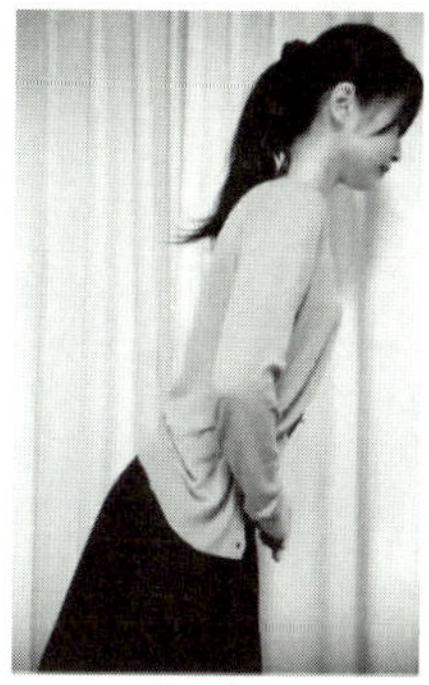 보통례	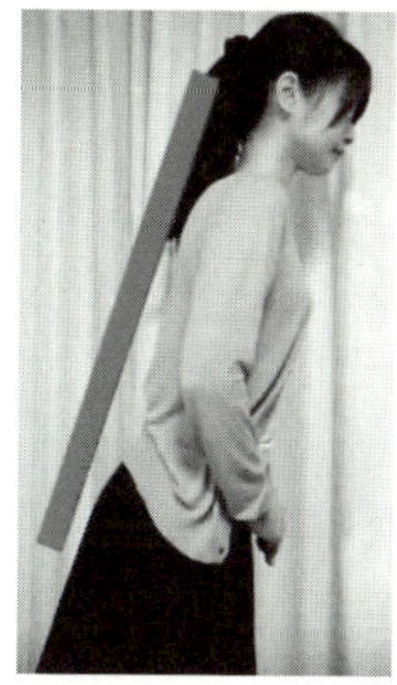 목례
인사의 각도	45도	30도	15도
상 황	고객환송, 잘못을 했을 때	고객환영	고객테이블, 실외, 이동
시 선	발끝	발 1.5m 전방	발 3m 전방
인사의 속도	하나, 둘 – 구부림 셋 – 멈춤 넷, 다섯 – 폄	하나 – 구부림 둘 – 멈춤 셋 – 폄	하나 – 구부림 둘 – 폄
양손의 위치	• 오른손으로 왼손을 감싸서 아랫배에 가볍게 댄다.(여성의 공수자세) • 여우남좌 – 여성은 오른손으로 왼손을 덮고, 남성은 왼손으로 오른손을 덮는다. 남성의 경우는 공수자세법과 하의 재봉선에 일직선을 유지하는 인사법 등 둘 다 사용할 수 있다. 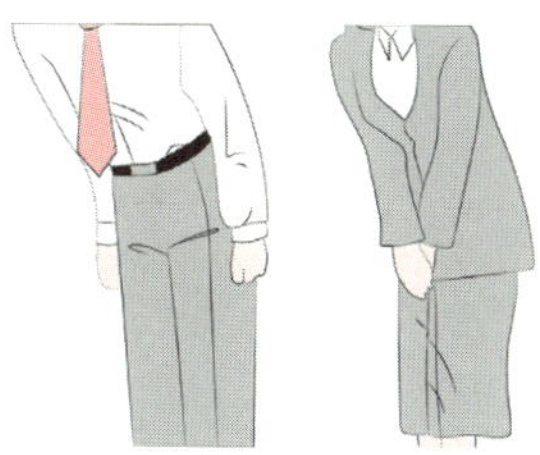 		

* 허리에서 머리까지 일직선(Straight Line)을 유지하는 것이 중요하다.

<table>
<tr><td>구 분</td><td>
정중례</td><td>
보통례</td><td>
목례</td></tr>
<tr><td>발</td><td colspan="3">• 뒤꿈치를 붙이고 앞은 15도로 벌린다.</td></tr>
<tr><td>표 정</td><td colspan="3">• 가벼운 미소를 한다.</td></tr>
<tr><td>허 리</td><td colspan="3">• 허리에서 머리까지 일직선을 유지한다.(머리만 숙이거나 허리만 굽히지 않는가?)</td></tr>
<tr><td>인사말</td><td colspan="3">• “안녕하십니까? 행복한 밥상입니다!” 등의 인사말은 구부리기 전에 한다.</td></tr>
<tr><td>다 리</td><td colspan="3">• 곧게 펴고 무릎을 붙인다.</td></tr>
<tr><td>엉덩이</td><td colspan="3">• 엉덩이가 뒤로 빠지지 않도록 한다.</td></tr>
<tr><td>주 의</td><td colspan="3">• 눈을 치켜뜨지 않도록 한다.</td></tr>
<tr><td>마음가짐</td><td colspan="3">• 고객이 찾아주는 것에 마음속의 감사를 드려야 한다.
• 고객이 있으므로 내가 있고, 고객이 있으므로 나의 생활이 보장된다.</td></tr>
</table>

자료 : 公式チャンネルM&Sサービスパートナーズ

2. 상황별 인사

1) 영접 상황

고객의 영접은 레스토랑의 첫인상을 결정짓는 주요한 요인이 되므로, 정성을 다해 맞이하고 고객을 오래 기다리게 해서는 안 된다.

단 계	서비스 내용
고객 맞이(보통례)	• 밝은 미소로 고객을 맞이한다. - "어서 오십시오. 저희식당을 찾아주셔서 감사합니다." - (단골고객에게는 친근감 있게) "아주 오랜만에 들리셨습니다. 그동안 안녕하셨습니까?"
▼	
테이블 확인	• 인원 및 예약 여부를 확인한다. - "예약은 하셨습니까? 예약은 몇 분을 하셨습니까?" • 흡연 및 비흡연 여부 및 그에 따른 테이블을 확인한다. • 예약하고 오지 않은 고객의 경우, 비어 있는 테이블을 확인하고 테이블이 없을 때에는 고객에게 OO분 정도 기다릴 수 있는지를 물어본다. - "잠시만 기다려 주십시오. 제가 자리를 마련해 드리겠습니다." - (고객이 오랫동안 기다린 경우) "고객님, 오래 기다리셨습니다. 이제 자리가 마련되었으니 준비해 주시겠습니까?"
▼	
안내(목례)	• 고객의 2,3보 앞에서 안내한다. - "고객님 제가 모시겠습니다. 이쪽으로 오시지요." : 안내자세 • 고객이 잘 따라왔는지 확인한다. • 테이블 앞까지 정중하게 안내한다.
▼	
고객의 입장 확인	• 안내한 테이블이 고객의 맘에 드는지 여쭤보고, 그렇지 못할 경우 고객의 의견을 존중하여 다른 자리를 안내한다. - "자리가 마음에 드시는지요? 불편하지 않으십니까?" - "불편한 사항이 있으시면 서비스인을 불러주시기 바라며, 좋은 시간되시기 바랍니다."

2) 착석 및 보관서비스 상황

고객이 좌석에 앉기 편하도록 의자를 뒤로 빼서 고객을 착석시키고, 고객의 소지품을 안전하게 보관하여 고객에게 식사시간 동안 편안함을 제공한다.

단 계	서비스 내용
고객상황 판단	• 어린이 고객이 있을 경우, 유아용의자(Baby Chair)로 교체한다. - "고객님, 유아용의자를 갖다드릴까요?" - "잠시만 기다려 주시겠습니까?" • 호스트(Host)와 게스트(Guest)를 구분한다.
▼	
착석보조	• 의자의 등받이 부분을 잡고 뒤로 뺀다. • 고객이 앉는 동시에 두 손과 한 쪽 무릎을 이용하여 살며시 밀어준다.
▼	
보 관	• 고객의 소지품 및 옷 등을 받아 걸어둔다. • 핸드백이나 기타 물건의 보관을 원할 경우, 보관 처리하도록 한다. - "고객님, 프런트에 보관하실 물건이 있으십니까?" - (있는 경우) "감사합니다.", "저희가 고객님께서 식사를 마치실 때까지 잘 보관해 드리겠습니다." - (없는 경우) "감사합니다. 좋은 시간되시기 바랍니다."
▼	
마무리(보통례)	• 고객이 편안한지 확인하도록 한다. - "불편한 사항이 있으시면, 서비스인을 불러주시기 바랍니다." - "좋은 시간되시기 바랍니다."

고객을 안내할 때 화려한 옷차림의 고객이 오셨을 때는 가능하면 누구나가 잘 볼 수 있는 가운데 좌석을 권유토록 하며, 노인인 경우에는 입구에서 가장 가까운 테이블로 안내한다. 그리고 젊은 남녀는 조용한 한 쪽으로 권유하고, 가족인 경우는 아이들로 하여금 다른 고객에게 피해가 가지 않도록 한적한 곳에 착석시키는 것이 좋다.

3) 환송 상황

환송은 고객에 대한 마무리 서비스로서 고객으로부터 음식 및 서비스에 대한 평가를 확인하고, 또한 불편사항이 있을 경우 이에 대한 정중한 사과를 함으로써 고객의 불만을 해소하고 만족감에 힘쓴다.

단 계	서비스 내용
반응점검(목례)	• 주문한 음식 및 서비스를 확인하고 고객의견서(Guest Comment)를 받는다. - "고객님, 음식은 어떠하셨습니까?" - (고객의견서를 보이며) "고객님, 저희 업장의 서비스 개선을 위해 고객의견서를 작성해 주시겠습니까?" - "감사합니다."
▼	
입석보조	• 등 뒤에서 일어나기 편안하도록 의자를 빼준다. • 코트 및 겉옷 등을 입기 편하도록 도와준다.
▼	
물건점검 및 만족도 확인	• 고객이 맡긴 물건이 있다면 챙겨준다. • 테이블 및 주위를 확인한다. • 고객의 만족도를 확인한다.
▼	
배웅(정중례)	• 출구 또는 엘리베이터까지 상황판단하여 안내한다. • 안내하면서 가벼운 대화와 재방문을 의뢰하는 대화를 한다. - "대단히 감사드립니다. 다시 찾아주시면 보다 성심성의껏 모시겠습니다." - "안녕히 가십시오."

3. 서비스인의 안내자세

서비스란 곧 아름다운 매너와 자세, 적극적인 마음가짐, 그리고 친절한 말씨와 세련된 화술 등 전반적인 것이라 할 수 있다. 한마디로, 고객을 기분 좋게 하는 것이 서비스이다. 고객을 보다 더 즐겁게 하기 위한 3S 정신과 안내자세에 대해 알아보자.

1) 3S 정신

(1) 스피드Speed

기다리는 것을 좋아하는 고객은 없다. 고객을 맞이할 때는 정중하고 경쾌하게 행동한다. 고객이 점포 문을 열고 들어올 때는 일체의 행동을 중지하고 고객을 응대할 준비를 해야 한다. 주문받은 상품이나 고객이 원하는 사항에 대해 민첩하게 대응한다.

(2) 스마트Smart

서비스인의 단정한 복장, 건강한 얼굴, 명랑한 음성 등을 통하여 고객에게 신뢰와 만족을 제공해야 한다. 처음 만난 사람이라도 단정한 용모와 깔끔한 복장을 하고 있으면, 왠지 모르게 믿음이 가기 마련이다. 사람의 몸가짐을 보고 그 사람의 품격을 짐작할 수 있다. 용모와 복장을 단정히 하는 것은 자신의 인격을 표현하는 하나의 전략이요, 수단이다.

(3) 스마일Smile

판매와 서비스를 담당하는 서비스인의 얼굴에 항상 밝고 깨끗한 미소가 넘쳐흘러 고객을 즐겁게 할 수 있어야 한다. 좋은 인간관계의 시작에 있어서 가장 중요한 것은 첫인상이다. 첫인상을 좌우하는 것은 스마일이며, 스마일이란 치아가 보이도록 웃는 것이다.

2) 대기자세

서비스인이 눈에 초점을 잃고 멍하니 서 있는 상태를 본다면, 고객은 서비스가 좋다고 생각하지 않을 것이다. 고객이 왔는데도 동료와의 잡담이 이어진다면, 그 또한 좋은 서비스를 체험하기 어려울 것이다. 고독한 서비스맨이 훌륭한 서비스인이 될 수 있다. 예고 없이 찾아오는 고객이지만, 우리는 항상 고객을 위해 준비하고 있는 모습을 보여주어야 한다. 그러면 고객을 맞이하는 서비스인의 바람직한 자세를 알아보자.

(1) 남자

- 양쪽 다리를 어깨 넓이로 벌리고, 손은 앞으로 가볍게 모은다.
- 고객이 다가오면 손을 자연스럽게 내리고 15도 목례를 한다.

(2) 여자

- 한 쪽 발을 반 보 정도 내밀고 앞발의 발뒤꿈치에 힘을 준다. 손은 자연스럽게 공수한다.
- 고객이 다가오면 손은 공수하고 바른자세로 15도 목례한다.

자료 : http://www.seven-proshop.com; https://thumbnail.image.rakuten.co.jp

3) 안내자세

고객이 장소를 물어왔을 때, 서비스인의 마음가짐은 상대방의 입장에서 생각하는 것이다. 대부분의 사람들은 자신의 입장에서 대충 가리켜 주거나 막연하게 이야기한다. 묻는 사람은 잘 모르는 곳이기 때문에, 구체적으로 안내를 해주거나 또는 상황적 여유가 된다면 찾는 장소까지 친절하게 안내하는 것이 좋다.

(1) 장소 안내

고객이 안심하고 안내를 따라 움직일 수 있도록 하는 배려가 필요하다. 고객에게 보조를 맞춰 2, 3보 정도 앞으로 걸으면서 가끔 시선을 고객의 발밑에 둔다. 코너를 돌 때에는 일단 정지하여 다시 한 번 방향을 가리키며 "이쪽입니다."라고 이야기한다. 복도에서는 고객을 중앙으로 걷게 하고, 안내자는 좌측으로 간다. 중앙이 상좌이고, 좌측이 하좌인 것이다.

(2) 계단 안내

원칙적으로 올라갈 경우에는 고객의 뒤에서 걷는데, 이는 고객이 발을 헛디뎠을 때 받쳐주려는 배려이다. 반대로, 내려갈 때에는 고객의 앞에서 간다. 이는 고객의 안전을 위한 배려이다. 하지만 안내의 경우에는 앞이라도 관계가 없다.

(3) 엘리베이터 안내

에스컬레이터는 기본적으로 계단과 동일하며 좌측으로 비켜서고, 우측은 급한 사람을 위해 비워두는 배려가 필요하다. 그리고 에스컬레이터에서 타고 내리는 것은 고객이 우선한다. 그러나 엘리베이터 안내원이 없을 경우에는 안내자가 먼저 탄다.

또한 엘리베이터 안에 손님이 많을 경우에는 안내자가 먼저 타지만, 내릴 때에는 손님이 먼저 내린다.

(4) 문 열고/닫는 법

- 자기 앞쪽으로 여는 문: 열을 문에 평행으로 서서, 고객의 얼굴을 보고 목례를 하고 나서 "들어오십시오."라고 말을 하며 안내한다.
- 밀어서 여는 문: 안쪽의 안전성을 확인하고 연다.
  - 고객이 지나기 편하도록 배려한다.
  - 문의 반대편 안전성을 확인한다.
- 자기 앞쪽으로 닫는 문: 닫을 때에는 문의 손잡이를 잡고 조용히 닫는다.
- 밀어서 닫는 문: 닫을 때는 뒤쪽에 있는 사람을 주의한다.

(5) 방향, 지시방법

- 방향이나 혹은 어떤 장소, 사람, 물건 등을 가리킬 때, 또는 무의식중이라도 좋지 못한 태도로 인해 고객의 눈살을 찌푸리게 해서는 안 된다.
- 방향을 가리킨다.
  - 손목을 구부리지 않고 팔꿈치부터 쭉 편다.
  - 가리키는 방향이 우측 → 오른손, 좌측 → 왼손으로 가리킨다.
  - 팔꿈치의 각도는 목적지까지의 거리감을 나타낸다. 가까운 곳을 가리킬 때는 팔꿈치를 구부리고, 먼 곳을 가리킬 때는 팔꿈치를 편다.
- 방향을 가리킬 때는 "이쪽입니다."라는 말과 함께 한다.
- 시선과 함께 한다. 상대의 눈 → 가리키는 방향 → 상대의 눈으로 시선이동을 하여 상대편이 이해했는지를 보아야 한다.

4) 보행자세

- 시선은 전방 10~15m를 바라본다.
- 목을 앞으로 빼거나 뒤로 젖힌 채 걷지 않는다.
- 등을 굽히면 가슴도 굽어져 내장기관에 부담을 주기 때문에 등을 곧게 편다.
- 양손은 달걀을 감싸주듯 주먹을 쥔다. 주머니에 손을 넣으면 자세가 흐트러지므로 손을 넣지 않는다.
- 무릎을 굽히면 무릎에 부담이 심해진다. 반듯하게 일자로 펴고 걷는다.
- 바른 걸음걸이는 바른자세에서 시작된다. 바로 선 자세로 등을 펴고, 턱을 당긴 후 시선은 정면을 향하게 하며, 보폭은 적당히 하여 자연스럽게 걷는다.
- 걸음을 걸을 때에는 경쾌하면서도 조용히 걷는다. 팔은 다른 사람에게 방해가 되지 않도록 자연스럽게 바지를 스치듯이 흔든다. 여럿이 걸을 때에는 종으로 걸으며, 횡으로써 통로를 가리는 일이 없도록 해야 한다.
- 고객을 안내할 때에는 고객에게 유의하면서 조심성 있게 한 걸음 앞을 선도한다. 또한 고객을 수행할 때에 고객이 장소를 익히 알고 있는 경우에는 고객의 좌측 1보 뒤나 후방에서 고객을 따라 걷는다.
- 서비스 현장에서는 어떤 경우라도 뛰어서는 안 되며, 바쁘거나 급할 때에는 빠른 걸음으로 조용히 걷는다.
- 복도의 중앙은 고객의 전용통로로 생각하고 항상 우측통행을 습관화해야 한다. 모퉁이를 돌아설 때나 자동문을 통과할 때에는 부딪치지 않도록 주의한다. 복도는 우측통행을 하며 코너에서는 부딪치지 않기 위해 우측으로 작게 돌고, 좌측으로 크게 돌아서 걷도록 한다.(2010년 7월 1일 개정됨. 과거에는 좌측통행이었음)

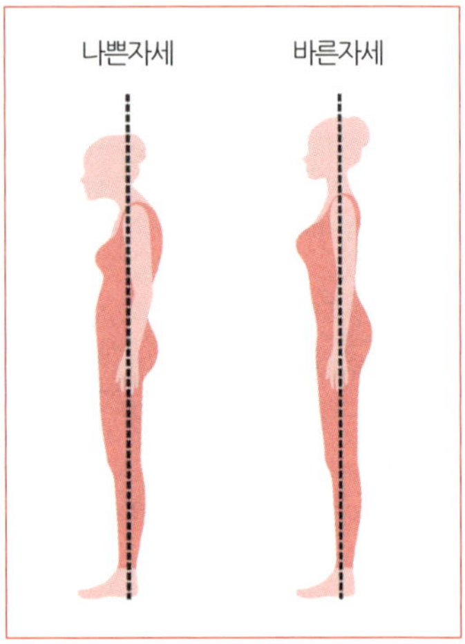

- 앞서가는 고객을 앞지르거나 앞을 가로질러서는 안 된다. 부득이 급한 일이 있을 경우에는

"실례합니다."라고 목례를 한 후 지나쳐야 한다.

- 고객이나 상사와 서로 지나칠 때에는 걸음을 잠시 멈추고 가볍게 인사한 다음, 고객이나 상사가 먼저 지나가도록 한다.
- 보행 중 담배를 피우거나, 껌을 씹거나, 음식물을 먹으며 다녀서는 안 되며, 보행 중에 소리가 나므로 주머니에 소리 나는 것을 넣고 다니지 않아야 한다.
- 신발소리가 크게 나지 않도록 걸어야 한다. 그리고 슬리퍼를 신고 보행하거나 신발을 구겨 신고 걸어 다니면 안 된다.

5) 앉는 자세

자세는 눈으로 보는 언어라고도 한다. 앉는 것이 편해지는 것이라고 생각되는지, 앉을 때의 모습은 제각각이다. 한숨을 쉬면서 앉는 사람, 다리를 마구 벌려 최대한 편안한 자세를 취하는 사람, 털썩 앉는 사람 등 앉는 자신이 편안한 자세를 취하면 취할수록 자신은 편해도 그 모습을 보는 사람은 불편한 기분이 심해질 수 있다. 특히 서비스인이 고객 앞에서 이런 모습을 보이는 것은 매우 무례하게 보일 수 있다.

(1) 앉는 법

의자에는 깊지 않고 얕지도 않게 앉는다. 이는 고객이 다가오면 바로 일어날 수 있기 위해서이다.

- 여성이 앉는 법
  - 한 쪽 발을 뒤쪽으로 당기면서 한 손으로 치마를 가볍게 잡고 앉을 자리를 살짝 본 후 앉는다.
  - 무릎과 발뒤꿈치를 결코 떼지 않는다.
  - 양손은 무릎 위에 가볍게 겹쳐놓는다.
- 남성이 앉는 법
  - 주먹 한 개가 들어갈 정도로 등받이에 기대지 않고 앉는다.

- 무릎은 주먹 2개 정도의 넓이로 벌리고 무릎에서 밑으로 똑바로 내려둔다.
- 손을 무릎에 둔다.

(2) 카운터에서 앉는 법

- 등을 곧게 펴고, 즉시 일어날 수 있도록 반쯤만 앉고 다리를 꼬지 않는다.
- 테이블 위에 팔꿈치를 대거나 손을 올리지 않는다.
- 정면을 향하고 고개를 숙이지 않는다.

(3) 응접실에서 앉는 법

- 상체를 곧게 편다.
- 등과 의자 사이는 주먹 하나 정도 사이를 둔다.
- 양 손은 무릎 위에 놓는다.
- 무릎 사이는 두 주먹이 들어갈 정도로 벌린다. 그러나 여성은 벌리지 않고 양손을 무릎 위에 가볍게 겹쳐놓는다.

(4) 온돌방에서 앉는 법

- 똑바로 일어선 자세에 왼발을 반 발자국 뒤로 하고, 양 무릎을 굽힌다.
- 양 무릎이 바닥에 닿을 때까지 굽히고, 발끝을 세운 뒤 앉는다.

- 발끝을 세운 발을 바닥에 붙이고, 양 발의 엄지발가락을 겹쳐서 앉는다.
- 일어날 때는 발끝으로 일어나며 왼발을 조금 뺀다.
- 오른발에 힘을 넣고 일어나 뺀 발을 모은다.

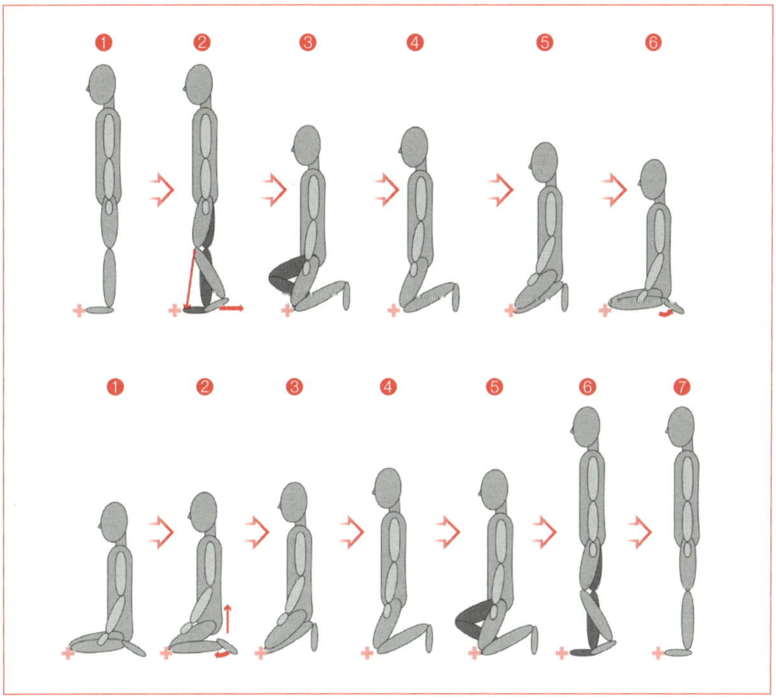

자료 : http://www.abiko-wakatake.com

4. 고객응대 화법

1) 기본응대 화법

(1) 서비스 화법의 10대 주의사항

- 3의(열의, 성의, 호의)를 가지고 말한다.
- 항상 부드러운 미소를 띠고 상냥하게 말한다.

- 목소의 크기와 속도는 TPO(때, 장소, 상황)에 맞춘다.
- 시선은 상대방에게 둔다.
- 칭찬을 아끼지 않는다.
- 잘 듣고 맞장구친다.
- 잘난 체 하지 않는다.
- 고객의 입장을 존중한다.
- 침착하게 말한다.
- 반말은 엄금이다.

(2) 고객응대의 기본화법

- 명령형을 피하고 의뢰형을 사용한다.
  "죄송합니다만, 좌석을 당겨 앉아주십시오."(명령형)
  → "죄송합니다만, 좌석을 당겨주시기 않으시겠습니까?"(의뢰형)
- 부정형은 피하고 긍정형을 사용한다.
- 거절할 때에는 의뢰형을 사용한다.
  "요금을 깎지 않아주시면 감사하겠습니다."
- 고객의 반응을 보면서 응대한다.
- 마이너스, 플러스법을 사용한다.
  "맛있긴 하지만, 가격이 너무 비쌉니다."(플러스, 마이너스법)
  → "조금 비싸기는 하지만, 제값을 할 정도로 맛이 좋고 손님들이 가장 좋아합니다."(마이너스, 플러스법)
- 나의 권유My proposal보다는 고객의 요구Your requirement 화법을 사용한다.
  고객에게 제안할 때는 My Proposal~("저의 제안은~")보다는 Your Requirement~("이런 것 필요하지 않으십니까?")의 방법으로 한다. 즉 고객의 입장에서 고객에게 어울린다는 것을 강조한다.
- 바른자세와 세련된 목소리, 서비스정신이 반영된 경어와 호칭을 사용한다.

2) 접객응대 용어

접객의 기본은 인사로 시작되어 인사로 끝난다. 타이밍에 맞추어 기분 좋게 인사하는 것이 중요하다. 손님을 기분 좋게 맞이하는 것은 바로 인사이다. 때문에 항상 웃는 모습으로 바른 경어를 사용하여 맞이하는 것이 매우 중요하다.

(1) 바른 경어 사용

존경어는 상대에게 경의를 표하는 말로 상대의 행동, 태도 등을 표현할 때 사용하고, 겸양어는 자신을 낮추어 정중함을 표현하는 말로 자신의 행동, 태도 등을 표현할 때 사용한다. 그리고 정중어는 상·하 관계를 떠나 정중한 응대가 필요할 때, 3인칭 화법으로 응대할 때 사용한다.

보통어	존경어	겸양어
말하다	말씀하시다	말씀드리다
묻다	물으시다	여쭙니다
보다	보시다	봅니다
먹다	잡수시다	먹습니다
하다	하시다	합니다
가다	가시다	갑니다
오다	오시다	옵니다

(2) 접객응대 용어

인사말	상 황
"어서 오십시오." "안녕하십니까?"	• 내점 시 "환영합니다."라는 기분으로 인사한다. • 점원 한 사람뿐만이 아니라, 전원이 손님에게 인사한다.
"네, 알겠습니다." "네, 잘 알겠습니다." "네, 말씀대로 하겠습니다."	• 주문을 받았을 때 • 요청이나 요망을 받았을 때
"잠시 기다려주십시오."	• 곧 접객하지 못하고 손님을 기다리게 할 때 • 그 자리를 뜰 때 • 찾으러 가거나 확인하러 갈 때

인사말	상 황
"오래 기다리셨습니다."	• 기다리게 했을 때, 반드시 인사말을 건넨다.
"죄송합니다만." "정말 송구스럽습니다만."	• 사인을 받을 때나 기입을 받을 때 • 요구사항을 들어주지 못할 때
"정말 죄송했습니다."	• 실수가 있었을 때 • 오래 기다리거나 폐를 끼쳤을 때
"감사했습니다." "감사합니다."	• 판매했을 때 • 주문과 상품을 결정했을 때 • 칭찬받았을 때 • 전송할 때
"실례하겠습니다." "실례했습니다."	• 말을 건넬 때 • 끼어들거나 접촉이 있었을 때 • 그릇을 치우거나 서비스할 때 • 퇴석 혹은 퇴실할 때 • 접객하러 돌아왔을 때나 앉을 때 • 물건을 받아들 때, 물건을 건넬 때
"항상 신세지고 있습니다."	• 상대가 이름을 말했을 때 • 거래처에서 왔을 때
"저희야말로 항상 신세지고 있습니다."	• 상대가 "항상 신세를 지고 있습니다."라고 먼저 인사했을 때의 답례

3) 접객 어법

접객의 기본은 인사로 시작되어 인사로 끝이 난다. 타이밍에 맞추어 기분 좋게 인사하는 것이 중요하다. 손님을 기분 좋게 맞이하는 것은 바로 인사이다. 항상 웃는 모습과 바른 경어를 사용하여 맞이하는 것은 매우 중요하다. 고객을 접객할 때는 3C 어법을 활용하면 실수가 없다.

(1) 접객의 3C 어법

① Correct(정확)

- 바른 접객응대 용어, 말씨
- 일시, 요건, 요망, 인수, 개수 등
- 사실과 추측을 구분한다.

② Concise(간결)

- 결론을 먼저 말한다.
- 5W1H로 정리한다.

③ Clear(명료)

- 듣기 쉬운 목소리와 밝은 어조로 말한다.
- 또렷하게 발음한다.
- 어미까지 확실하게 말한다.

학습내용평가 02

1. 바른 인사법

항 목 내 용	상	중	하	비고
밝은 미소로 상대와 시선을 맞춘 후 "안녕하십니까?" 인사말을 전한다.				
목소리는 다소 높고 명랑하게 한다.				
굽힐 때보다 천천히 상체를 들어올린다.				
머리, 등, 허리가 일직선이 되게 한다.				
상체를 들어 똑바로 선 다음 상대와 시선을 맞춘다.				
상대를 응시하고 호칭하며 인사를 한다.				
정중례 45도를 수행할 수 있다.				
보통례 30도를 수행할 수 있다.				
목례 15도를 수행할 수 있다.				
상황별 인사를 수행할 수 있다.				

2. 바른자세

항 목 내 용	상	중	하	비고
서비스인의 바른자세 3S 정신을 이해한다.				
바른 공수자세로 대기할 수 있다.				
장소 안내를 할 경우, 고객의 중앙으로 걷게 좌측에서 안내한다.				
계단을 올라갈 경우, 고객의 뒤에서 걷는다.				
엘리베이터 탑승은 마지막에 하고, 나중에 내린다.				
자기 앞쪽으로 여는 문에서는 목례를 하고 "들어오십시오."라고 한다.				
밀어서 여는 문에서는 안쪽의 안전성을 확인하고 연다.				
자기 앞쪽으로 문을 닫을 때에는 문의 손잡이를 잡고 조용히 닫는다.				
밀어서 문을 닫을 때는 뒤쪽에 있는 사람을 주의한다.				
방향을 가리킬 때는 손목을 구부리지 않고 팔꿈치부터 쭉 편다.				
가리키는 방향이 우측이면 오른손으로, 좌측이면 왼손으로 가리킨다.				
방향을 가리킬 때는 "이쪽입니다."라는 말과 함께 한다.				
등을 펴고 턱을 당긴 후, 시선은 정면을 향하여 자연스럽게 걷는다.				
슬리퍼를 신고 보행하거나 신발을 구겨 신고 걸어 다니면 안 된다.				
여성이 앉을 때는 무릎과 발뒤꿈치는 떼지 않고, 양손은 무릎 위에 가볍게 겹쳐 놓는다.				
남성은 무릎을 주먹 2개의 너비로 벌리고, 손은 주먹으로 무릎 위에 둔다.				
등과 의자 사이는 주먹 하나 정도 사이를 둔다.				

학습내용평가 02

3. 고객응대 화법

항 목 내 용	상	중	하	비고
항상 부드러운 미소를 띠고 상냥하게 말한다.				
시선은 상대방에게 둔다.				
명령형은 피하고 긍정형을 사용한다.				
마이너스와 플러스법을 이해하고 사용한다.				
나의 권유보다는 고객의 요구화법을 사용한다.				
바른 경어를 사용한다.				
상황별 접객 응대 인사말을 사용한다.				
고객접객 3C 어법을 이해하고 활용한다.				

NCS-based
FOOD and
BEVERAGE
Service

CHAPTER 03

파지법 기본 실무

학습목표

- 트레이 파지법을 수행할 수 있다.
- 플레이트 파지법을 수행할 수 있다.
- 글라스 파지법을 수행할 수 있다.
  실버웨어 파지법을 수행할 수 있다.
- 서빙스푼 & 포크 파지법을 수행할 수 있다.
- 린넨의 종류를 용도별로 취급할 수 있다.

1. 트레이 파지법

1) 기본 파지법

기본 파지법Gripping은 트레이Tray를 파지할 때 중심 부분에 왼손 팔목 부분의 손바닥 부위와 각 손가락은 넓게 벌리고 손끝을 약간 세워 트레이 좌 · 우, 전 · 후가 흔들리지 않도록 한다.

트레이 운반 시에는 트레이에 냅킨을 깔아 그 위에 놓인 물건이 미끄러지지 않도

자료 : http://all-free-download.com

록 한다. 고무매트가 깔려 있는 경우에는 그냥 사용해도 무방하나, 깨끗하게 유지되어야 한다. 트레이에 물건을 담아 운반할 때는 반드시 주변을 경계하며 이동시키고, 또한 부딪치는 일이 발생하지 않도록 항상 조심한다.

자료 : http://www.ldoceonline.com; https://www.dreamstime.com

2) 물건 담기

트레이로 운반한 물건을 내려놓을 때는 중심 것부터 먼저 하나씩 내려놓는다. 그리고 트레이로 운반할 물건을 담을 때는 중심으로 하나씩 올려놓는다. 또한 깨끗한 기물을 취급할 때와 같이 청결히 다루어야 하며, 소음이 나지 않도록 조용히 담는다. 그리고 사용한 트레이는 깨끗이 씻어 종류 및 크기별로 제자리에 보관한다.

3) 트레이를 들고 보행하기

트레이를 활용하면 보다 많은 양의 기물을 효과적으로 운반할 수 있다. 트레이로 운반할 물건을 담아 보행하기 위해서는 균형감 있는 바른자세가 요구되며, 특히 몸이 흔들리지 않도록 해야 한다. 트레이로 많은 양의 기물을 운반하기 위해서는 트레이를 왼손으로 들고, 오른손으로 트레이를 잡고 운반한다. 그러나 균형을 잃을 수 있는 너무 많은 양은 나누어서 운반하도록 한다. 숙련된 자세는 물건을 트레이에 담아 보행 훈련을 하면 된다. 또한 서비스인의 자세도 교정되는 효과가 있다.

2. 플레이트 파지법

1) 기본 파지법

플레이트Plate를 파지하는 방법은 음식을 서브할 때와 접시를 치울 때로 구분된다. 음식을 서브할 때는 오른손으로 2개 혹은 3개, 그리고 왼손으로 2개까지 들 수 있다. 물론 숙련된다면 더 많은 플레이트를 운반할 수 있으나, 고급식당에서는 적합하지가 않다. 이 기본 파지법은 엄지와 검지를 이용하여 권총 모양으로 플레이트를 잡고, 나머지 중지와 약지, 소지(새끼손가락)는 접혀진 상태로 균형을 유지한다.

2) 응용 파지법

두 접시 파지법은 왼손에 1개, 오른손에 각각 1개씩 드는 방법이 있으나, 숙련되면 접시 두 장을 왼손으로 모두 파지할 수 있다.(아래 사진 2-② 참조) 이럴 경우 엄지와 검지 사이에 한 장의 플레이트를 잡고, 그리고 나머지 한 장은 한 장의 접시 밑면과 수평이 되도록 하여 겹치도록 하고 나머지 중지, 약지, 소지가 받칠 수 있도록 한다.

세 접시 파지법은 왼손에 2개, 오른손에 1개씩 드는 방법이나, 숙련되면 왼손에 세 접시를 모두 파지할 수 있는 방법이다.(아래 사진 2-③ 참조) 이 방법은 두 접시 파지법(아래 사진 2-②)에 엄지 윗부분을 수평으로 하여 그곳에 나머지 접시를 올려놓는 방법이다.

2-❶ 접시 한 장 들 때

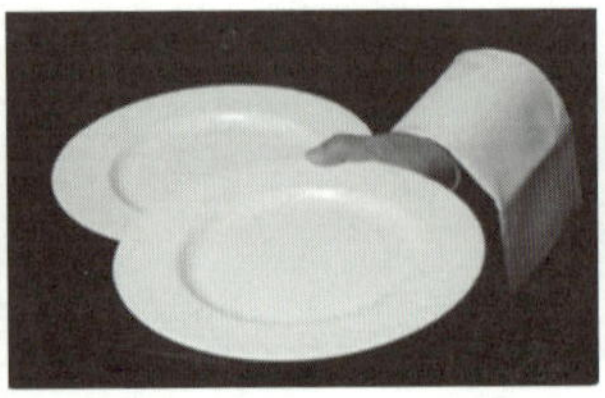

2-❷ 접시 두 장 들 때

2-❸ 접시 세 장 들 때

네 접시 파지법은 왼손에 3개의 접시, 오른손에 1개의 접시를 파지하는 방법이고(아래 사진 2-④), 다섯 접시 파지법은 왼손에 3개의 접시, 오른손에 2개의 접시를 파지한다.

여섯 개의 접시를 파지할 경우는 오른손에 4개, 왼손에 2개, 그리고 일곱 개 이상 파지할 경우는 운반하는 사람과 보는 사람 모두가 불안하기에 가급적이면 트레이를 이용하거나 아니면 최대 여섯 개까지 파지하는 것이 좋다.

응용 파지법은 엄지와 소지 사이에 플레이트를 끼고 그 위에 접시를 쌓는 방법이 있는데(아래 사진 2-⑤, 2-⑥), 음식을 서브할 때도 응용할 수 있지만, 주로 많은 양의 빈접시를 치울 때 많이 활용된다.(아래 사진 2-⑦) 응용 파지법은 식사를 마친 접시를 치울 때 가장 많이 활용되는 방법이다.(아래 사진 2-⑧)

2-❹ 접시 네 장 들 때

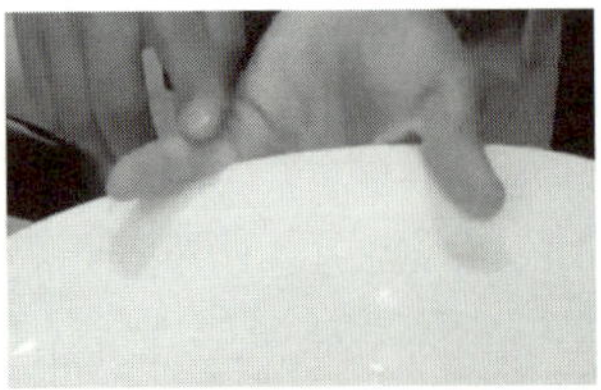

2-❺

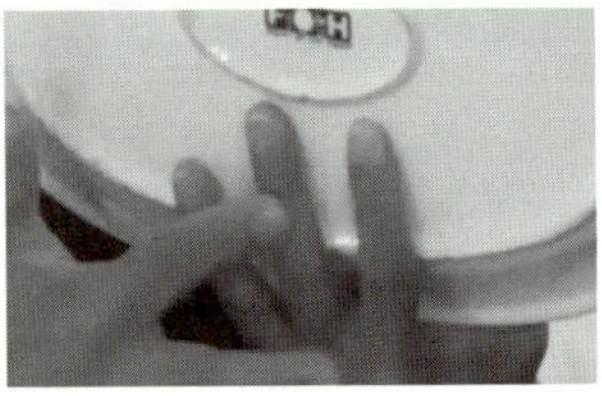

2-❻

2-⑦

2-⑧

3) 플레이트의 취급법

접시를 닦을 때는 다음의 사진과 같이 타월로 접시 안쪽부터 닦는다. 접시에 손의 지문 없이 또는 뜨거운 접시를 옮기기 위해서는 깨끗한 타월로 감싸서 이동시킬 수 있다.

접시 닦는 방법

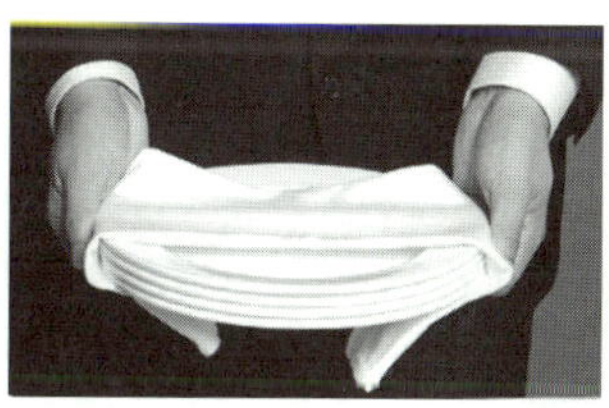

접시 옮기는 방법

3. 글라스 파지법

1) 기본 파지법

손가락과 손가락 사이에 글라스Glass의 귀가 걸릴 수 있도록 하나씩 끼운다.(아래 사진 3-①) 손가락 사이에 글라스가 모두 끼워지면, 나머지는 손바닥 위로 가로와 세로가 걸치도록 한다.(아래 사진 3-②) 글라스를 세팅하는 방법은 글라스의 스템을 잡고 테이블 위에 세팅한다.(아래 사진 3-③)

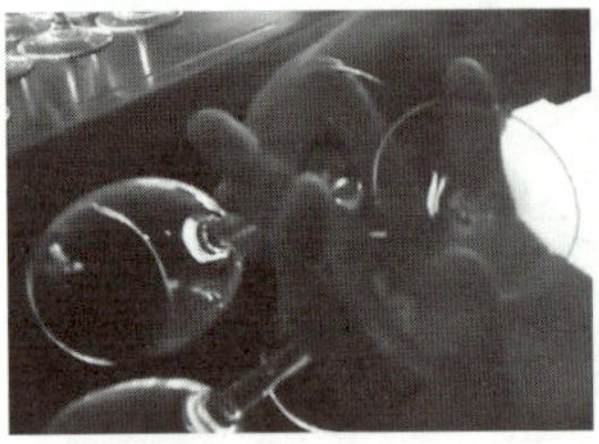

3-❶

3-❷

3-❸

2) 글라스의 취급법

와인글라스 세척은 뜨거운 물을 받아서 사용한다.(아래 사진 3-④) 그리고 와인글라스 테두리Rim에 묻어있는 입술자국, 립스틱자국 등을 지운다. 또한 와인글라스의 바깥쪽 물기를 제거하고 린넨을 이용하여 글라스 안쪽을 세척한다.(아래 사진 3-⑤) 이때 린넨이 충분히 글라스 안쪽으로 들어가서 물기와 물 지문이 남지 않도록 닦아야 한다.

3-❹

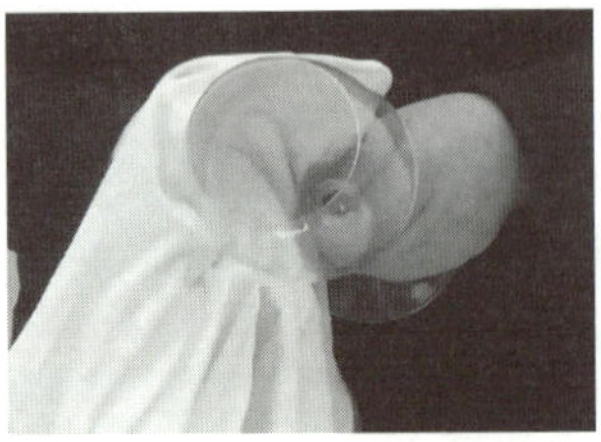

3-❺

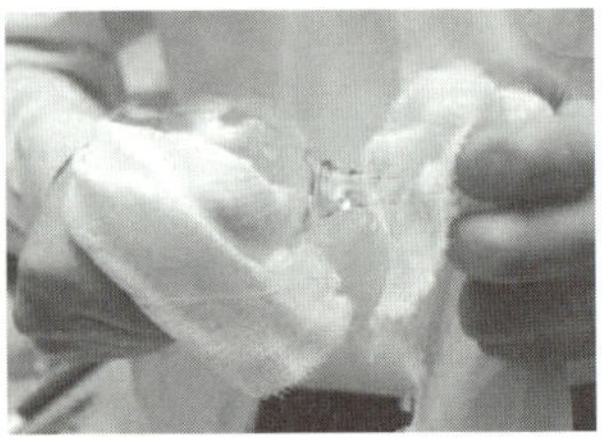

3-❻

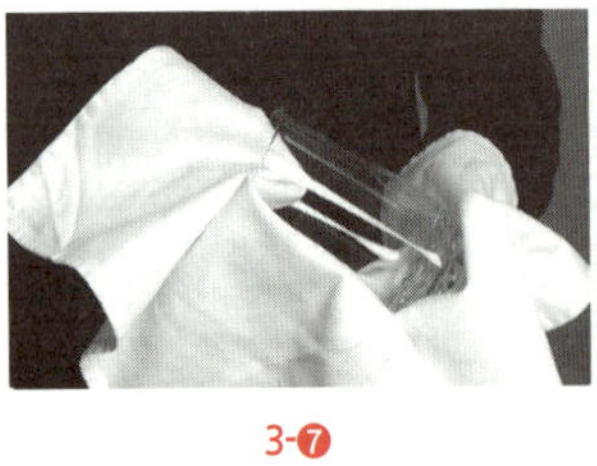

3-❼

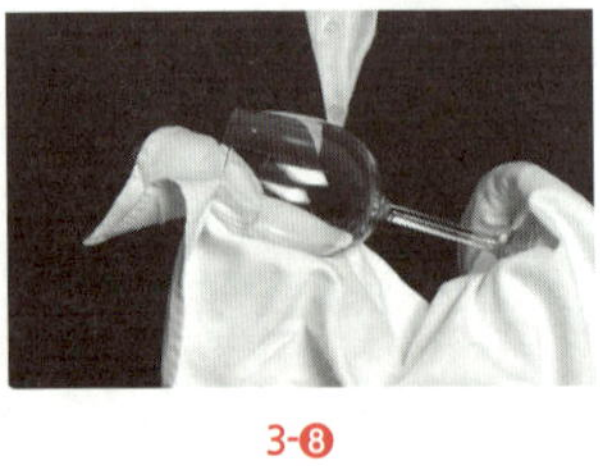

3-❽

(X)

(O)

(O)

(X)

(O)

(X)

(X)

* 고객에게 제공하는 와인글라스는 위의 사진(O)과 같이 집도록 한다.
* 고객에게 제공하는 와인글라스는 위의 사진(×)과 같이 집지 않도록 한다.

4. 실버웨어 파지법

실버웨어Silver-ware는 식사하는데 필요한 모든 기물을 총칭한다. 과거에는 번쩍이는 은기물로 사용하는 고급레스토랑이 많았으나, 오늘날은 내구성이 좋고 고급스러운 스테인리스나 티타늄 재질로도 자주 사용된다.

식기류 세팅은 트레이를 이용하여 세팅한다. 또한 기물에 손 지문이나 물 지문이 남지 않도록 깨끗하게 관리해야 한다.(아래 사진 4-①) 다량의 기물을 세척하는 방법은 엄지와 검지 사이에 포크나 테이블스푼을 끼워놓고 양손으로 린넨을 이용하여 세척한다.

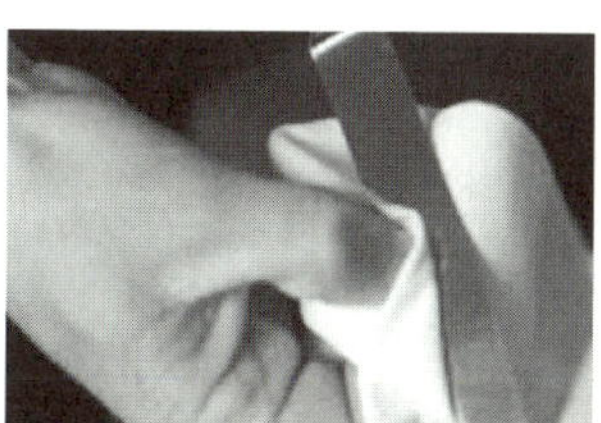

4-❶

4-❷

4-❸

5. 서빙스푼 & 포크 파지법

레스토랑에서 서빙스푼Serving Spoon과 포크Fork를 활용하는 경우는 보통 플래터서빙Platter Serving을 위해서이다. 큰 접시에 담겨진 요리를 손님의 수만큼 신속하게 배분해야 하기 때문에 서빙스푼과 포크를 바람직하게 파지Griping해야 한다.

먼저, 서빙스푼을 중지와 소지Baby Finger 사이에 5-①을 넣고, 다음으로 5-②와 같이 엄지와 검지로 포크를 파지한다. 그리고 약지와 소지로 스푼과 포크 5-③처럼 고정시키고, 5-④와 같이 훈련한다. 그리고 서빙스푼과 포크를 활용하여 빵, 접시, 달걀 등으로 훈련한다.

5-❶

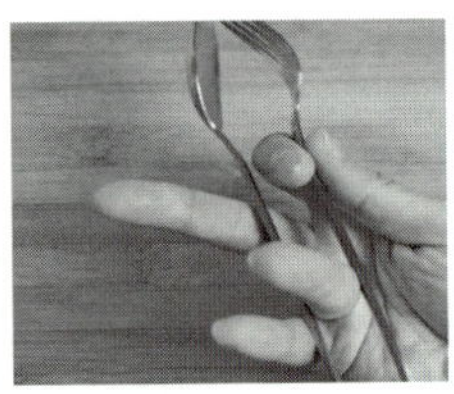
5-❷

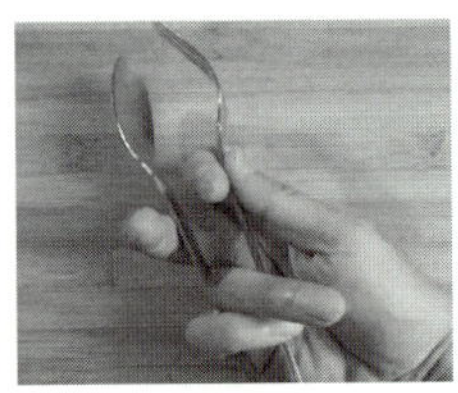
5-❸

5-❹

자료 : スプーンとフォークをトングとして使う方法【サーバーの持ち方】便利ライフハック

6. 린넨 취급법

1) 린넨의 종류

레스토랑에서 사용하는 린넨Linen의 종류는 테이블클로스Table-cloth, 언더클로스Under-cloth, 탑클로스Top-cloth, 미팅클로스Meeting-cloth, 냅킨Napkin, 암 타월Arm Towel, 테이블매트Table Mat, 워시타월Wash Towel, 스커트Skirt 등이 있다.

테이블은 크게 언더클로스(일명, 테이블보 밑의 깔개, 충격완화용, 아래 사진 6-③)를 깔고, 이 위에 테이블보를 덮고, 다시 탑클로스를 그 위에 덮는다. 회전율이 높은 레스토랑에서는 원목식탁에 테이블보를 대신하여 테이블매트로 대신하는 경우도 적지 않다.

테이블클로스는 흰색 린넨을 사용하는 것이 원칙이며, 식탁의 크기가 90×90cm의 경우 테이블클로스는 150×150cm가 적합하다.

6-❶

6-❷

6-❸

2) 테이블클로스의 취급법

혼자서 테이블클로스Table Cloth를 취급할 때, 4등분된 클로스의 접혀진 끝자락을 밑으로 얹어놓고, 가운데 자락을 엄지와 검지를 얹어서 양팔을 테이블 끝으로 넓게 벌려 윗자락과 함께 들면 밑자락이 펴지게 된다.(아래 사진 6-⑤) 이때 테이블선과 펼쳐진 클로스의 선이 평행이 되도록 알맞게 조정하여 잡고 있는 클로스를 약간 15도 각도로 들어 살살 흔들면서 앞으로 깔아 덮는다.(아래 사진 6-⑥)

테이블클로스는 규정된 식탁에 맞는 것을 사용해야 하며, 사각에 늘어진 길이와 클로스의 끝이 의자의 앞 끝에 직각이 되도록 해야 한다.

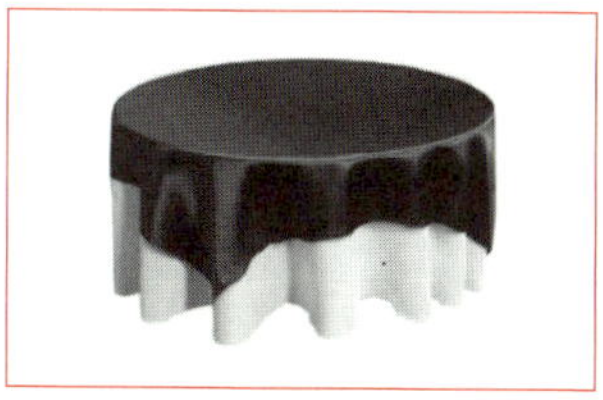
6-❹

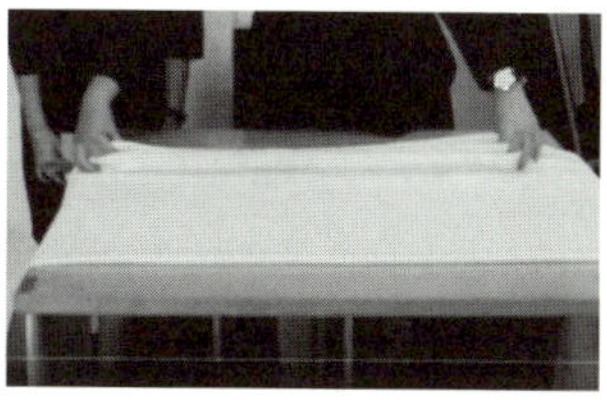
6-❺

6-❻

3) 암 타월의 파지법

암 타월Arm Towel은 식음료 영업장에서 서비스인이 휴대하고 다니는 린넨으로 접어서 손에 들고 있어도 되고, 손목 위에 걸려서 사용해도 된다.(위 사진 4-②) 또한 암 타월은 뜨거운 물건을 옮기거나 서브할 때 혹은 와인이나 물을 서브할 때 사용할 수 있다. 특히 와인을 서브할 때 흘릴 수 있는 순간에 암 타월은 매우 요긴하게 사용할 수 있다.(위 사진 4-③)

학습내용평가 03

1. 트레이 파지법

항 목 내 용	상	중	하	비고
트레이가 전후, 좌우 흔들리지 않도록 파지할 수 있다.				
트레이 운반 시 냅킨을 깔아 그 위에 놓인 물건이 미끄러지지 않도록 한다.				
트레이로 운반한 물건을 내려놓을 때는 중심 것부터 하나씩 내려놓는다.				
많은 양의 기물을 운반 시 트레이를 왼손으로 들고, 오른손으로 트레이를 잡고 운반한다.				

2. 접시 파지법

항 목 내 용	상	중	하	비고
엄지와 검지를 이용하여 플레이트를 파지할 수 있다.				
왼손으로 두 접시를 파지할 수 있다.				
왼손에 2개, 오른손에 1개의 접시를 파지할 수 있다.				
왼손으로 3개의 접시를 파지할 수 있다.				
왼손에 3개의 접시, 오른손에 2개의 접시를 파지할 수 있다.				
왼손의 엄지와 소지 사이에 플레이트를 끼고 그 위에 접시를 쌓을 수 있다.				
뜨거운 접시를 옮기기 위해 깨끗한 타월로 감싸서 이동시킬 수 있다.				

3. 글라스 파지법

항 목 내 용	상	중	하	비고
손가락과 손가락 사이게 글라스의 귀를 걸어 파지할 수 있다.				
왼손으로 글라스 7개를 파지할 수 있다.				
글라스의 스템을 잡아 테이블 위에 세팅할 수 있다.				
와인글라스를 뜨거운 물을 받아서 린넨을 이용하여 세척할 수 있다.				

학습내용평가 03

4. 실버웨어 파지법

항 목 내 용	상	중	하	비고
기물에 손 지문이나 물 지문이 남지 않도록 깨끗하게 세척할 수 있다.				
세척하기 위해 테이블나이프를 파지할 수 있다.				
세척하기 위해 테이블포크를 파지할 수 있다.				
세탁하기 위해 테이블스푼을 파지할 수 있다.				

5. 서빙스푼과 포크 파지법

항 목 내 용	상	중	하	비고
엄지와 검지 사이에 서빙스푼과 포크를 바람직하게 파지할 수 있다.				
기본형 서빙스푼과 포크를 파지할 수 있다.				
숙련형 서빙스푼과 포크를 파지할 수 있다.				
서빙스푼과 포크를 활용하여 빵을 신속하게 배분할 수 있다.				

6. 린네 취급법

항 목 내 용	상	중	하	비고
레스토랑에서 사용하는 린넨의 종류를 설명할 수 있다.				
식탁에 맞는 테이블클로스를 깔아 덮을 수 있다.				
암타월을 접어서 휴대할 수 있다.				
암타월을 손목 위에 걸쳐 사용할 수 있다.				
암타월을 용도에 맞춰 사용할 수 있다.				

CHAPTER 04

테이블 기물과 장비

학습목표

- 기물의 종류를 용도별로 사용할 수 있다.
- 글라의 종류를 용도별로 사용할 수 있다.
- 도자기의 종류를 용도별로 사용할 수 있다.
- 린넨의 종류를 용도별로 사용할 수 있다.
- 레스토랑의 장비류를 용도별 사용할 수 있다.

1. 기물류

1) 기물Cutlery의 종류

1 Dinner Knife
2 Soup Spoon
3 Dinner Fork
4 Salad Fork
5 Wine Glass
6 Water Glass
7 Dessert Spoon
8 Dessert Fork
9 Bread Plate

1 Salad Fork
2 Fish Fork
3 Dinner Fork
4 Napkin
5 Butter Knife
6 Bread Plate
7 Dessert Spoon
8 Dessert Fork
9 Place Card
10 Salad Plate
11 Soup Bowl
12 Service Plate
13 Salad Knife
14 Meat Knife
15 Fish Knife
16 Soup Spoon
17 Tea Spoon
18 Seafood Fork
19 Water Goblet
20 Champagne Flute
21 Red Wine Glass
22 White Wine Glass
23 Sherry Glass

자료 : https://www.etiquettescholar.com

2) 집기의 종류

Patry Tongs

Lobster Tongs

Lobster Fork

Sauce Boat

Oval Casserole

Platter

Soup Tureen

Coffee Pot

Cake Server

Food Cover

Snail Plate

Finger Bowl

Tea Pot

Cream Pitcher

Soup Ladle

Round Chafing Dish

Soup Urn

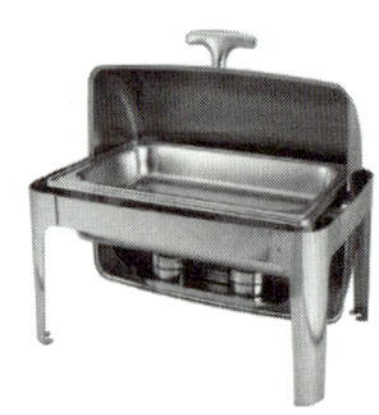
Oblong Chafing Dish

Wine Basket

Wine(Champagne) Cooler

3) 기물의 취급법

- 은기 제품은 관리요령에 따라 세척하고 관리한다.
- 기물은 얼룩이 생기지 않게 타월로 깨끗이 닦아서 사용한다.
- 기물을 운반할 때는 핸드타월에 싸서 운반하거나 트레이Tray에 담아서 운반한다.
- 흠집이 생기지 않게 조심스럽게 취급한다.
- 기물은 손자국이 생기지 않게 항상 손잡이 부분이나 목 부분을 잡는다.

2. 글라스류

1) 글라스의 종류

글라스Glass의 종류와 모양은 제조사마다 다르고 매우 다양하다. 그러나 옆의 그림처럼 4종류로부터 변형된 모양을 갖는 경우가 대부분이다.

이를 좀 더 세부화하면 아래와 같다.

2) 와인글라스의 종류

3. 도자기류

- 서비스 접시Service Plate는 일명 쇼 접시Show Plate, 혹은 언더 접시Under Plate로도 불리며, 주로 프렌치스타일의 고급레스토랑에서 볼 수 있다. 대형 접시로써 보통 30~32cm가 되며, 테이블세팅의 격과 완성도를 높이기 위해 장식용으로 사용된다. 관리차원에서 고객이 냅킨을 착용할 수 있도록 도와주고 치우는 경우가 많지만, 최고급 레스토랑에서 메인이 제공되기 전까지 사용하는 경우도 많다.
- 앙트레 접시Entree Plate는 디너 접시로 메인코스가 제공되는 접시이다. 직경 24~27cm가 보통이다. 애피타이저 접시보다 크고 서비스 접시보다는 작다.
- 애피타이저 접시Appetizer Plate는 전채요리가 제공되는 접시로, 직경 20~24cm가 가장 일반적이다. 이 규격의 접시는 애피타이저 외에도 피시 코스나 디저트로 활용되기도 한다.
- 샐러드 접시Salad Plate는 야채요리를 제공하는데 사용되며, 야채를 담아서 사용할 경우에는 보통 14cm 내 · 외가 일반적이고, 접시로 제공될 경우에는 22cm 접시도 사용된다.
- 수프볼Soup Bowl은 접시의 모양과 컵의 모양을 띠고 있으며, 맑은 수프를 제공할 때는 뷔용수프볼Bouillon Soup Bowl을 사용하고, 진한 크림수프를 제공할 경우는 접시에 가까운 크림수프볼Cream Soup Bowl을 사용한다.

Bouillon Soup Bowl

Cream Soup Bowl

- 디저트 접시Dessert Plate로 케이크를 음식에 담아 제공할 경우에는 18cm가 보편적이고, 좀 더 우아하게 제공하기 위해 애피타이저 접시도 종종 사용된다.
- 브레드 접시Bread Plate는 보통 Bread와 Butter의 약어로 B&B 접시라고도 한다. 빵과 버터, 잼을 같이 올려놓을 수 있으며, 직경 16cm 정도 내·외의 크기가 보통이다.
- 차이나웨어Chinaware의 종류는 위에서 언급된 내용과 같지만, 규격은 제조사마다 모두 차이가 있다. 다만, 제공되는 음식이 우아하게 보이기 위해서는 보다 규격이 큰 것을 사용하는 것이 좋다. 그러나 너무 클 경우에는 레스토랑에서 관리하기가 어렵고 파손 날 우려가 크다.

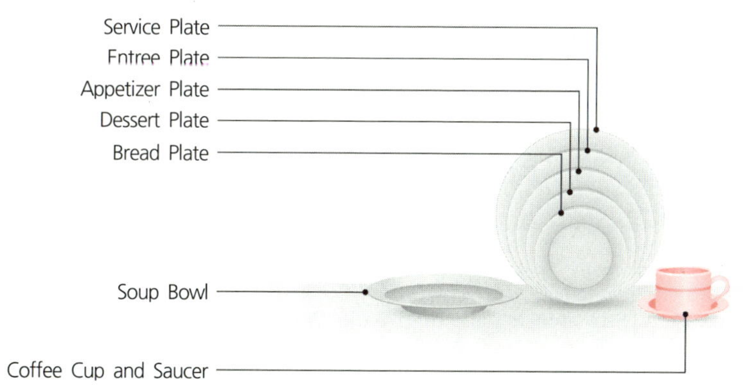

4. 린넨류

1) 린넨의 종류

테이블에서 사용되는 모든 직물을 린넨Linen이라 한다. 테이블클로스, 언더클로스, 탑클로스, 미팅클로스, 테이블매트, 냅킨, 도일리, 런너, 암 타월, 워시 타월 등이 있다.

- 테이블클로스Tablecloth는 기본적으로 사용되는 식탁보로, 전체적인 분위기를 연출하는데 중요한 역할을 한다. 일반적으로 테이블보다는 60~70cm가 크고, 바닥으로부터 50cm 남겨두고 세팅한다.

테이블클로스

언더클로스

미팅클로스

- 런너Runner는 식탁의 가운데 부분을 30cm 폭으로 길게 뻗어, 테이블클로스보다는 밑으로 길게 늘어지게 연출하는 린넨이다.

2) 냅킨

냅킨Napkin의 치수는 50×50cm 정도가 가장 보편적이고, 식사할 때 무릎 위에 펴놓으며 입을 닦을 때 혹은 음식물이 옷에 묻지 않기 위해 사용한다. 간혹 목에다 묶어서 사용하는 경우는 매너에 해당되지 않으나, 움직이는 기내나 열차식당에서 사용하는 것은 예의에 어긋나지 않는다.

냅킨은 항상 위생적으로 취급해야 하며, 냅킨을 접을 때는 구김과 위생 측면을 고려하여 가장 실용적인 방법을 택하도록 한다. 냅킨은 접는 모양에 따라 시각적으로 분위기 연출을 할 수 있기에, 방법을 연구하여 계절별로 적합한 모양을 선택하여 연출하는 것이 좋다.

사료 : https://www.pinterest.co.kr

왕관

겹부채

달팽이

밴드

수련

장미

죽순

범선

5. 장비류

Bar Trolley

Service Station

Dessert Trolley

Pastry Trolley

Dish Cart

Tray Rack Cart

Kitchen Cart

Ice Carving Cart

Linen Trolley

Luggage Cart

Baggage Cart

Stacking Chair Cart

학습내용평가 04

1. 기물류

항 목 내 용	상	중	하	비고
은기 제품의 관리요령에 따라 세척하고 관리할 수 있다.				
격식 있는 정찬(Formal Dinner) 타입의 세팅기물의 용도를 설명할 수 있다.				
포크의 종류를 용도별로 설명할 수 있다.				
나이프의 종류를 용도별로 설명할 수 있다.				
스푼의 종류를 용도별로 설명할 수 있다.				
집기류의 종류를 용도별로 설명할 수 있다.				

2. 글라스류

항 목 내 용	상	중	하	비고
글라스의 종류를 용도별로 분류하고 설명할 수 있다.				
화이트와인의 종류를 용도별로 분류하고 설명할 수 있다.				
레드와인의 종류를 용도별로 분류하고 설명할 수 있다.				
칵테일 잔의 종류를 용도별로 분류하고 설명할 수 있다.				

3. 도자기류

항 목 내 용	상	중	하	비고
서비스 접시의 용도를 설명할 수 있다.				
접시의 크기별로 용도를 설명할 수 있다.				
앙트레 접시의 용도를 설명할 수 있다.				
애피타이저 접시의 용도를 설명할 수 있다.				
수프 볼의 용도별 종류를 구분할 수 있다.				

학습내용평가 04

4. 린넨류

항 목 내 용	상	중	하	비고
테이블클로스의 용도를 설명할 수 있다.				
언더클로스의 용도를 설명할 수 있다.				
탑클로스의 용도를 설명할 수 있다.				
런너(Runner)의 용도를 설명할 수 있다.				
냅킨의 사용법에 대해 설명할 수 있다.				
냅킨의 종류를 설명할 수 있다.				

5. 장비류

항 목 내 용	상	중	하	비고
레스토랑 장비의 용도를 설명할 수 있다.				
트롤리(Trolley)의 용도를 설명할 수 있다.				
카트(Cart)의 용도를 설명할 수 있다.				

CHAPTER 05 테이블세팅

학습목표

- 테이블세팅의 기본원칙을 수행할 수 있다.
- 테이블세팅을 위한 기물을 준비할 수 있다.
- 기본 테이블세팅을 할 수 있다.
- 풀코스 테이블세팅을 할 수 있다.
- 용도별 테이블세팅을 수행할 수 있다,
- 테이블세팅에 적합한 냅킨을 접을 수 있다,

1. 테이블세팅

1) 테이블세팅이란?

테이블세팅Table Setting은 테이블의 짜임새 있는 구성으로, 식음료 영업장의 분위기를 즐겁고 편안한 식사가 되도록 연출하는 것이다. 테이블세팅은 테이블과 의자를 정돈하고 테이블클로스Table Cloth를 펴고 포크와 나이프, 접시, 글라스, 도자기 및 기타 장식품 등을 테이블에 알맞게 배치하는 일련의 과정으로 이루어진다. 일반적으로 수준 높은 고객은 식탁 위에 세팅된 기물만 보아도 그 레스토랑의 수준을 바로 파악할 수 있다.

2) 테이블세팅의 원칙

- 쇼 플레이트Show Plate와 은기물류는 식탁 가장자리로부터 2cm 정도의 간격을 두

고 놓는다.

- 기물류의 배열은 전체적인 균형을 이룰 수 있도록 적당한 간격으로 보기 좋게 놓는다.
- 브레드 플레이트Bread Plate의 중앙선과 쇼 플레이트의 중앙선이 일치하도록 배열한다.
- 나이프는 칼날이 안쪽으로 가도록 세팅한다.
- 버터 나이프는 빵 접시 위의 오른쪽으로 1/4 정도 되는 부분에 포크의 배열선과 평행을 유지한다.
- 워터 고블렛Water Goblet은 디너 나이프의 끝 쪽 연장선과 디저트 스푼과 포크의 중앙 배열선이 교차되는 곳에 위치한다.
- 와인글라스는 물잔의 오른쪽 아래쪽으로 45도 대각선상에 위치한다.
- 센터피스Center Pieces의 배열은 테이블의 종류와 세팅 인원에 따라 달라질 수 있겠으나, 일반적으로 좌측부터 후추, 소금, 꽃병의 순으로 배열한다.
- 쇼 플레이트를 사용하지 않을 때는 냅킨을 놓아서 기준을 잡는다.

2. 테이블세팅하기

1) 테이블세팅의 준비

(1) 테이블세팅을 위한 준비

- 테이블 주변을 청소하고 주변 환경을 위생적으로 관리한다.
- 식탁의 위치를 고정한다.
- 테이블보Table Cloth를 준비한다.(필요시)
- 테이블매트Table Mat를 준비한다.(필요시)
- 센터피스 품목을 준비한다.
- 기물류를 준비한다.

자료 : https://www.thebalance.com

(2) 테이블세팅의 순서

- 식탁과 의자를 점검한다.
- 테이블의 규격에 맞는 테이블보를 깐다.
- 센터피스를 놓는다.
- 쇼 플레이트를 놓는다.
- 브레드 플레이트를 놓는다.
- 디너 나이프와 포크를 놓는다.
- 피시 나이프와 포크를 놓는다.
- 수프 스푼과 샐러드 포크를 놓는다.
- 애피타이저 나이프와 포크를 놓는다.
- 버터 나이프를 놓는다.
- 디저트 스푼과 포크를 쇼 플레이트 위쪽에 놓는다.
- 워터 고블렛, 화이트와 레드와인 글라스를 놓는다.
- 냅킨을 편다.
- 전체적인 조화와 균형을 점검한다.

【주의】 상황에 따라서는 우측 기물을 먼저 세팅하고, 좌측 기물을 세팅하는 경우도 사용된다.

2) 테이블세팅의 종류

(1) 테이블세팅의 구성

① Show Plate Service Plate

② Napkin ③ Meat Knife

④ Meat Fork ⑤ Bread Plate

⑥ Butter Knife ⑦ Water Goblet

⑧ Wine Glass ⑨ Dessert Spoon

⑩ Dessert Fork ⑪ Pepper Shaker

⑫ Salt Shaker ⑬ Flower Vase

(2) 테이블세팅의 기본형

① Show Plate ② Napkin

③ Dinner Knife ④ Dinner Fork

⑤ Water Goblet ⑥ Pepper Shaker

⑦ Salt Shaker

(3) 일품요리의 기본세팅

① Show Plate ② Napkin

③ Dinner Knife ④ Dinner Fork

⑤ Bread Plate ⑥ Butter Knife

⑦ Water Goblet ⑧ Wine Glass

⑨ Pepper Shaker ⑩ Salt Shaker

(4) 정찬요리의 풀코스세팅

① Show Plate ② Napkin
③ Meat Knife ④ Fish Knife
⑤ Soup Spoon ⑥ Appetizer Knife
⑦ Meat Fork ⑧ Salad Fork
⑨ Fish Fork ⑩ Appetizer Fork
⑪ Bread Plate ⑫ Butter Knife
⑬ Dessert Spoon ⑭ Dessert Fork
⑮ Water Goblet ⑯ White Wine Glass
⑰ Red Wine Glass ⑱ Champagne Glass
⑲ Salt & Pepper Shaker

(5) 조식Breakfast의 기본세팅

① Napkin ② Meat Knife
③ Meat Fork ④ Bread Plate
⑤ Butter Knife ⑥ Coffee Cup & Saucer
⑦ Water Goblet ⑧ Salt & Pepper Shaker
⑨ Sugar Bowl ⑩ Cream Jug

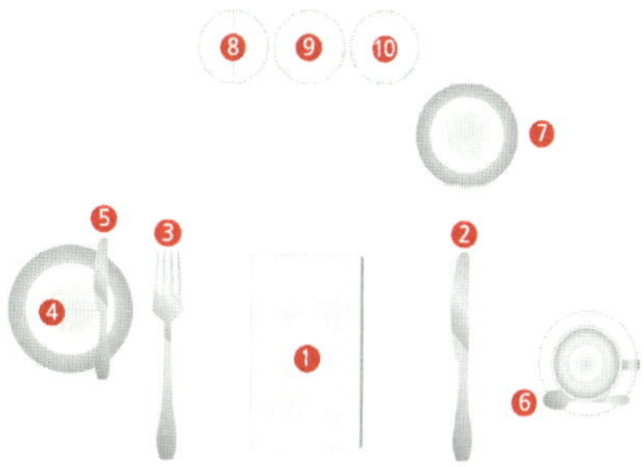

(6) 해산물 칵테일Seafood Cocktail의 세팅

① Tea Spoon ② Dessert Fork
③ Bread Plate ④ Butter Knife
⑤ Water Goblet ⑥ Salt & Pepper Shaker

(7) 달팽이요리Snails의 세팅

① Dessert Spoon ② Snail Fork
③ Snail Tong ④ Bread Plate
⑤ Butter Knife ⑥ Water Goblet
⑦ Salt & Pepper Shaker

(8) 개구리다리요리Frog Leg의 세팅

① Appetizer Knife ② Appetizer Fork
③ Bread Plate ④ Butter Knife
⑤ Water Goblet ⑥ Finger Bowl
⑦ Salt & Pepper Shaker

(9) 해산물수프Bouillabaisse의 세팅

① Fish Knife ② Fish Fork
③ Soup Spoon ④ Bread Plate
⑤ Butter Knife ⑥ Water Goblet
⑦ Salt & Pepper Shaker

(10) 스파게티Spaghetti의 세팅

① Dinner Fork

② Soup Spoon

③ Water Goblet

④ Salt & Pepper Shaker

(11) 치즈Cheese의 세팅

① Appetizer Knife

② Appetizer Fork

③ Water Goblet

④ Salt & Pepper Shaker

⑤ Bread Plate

⑥ Butter Knife

(12) 피치멜바Peach Melba의 세팅

① Tea Spoon

② Dessert Fork

③ Water Goblet

3) 기타(한식, 일식, 중식) 세팅법

(1) 한식의 기본세팅

① Table Mat ② Napkin

③ Spoon & Chopstick Holder

④ Spoon ⑤ Chopstick

⑥ Leaf Tea Cup & Wine Glass

⑦ Salt ⑧ Flower Vase

(2) 일식의 기본세팅

① はし : 젓가락

② はしおき : 젓가락 받침

③ ナプキン : 냅킨

④ しょうゆびん : 간장병

⑤ つまようじ : 이쑤시게

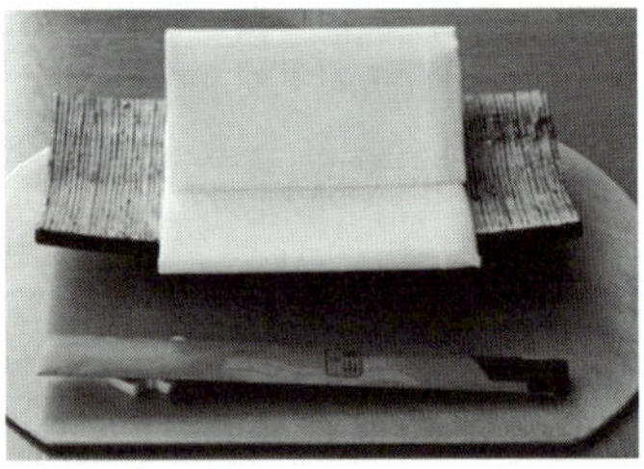

(3) 중식의 기본세팅

① Bone Dish ② Napkin

③ Condiment Dish ④ Chopstick

⑤ Serving Spoon ⑥ Tea Cup

⑦ Soup Spoon Holder ⑧ Soup Spoon

⑨ Chop Stick Holder

3. 냅킨

1) 냅킨 관리

냅킨Napkin의 치수는 50×50cm의 정도가 이상적이며, 주로 고객이 식사를 할 때 무릎 위에 펴놓으며 손이나 입을 닦기도 한다. 또한 냅킨은 접는 모양에 따라 시각적으로 식음료영업장의 전체적인 분위기를 달리할 수 있으며, 항상 고객에게 새로운 모습을 주기 위해 다양한 모양으로 냅킨을 접어서 변화 있게 테이블에 세팅하도록 한다. 그리고 냅킨은 항상 가장 위생적으로 취급해야 하며, 냅킨을 접을 때는 구김과 위생 측면에서 손이 많이 가지 않도록 간단하고 실용적인 방법을 택하여 다양하게 접도록 한다.

이외에 암 타월Arm Towel을 대신하여 왼 손목에 걸고 뜨거운 음식을 운반할 때 받쳐 이용되기도 한다. 또는 트레이Tray 위에 깔아 기물이 부딪쳐 내는 소음을 방지하고 미끄러지는 것을 방지하기 위해서도 사용된다. 이럴 경우, 고객용과 구분하여 보관 및 관리해야 한다.

2) 냅킨 접기

① 턱시도Tuxedo

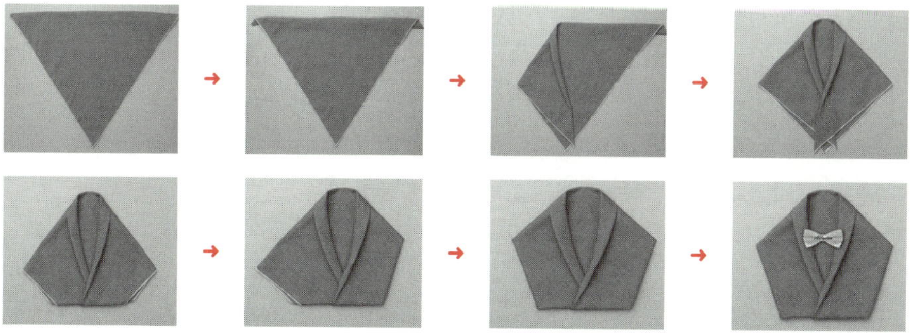

② 다이애거널 포켓Diagonal Pockets

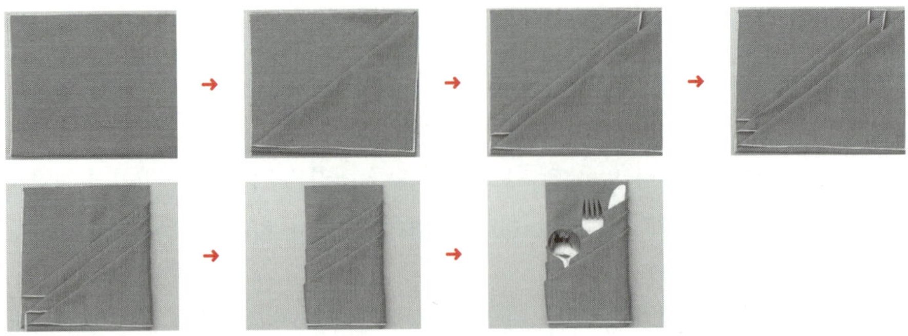

③ 더블 포켓Double Pockets

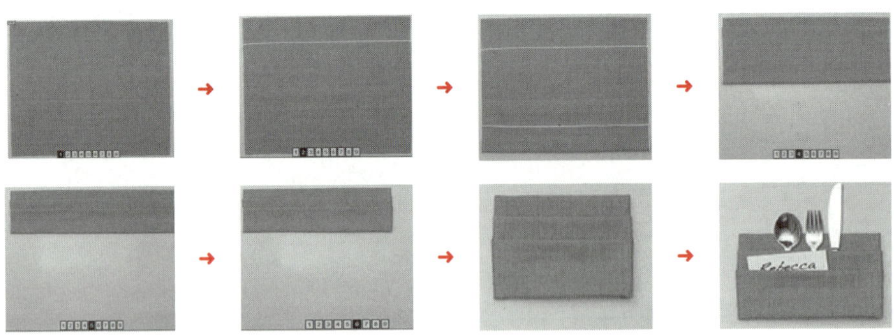

④ 다이아몬드 스퀘어Diamond Square

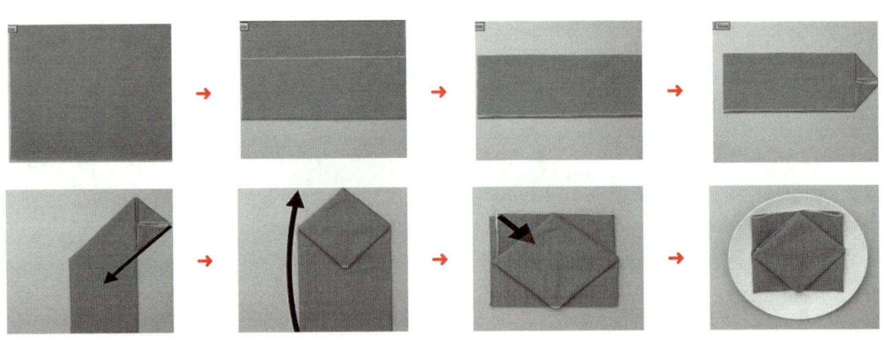

⑤ 팬Fan

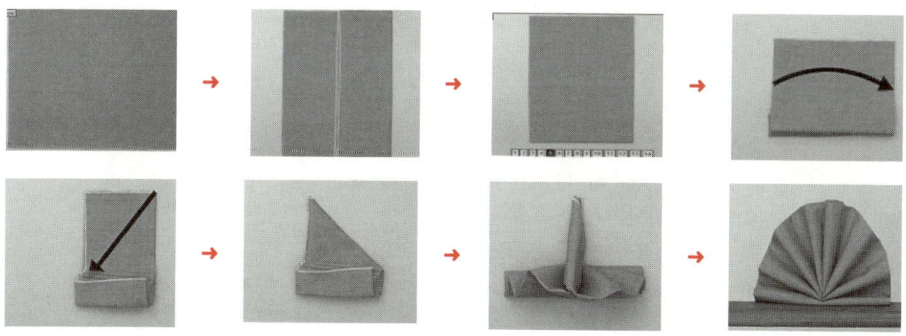

⑥ 기타 활용

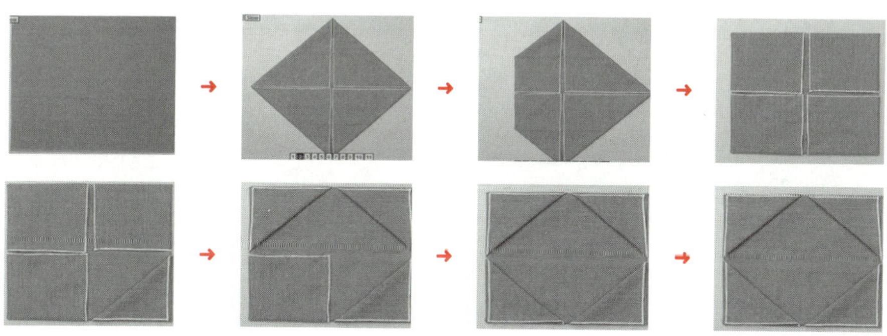

학습내용평가 05

1. 테이블세팅

항 목 내 용	상	중	하	비고
테이블세팅의 원칙을 이해하고 세팅할 수 있다.				
식탁 가장자리로부터 쇼 플레이트와 은기물류를 세팅할 수 있다.				
나이프의 칼날이 안쪽으로 가도록 세팅한다.				
버터나이프는 빵접시 위의 오른쪽으로 1/4 정도 부분에 평행을 유지하여 세팅한다.				
글라스류 고블렛과 와인글라스를 세팅할 수 있다.				
냅킨을 놓아 테이블세팅의 기준을 잡을 수 있다.				

2. 테이블세팅 하기

항 목 내 용	상	중	하	비고
테이블세팅을 위한 준비품목을 정리할 수 있다.				
테이블세팅의 순서에 입각하여 세팅할 수 있다.				
한식의 기본세팅 항목을 설명할 수 있다.				
일식의 기본세팅 항목을 설명할 수 있다.				
중식의 기본세팅 항목을 설명할 수 있다.				
한식, 중식, 일식의 기본세팅을 구별할 수 있다.				

아래의 지문을 보고 순서대로 작성하시오.

식탁과 의자를 점검한다.

① 테이블의 규격에 맞는 테이블보를 깐다. ② 쇼 플레이트를 놓는다. ③ 디너 나이프와 포크를 놓는다. ④ 브레드 플레이트를 놓는다. ⑤ 생선 나이프와 포크를 놓는다. ⑥ 애피타이저 나이프와 포크를 놓는다. ⑦ 센터피스를 놓는다. ⑧ 디저트 스푼과 포크를 쇼 플레이트 위쪽에 놓는다. ⑨ 워터 고블렛, 화이트와 레드 와인 글라스를 놓는다. ⑩ 버터 나이프를 놓는다. ⑪ 수프 스푼과 샐러드 포크를 놓는다. ⑫ 냅킨을 편다. ⑬ 전체적인 조화와 균형을 점검한다.

학습내용평가 05

다음은 테이블세팅의 기본 구성을 나타낸 것이다. 각 번호에 대해 우측 공란에 작성하시오.

다음은 정찬요리의 풀코스세팅을 나타낸 것이다. 각 번호에 대해 우측 공란에 작성하시오.

3. 냅킨 접기

항 목 내 용	상	중	하	비고
턱시도 타입의 냅킨을 접을 수 있다.				
다이애거널(대각) 포켓 냅킨을 접을 수 있다.				
더블 포켓 냅킨을 접을 수 있다.				
다이아몬드 스퀘어 냅킨을 접을 수 있다.				
팬 타입 냅킨을 접을 수 있다.				
냅킨을 기타 용도로 접어서 활용할 수 있다.				

NCS-based
FOOD and BEVERAGE
Service

CHAPTER 06

음식서비스[2)]

학습목표

- 테이블서비스를 이해한다.
- 플레이트서비스를 이해하고 수행할 수 있다.
- 플래터서비스를 이해하고 수행할 수 있다.
- 패밀리서비스를 이해하고 수행할 수 있다.
- 게리돈서비스를 이해하고 수행할 수 있다.

1. 테이블서비스

1) 테이블서비스란?

테이블서비스는 서비스 제공자가 고객으로부터 직접 주문을 받고 식음료를 제공하는 서빙 방식이다. 고객이 메뉴판을 보고 주문하며 준비되는 요리를 전채요리, 주요리, 디서트 등의 순으로 제공하는 서비스 형태이다. 테이블서비스는 크게 도구를 활용하는 방법에 따라 플레이트서비스, 플래터서비스, 패밀리서비스, 게리돈서비스 등으로 구분된다. 하지만 일부 연구자들은 이런 서비스 방식에 나라의 명칭을 붙여 프렌치스타일, 러시안스타일, 아메리칸스타일, 잉글랜드스타일로 구분하기도 한다.

2) 음식서비스는 크게 서비스인에 의해 서빙을 받는 테이블서비스와, 고객이 스스로 음식을 원하는 만큼 가져다먹는 셀프서비스, 고객과 서비스인이 카운터를 앞에 두고 이어지는 카운터서비스, 테이블서비스와 셀프서비스를 혼용한 카페테리어서비스로 분류된다.

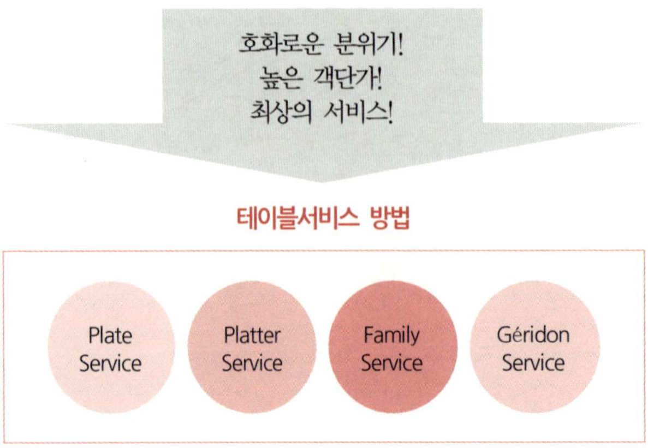

2) 테이블서비스의 종류

테이블서비스는 종종 앞서 언급한 바와 같이 프렌치서비스, 러시안서비스, 아메리칸서비스, 잉글랜드서비스 등으로 분류한다. 하지만 분류 방식에 있어서 아메리칸서비스와 잉글랜드서비스에는 이견이 없지만, 프렌치서비스와 러시안서비스는 표현하는 연구자에 따라 차이가 있다.

일부 저서에 의하면, 프렌치레스토랑의 대표서비스인 게리돈서비스를 러시안서비스라고도 하고, 프렌치서비스는 잉글랜드서비스[3]와 비슷한 방식으로 설명한다. 즉 클램Clamp이라는 집게도구를 이용하여 큰 접시에 준비된 음식을 고객이 원하는 만큼 개인의 접시에 덜어먹는 방식으로 설명한다. 하지만 국내 대다수 특급호텔의 서비스 매뉴얼에서는 다르게 구분한다. 게리돈서비스를 가장 많이 제공되는 프렌치레스토랑에서는 이를 프렌치서비스라고 하며, 중국 레스토랑에서 적용하고 있는 서빙스푼과 포크를 이용하여 숙련된 웨이터가 고객의 좌측에서 음식을 덜어주는 서비스를 러시안서비스로 설명하고 있다.

여기서는 제공하는 활용 도구에 따른 방식에 따라 4가지로 분류하고자 하였다. 물

3) 잉글랜드서비스는 서빙용 큰 접시(Platter)에 음식을 담아 호스트나 담당서버가 요리를 초대된 분들에게 덜어주는 방식이다. 일부에서는 잉글리쉬서비스 혹은 패밀리서비스라고도 한다.

론 한 상 차림 방식인 우리나라의 서비스 방식을 한국서비스로 명명할 수는 있지만, 이 또한 플래터서비스의 범주에 속하는 면이 있어 본 과정에서는 4가지 방식으로 분류하여 학습한다.

2. 테이블서비스의 방법

1) 플레이트서비스

플레이트서비스Plate Service는 일명 아메리칸서비스American Service라고도 하며, 주방에서 접시에 담겨진 완성된 요리를 웨이터가 직접 손님의 테이블까지 운반하여 서빙하는 방식이다. 보조테이블이나 서비스 트롤리Trolley를 이용하지 않고 주방에서 준비된 음식접시를 그대로 손님에게까지 전달된다는 뜻에서 붙여진 이름으로, 회전이 빠른 대중식당이나 빠른 서비스를 요하는 경우에 사용되며, 최근의 서비스는 대부분 이 방법을 사용하고 있다.

플레이트서비스의 요령으로는 주문된 메뉴에 필요한 포크, 나이프 등의 식탁기물과 주문된 메뉴에 동반되어야 하는 소스 및 부재료 등은 음식이 서브되기 직전이나 혹은 동시에 서브하는 것이 바람직하다. 대부분의 카페식 식당을 포함하여 다양한 식당에서 주요리를 제외한 전채요리, 수프, 샐러드 및 후식 등은 이 서비스 방식을 이용하고 있다. 플레이트서비스 방법은 다음과 같다.

- 식사 서빙은 손님의 오른쪽에서 제공하며, 또한 빈 그릇을 치우는 것도 오른쪽에서 한다.
- 손가락이 접시 깊숙이 들어가지 않도록 한다.
- 손님 앞에서 테이블에 접시를 밀어넣을 때에는 오른발을 식탁 가까이 들여놓고 손바닥으로 접시를 식탁 모서리에서 2cm 가량 밀어넣는다.

- 접시를 운반할 때 기울지 않게 조용히 걷는다.
- 빈접시를 치우는 것은 식사순서에 따라 다르며, 식기가 부딪치는 소음이 없어야 한다.
- 무리하게 많은 접시를 운반하지 않는다.
- 식사 서브는 어린이, 여자, 주빈, 고령자의 순서로 하는 것이 원칙이다.

2) 플래터서비스

플래터서비스Platter Service는 러시안서비스Russian Service라고도 한다. 일각에서는 플레이트를 확대된 서비스개념으로 설명하고 있고 게리돈서비스Guéridon Service와 같이 보조테이블을 사용할 수 있지만, 다른 점은 웨이터 혼자 수행한다는 것과 모든 요리가 주방에서 완전히 준비되어지는 것이다. 게리돈이라는 보조테이블을 사용한다는 면에서 프렌치레스토랑에서 활용되는 서비스와 같지만, 고도의 숙련된 웨이터가 큰 접시에 음식을 고객에게 밀착하여 서빙하는 데서 이를 구분하기 위해 러시아인에 의해 명명한 것이 지금까지 한 용어로 고착화된 것으로 보인다.

웨이터가 큰 접시에 담아 있는 음식이나 요리를 서비스 클램Clamp 혹은 서빙스푼 포크를 이용하여 손님 한 사람씩 서브하는 방식을 말한다. 웨이터의 숙련도가 다소 요구되며, 손님이나 웨이터의 부주의로 인하여 뜨겁고 무거운 요리가 엎질러질 수도 있으므로 매우 주의가 요구되는 서비스 방법이다. 일반적으로 연회서비스에 적합하다. 오늘날 플래터서비스는 프렌치 레스토랑 외에도 고급 차이니즈 레스토랑에서 더욱 보기가 쉽다. 회전판에 음식을 올려놓기 전에 고객 개인별로 서빙하는 방식을 채택하고 있기 때문이다. 서빙하는 방법은 다음과 같다.

(1) 서빙방법

- 웨이터가 고객으로부터 주문을 받아 주방에 주문 전표를 넣으면, 주방에서는 완전히 조리하여 큰 접시에 담고 멋있게 장식하여 제공한다.
- 웨이터는 잘 만들어진 요리를 식당의 사이드보드Side Board에 놓고, 먼저 고객에게

본인 자신이 주문한 요리가 맞는지 그리고 얼마나 멋있고 먹음직스러운가를 보여준다.

- 쟁반을 왼손에 서비스냅킨을 받쳐놓고, 고객의 왼쪽에서 왼발을 한 발자국 앞으로 다가서서 시계방향으로 돌아가며 서빙스푼과 포크를 활용하여 제공한다.
- 서빙할 때 서비스인은 오른손으로 서빙스푼과 포크를 잡고, 약간 구부린 자세에서 요리접시를 고객의 접시와 수평이 되도록 가까이 하고 한사람에게 알맞은 몫을 서빙한다.

자료 : https://twitter.com/kemdikbud_ri

(2) 플래터서비스 절차

- 서비스 냅킨을 덮고 있는 왼손을 쭉 뻗은 상태에서 음식접시(혹은 플래터)를 올려놓고 확실하게 고정시킨다.
- 상체는 다소 구부린 자세를 취하면서 음식물이 몸에 닿지 않도록 앞으로 내민다.
- 손님 테이블로 접근하여 음식이 준비된 큰 접시를 고객에게 보인다.
- 큰 접시를 보조테이블에 잠시 올려놓고 난 후, 신속하게 손님 개인용 앞접시를 손님의 오른쪽에서 서브한다.
- 서비스 클램Clamp과 함께 같은 요령으로 큰 접시를 다시 집는다.
- 서브하기 위하여 음식 플래터와 함께 손님의 왼쪽으로 다가선다.
- 상체는 펴고, 왼팔을 쭉 내밀어서 플래터의 가장자리 끝이 손님 앞 접시의 가장자리 끝과 살짝 맞닿게 한다.
- 고기류와 야채 가니쉬를 구분하여 서브한다.(* 1인분 음식 양Portion의 과중은 절대

금물이다.)

- 일행의 손님들에게 서브가 끝나면, 나머지의 음식을 다시 보조테이블에 올려놓는다. 히터를 이용하면 더욱 품위 있고 음식의 상태가 따뜻하게 잘 보존될 수 있어 좋다.
- 1차 서브된 음식이 거의 끝날 무렵, 담당 웨이터가 정중하게 가서 나머지의 음식에 대한 2차 서비스를 희망하는지 여부를 확인한다. 2차 서비스를 희망하는 손님에게는 이미 사용하고 있는 접시 위에 1차와 같은 요령으로 서브하며, 경우에 따라서는 앞접시를 교체해도 무방하다. 2차 서비스가 완료되면 사용되었던 모든 기물과 보조테이블을 치운다.

(3) 플래터서비스의 특징

- 남은 요리는 따뜻하게 보관되어 추가서비스가 가능하다.
- 공간이 넓고 단조로운 식당에 적합하다.
- 사이드보드Side Board를 사용하여 서브할 수 있다.
- 연회 및 정식요리에 적합하며, 일품요리서비스에는 적용이 어렵다.
- 중국 식당과 중저가의 식당들에서 많이 사용된다.
- 쉐프드랑시스템과 같은 서비스팀 조직이 불필요하다.
- 웨이터 개인의 숙련이 요구되며, 신속한 서비스가 적용되어야 한다.

3) 패밀리서비스

패밀리서비스Family Service는 플래터Platter를 활용한다는 면에서 플래터서비스와 같은 방법을 사용하지만, 큰 접시에 음식을 덜어주는 방식에서 차이가 있다. 플래터서비스는 고객에게 밀착하여 개별접시에 음식을 서빙하지만, 패밀리서비스는 적용의 범위가 좀 더 넓다. 예를 들면, 큰 접시에 음식을 담아서 고객이 클램Clamp을 활용하여 원하는 만큼 담는 방식이거나 혹은 보조테이블을 활용하여 음식을 고객이 보는 앞에서 덜어주는 방식, 또는 큰 접시를 식탁 위에 세팅하여 고객이 음식을 직접 덜어먹는 방식 등으로 보다 넓게 적용된다. 이는 가까운 가족이 음식을 둘러싸고 함께 먹는다는 면에서 패밀리서비스라는 애칭을 받았다.

일부학자는 이 서비스 방식을 원조 프렌치서비스라고도 하며, 일부학자는 영국의 음식문화와 비슷하다고 하여 잉글랜드(혹은 잉글리쉬)서비스라고도 한다. 때문에 이 서비스 방식은 일반 서민층의 가정에서 즐기는 가족적 서비스 방식으로 소개되기도 하며, 특색 있는 음식을 제공한다는 면에서 고급식당에서 제공하는 서비스 방식으로도 소개된다.

전자의 경우, 주로 동양권 국가들에서 많이 사용되고 있는 방법으로, 준비된 음식 및 요리들을 식탁의 가운데 놓고 가족적인 분위기에서 식사하는 방식이다. 동양권 국가의 가정이나 식당에서 제공되는 탕 종류 혹은 샤브샤브류 등의 요리가 대표적이며, 프랑스의 시골풍이나 스위스 일부지역의 중저가 식당들에서 많이 사용되는 스위스의 퐁뒤Fondue요리가 대표적이다.

후자의 방식은 서비스 도구의 활용과 주문한 음식 및 요리를 손님의 테이블까지 운반하여 서비스 클램Clamp을 이용하여 웨이터가 음식을 서브하는 방식이다. 이 서비스의 특징으로는 전체적인 조리 및 서비스시간을 단축할 수 있으며, 경험이 없거나 숙련 정도가 낮은 서비스인으로도 서비스가 가능하고, 격식을 원치 않는 서비스에 적합하다.

4) 게리돈서비스[4)]

보조테이블을 이용하는 게리돈서비스는 간단한 조리기구와 함께 주방에서 준비된 음식이나 요리를 서비스 트롤리Trolley를 이용하여 테이블까지 운반하고 보조테이블을 이용하여 고객에게 음식이나 요리를 제공하는 서비스 방식을 말한다. 이 서비스 방

4) Guéridon : '게리돈'이라 발음하며, '보조테이블'이란 뜻을 가지고 있다. 주로 프랑스식당에서 러시안 서비스를 위해 제작된 바퀴가 달려있지 않은 전형적인 게리돈(약 W350×L900×H700mm 정도)이 있으나, 요즘은 품질이 우수하고 사용하기에 편리하며 바퀴가 달린 웨이곤(Wagon), 카트(Cart) 혹은 트롤리(Trolley) 등을 활용하기도 한다.

식은 가장 발전되고 품위 있는 방식으로서 17세기 후반에 프랑스와 이탈리아에 소개되었으며, 18세기 후반에 들어 게리돈Guéridon서비스란 명칭으로 사용되어 왔다. 업계에서는 고품위 서비스 방식을 적용하고 있는 프렌치레스토랑에서 주로 볼 수 있기에, 프렌치레스토랑 하면 게리돈서비스라는 수식어가 붙기도 했다. 이 서비스 방식을 수행하기 위해서는 손재주가 뛰어나고, 고도의 숙련된 서비스인과 보조구성원이 필요하다.

프렌치레스토랑에서의 대표적인 서비스 조직 형태인 셰프드랑Chef de Rang, 고도의 숙련된 웨이터시스템은 바로 게리돈서비스를 수행하는데 적합하게 개발·운영되어 오던 것이다. 샤또브리앙Châteaubriand 스테이크를 포함하는 다양한 메인요리와 시저샐러드Caesar Salad, 체리주블리Cherries Jubilee, 크렙수제트Crêpes Suzette 등등 손님 앞에서 즉석으로 요리를 할 수 있는 서비스가 바로 게리돈서비스이다. 수행하는 절차를 살펴보면, 다음과 같다.

(1) 게리돈서비스의 요령

- 게리돈을 손님의 식탁에 최대한 가깝게 이동시킨다.
- 이동식히터Rechaud를 게리돈 위에 설치한다.
- 주방에서 준비된 냄비 혹은 큰 쟁반의 음식을 뚜껑을 열고 주문한 손님에게 보여주고 난 후 히터에 올려놓는다.(* 주문한 메뉴가 주방에서 1차조리만 된 요리이거나 플람베Flambée[5]를 필요로 하는 경우에는 플람베용으로 제작된 특수 트롤리Trolley를 사용하게 된다. 주방에서 조리가 완성된 메뉴일 경우, 왼손에는 서비스 포크, 오른손에는 서비스 스푼으로 두 손을 사용하여 서비스 클램Clamp을 만

5) 플람베(Flambée)란, 음식이 충분히 데워진 상태에서 브랜디를 음식 위에 부어 불꽃을 일으켜 음식의 특유한 잡냄새를 없애는 것을 말한다. 또한 고객의 구미를 돋우고 극적 효과를 최대한 거두기 위해서는 조리 시 고온의 불을 조절하는 요령 및 조리방법을 정확하게 숙달해야 한다.

들어 줜다.)

- 적당한 크기로 썬 고기 포션Portion을 주요리용 접시의 아래 부분에 올려놓고, 고명Garnish 혹은 Decoration 등은 접시의 위 부분에 넣는다.(* 고기 카빙Carving 혹은 슬라이싱Slicing을 할 때, 1인분의 양이 세 쪽이 되도록 하여 1차 서비스에서 두 쪽, 2차 서비스에서 나머지 한 쪽을 서빙할 수 있도록 하는 것이 바람직하다.)
- 작업이 진행되는 동안 그레이비Gravy 혹은 주요리 소스를 고기 위에 올리기를 원하는지, 아니면 고기 주변에 혹은 별도의 소스 그릇Sauce Boat에 담기를 원하는지 손님에게 알아보고 손님의 취향에 따른다. 서비스 클램Clamp을 새것으로 교체하고 야채 가니쉬류는 고기의 왼쪽에, 감자 가니쉬는 고기의 오른쪽에 배열한다. 누들Noodles이나 쌀요리 등이 가니쉬로 사용될 경우에는 고기 주변에 다소 볼록한 형태로 배열한다.(* 1인용 접시에 1인분Portion 음식량의 과중은 절대로 금물이다.)
- 준비된 음식을 서브의 순서에 따라 여자 손님부터 손님의 오른쪽에서 서브한다.
- 남은 음식은 다시 뚜껑을 닫고 히터 위에 보관한다. 이때 남은 음식의 정도는 전체음식에서 1/3 정도가 가장 적당하다.(* 게리돈서비스의 2차 서비스: 대부분의 일행이 처음에 서비스한 음식을 거의 다 먹고 있을 때쯤 서비스요원(셰프드랑)이 정중하게 다가가 2차 서비스Second Service를 희망하는지 확인한다. 확인 후 희망자가 없을 때는 곧바로 남은 음식과 게리돈을 철수시키며, 2차 서비스를 희망할 경우 다음의 절차를 따른다.)
  - 신속하게 뜨거운 접시를 준비한다.
  - 큰 쟁반의 음식뚜껑을 열고 앞의 요령과 같이 준비한다.
  - 오른손에 새 음식의 접시를 쥐고 손님의 왼쪽으로 다가선다.
  - 왼손을 이용하여 다 먹은 음식의 접시(1차 서비스되었던 음식)를 빼고, 손님의 오른쪽으로 돌아가서 오른손의 음식을 서브한다.
  - 손님이 사용하던 포크와 나이프는 손님이 집도록 권하거나, 교체를 필요로 할 때는 교체해도 무방하다.
  - 2차 서비스 작업이 끝나면 사용되었던 서비스기물 및 게리돈을 모두 철수한다.

(2) 게리돈서비스의 특징

- 품위가 있는 고급서비스이다.
- 전체적인 조리시간이 절약된다.
- 낭비되는 음식이 별로 없다.
- 소규모의 파티에 적합하다.
- 손님의 입장에서 음식의 양이나 주문된 요리를 부분적으로 선택 · 조절할 수 있다.
- 서비스요원들의 숙련과 기교가 필요하다.
- 쉐프드랑시스템과 같은 팀조직이 필요하다.

게리돈서비스에서는 카빙Carving서비스도 이루어지고 있는데, 이는 프렌치레스토랑을 포함하여 다양한 식당에서도 적용되고 있다. 주방에서 조리된 요리를 고객의 테이블 앞으로 운반하여 게리돈(혹은 서비스카트)에서 고객이 주문한 요리를 쉽게 먹을 수 있도록 카빙 나이프와 포크를 사용하여 조각한다. 먹음직스러운 로스트비프를 고객 앞에서 직접 썰어주거나 고급생선의 뼈를 제거하고 먹기 좋도록 접시에 담아주기도 한다. 차이니즈 레스토랑에서는 북경오리를 손님상에서 직접 카빙해주기도 한다.

학습내용평가 06

1. 음료서비스의 요령

항 목 내 용	상	중	하	비고
테이블서비스의 개념을 이해한다.				
테이블서비스를 활용 도구에 따라 4종류로 구분할 수 있다.				
레스토랑에 적합한 테이블서비스 방식을 선택할 수 있다.				

2. 테이블서비스의 방법

항 목 내 용	상	중	하	비고
플레이트서비스를 이해하고 적합한 레스토랑에 적용할 수 있다.				
플레이트서비스의 장점을 설명할 수 있다.				
플레이트서비스를 수행할 수 있다.				
플래터서비스를 이해하고 적합한 레스토랑에 적용할 수 있다.				
플래터서비스의 장점을 설명할 수 있다.				
플래터서비스를 수행할 수 있다.				
패밀리서비스를 이해하고 적합한 레스토랑에 적용할 수 있다.				
패밀리서비스의 장점을 설명할 수 있다.				
패밀리서비스를 수행할 수 있다				
게리돈서비스를 이해하고 적합한 레스토랑에 적용할 수 있다.				
게리돈서비스의 요령을 설명할 수 있다.				
게리돈서비스의 장점을 설명할 수 있다.				
게리돈서비스를 수행할 수 있다.				

NCS-based FOOD and BEVERAGE Service

CHAPTER 07

음료서비스

학습목표

- 워터서비스를 수행할 수 있다.
- 맥주서비스를 수행할 수 있다.
- 와인서비스를 수행할 수 있다.
- 칵테일서비스를 수행할 수 있다.
- 와인오픈서비스를 수행할 수 있다.
- 디켄팅서비스를 수행할 수 있다.
- 샴페인서비스를 수행할 수 있다.
- 브랜디서비스를 수행할 수 있다.
- 위스키서비스를 수행할 수 있다.

1. 음료서비스의 요령

글라스는 위생상 반드시 1/3 하단 쪽을 손끝으로 가볍게 쥐어야 하며, 와인글라스는 물컵 우측 아래에 놓는다. 테이블에 글라스를 놓을 때에는 절대 소리가 나선 안

자료 : https://www.youtube.com/watch?v=AGVADxg5k60

되고, 놓은 후에는 반드시 고객 앞으로 1cm 정도 살며시 밀어주며 "주문하신 OO입니다. 맛있게 드십시오."라고 말을 한다.

1) 워터서비스

- 음료서빙 전에 반드시 워터피처Water Pitcher 표면에 묻어 있는 물방울이 흘러내리지 않도록 암타월Arm Towel로 닦아낸다.
- 만약 워터피처를 대신하여 생수병으로 제공할 경우는 고객 앞에서 라벨을 보여주고 오픈하도록 한다.
- 물을 서빙할 때에는 고객의 우측에서 오른손으로 물컵에 7부 정도 따른다.
- 물은 고객이 퇴장할 때까지 보충하며 항시 7부를 유지하도록 한다.

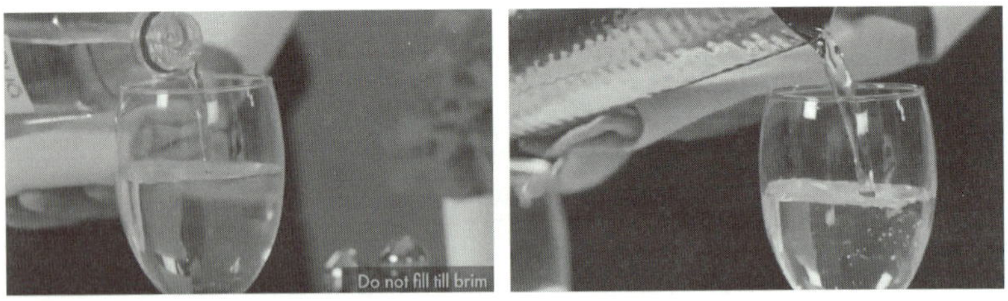

자료 : https://www.youtube.com/watch?v=iVpaczaAIuQ

2) 맥주서비스

- 맥주와 컵은 반드시 차갑고 깨끗하게 보관된 것을 서브한다.
- 맥주를 따를 때에는 넘치지 않게 글라스에 7부 정도 채우고, 나머지 3부 정도는 거품이 솟아오르도록 붓는 것이 가장 이상적인 방법이므로, 병을 천천히 잘 조절하여 따르도록 한다.
- 맥주를 따를 때에는 맥주병이 글라스에 닿지 않도록 1~2cm 정도 띄운다.
- 글라스에 채우고 남은 맥주병은 상표가 고객 앞으로 향하도록 맥주글라스 위쪽에 놓는다.

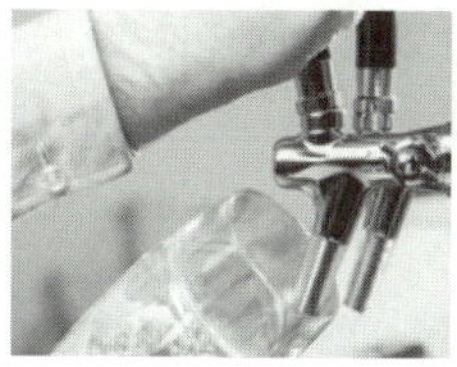

3) 와인서비스

- 주문된 와인은 적정온도의 것으로 조심스럽게 식탁으로 운반해야 하며, 바쁘다고 뛰거나 해서는 안 된다.
- 쿨링된 와인은 얼음을 담은 쿨러Wine Cooler에 넣어서 주빈고객Host의 우측에 스탠드를 놓고 그 위에 올려놓는다.
- 와인의 라벨Label을 고객에게 보이며 확인시킨다.
- 코르크마개의 오픈은 숙련된 동작으로 자연스럽고 능숙하게 쇼맨십을 연출한다.

자료 : https://www.youtube.com/watch?v=r0q5-Uy1lI8

4) 칵테일서비스

- 칵테일을 서빙할 경우에는 반드시 머들러Muddler를 글라스에 꽂아서 서브한다.
- 테이블클로스를 사용하지 않는 테이블에 음료글라스를 놓을 때에는 반드시 코스

터Coaster 또는 칵테일 냅킨을 깔고 서브한다.

- 칵테일을 운반하기 위해서는 트레이Tray를 사용하여 이동한다.

자료 : https://www.youtube.com/watch?v=2Gl7qj13P6A

2. 와인서비스의 실무

1) 와인 오프닝

- 와인의 라벨을 호스트Host에게 보이며 확인시킨다.
- 코르크마개의 오픈은 숙련된 동작으로 자연스럽고 능숙하게 쇼맨십을 연출한다.
- 와인병마개 따는 첫 단계는 병목을 싼 호일을 나이프를 이용하여 밑부분을 조심스럽게 도려낸다. 이때 병을 돌리지 말고 손을 돌려 도려낸다.
- 호일을 벗겨낸 다음, 서비스타월로 병입Rim 주위를 깨끗하게 닦아낸다.
- 코르크스크루Corkscrew를 코르크 중앙에 수직으로 틀어 꽂는다.
- 왼손으로 병을 잡고 오른손으로 코르크를 서서히 뽑아내는데, 거의 나왔을 때 손으로 살짝 뽑아낸다.
- 뽑아낸 코르크는 포도주가 닿는 부분을 서비스인이 먼저 문제가 있는지 냄새를 맡아본 후에, 이상이 없으면 와인병을 세워서 병 입구를 깨끗한 서비스타월로 닦는다.
- 와인 테스팅은 주문한 와인의 보관상태를 파악하는 것이며, 시음은 호스트가 하는 것이 원칙이나 호스트가 여성일 경우 주빈 혹은 남성에게 의뢰할 수 있다. 시음의 양은 1온스 정도가 적당하다.

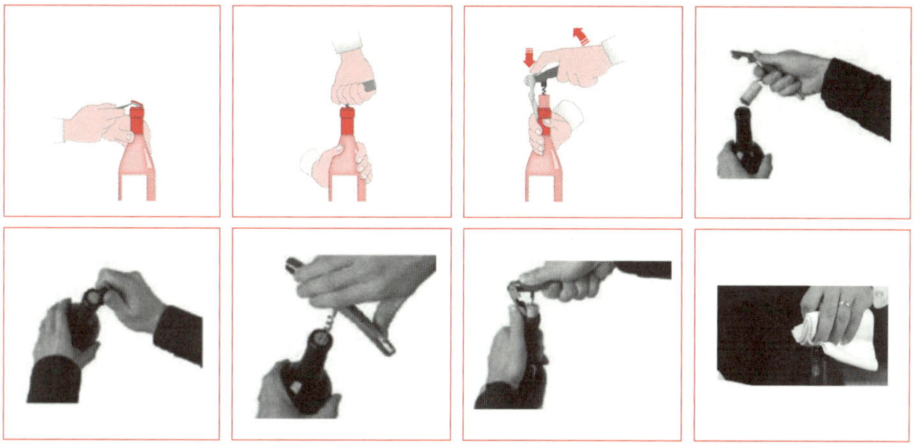

자료 : Wine Service a Company is Only as Good as the People it Keeps and Trains

2) 와인서비스

화이트와인은 2/3 정도, 레드와인은 1/2 정도 글라스에 채우고 고객이 손수 따라 마시는 일이 없도록 한다.(와인서브가 끝날 때까지 글라스에 위와 같은 양을 유지해야 한다.) 모든 고객에게 와인을 서브한 후 마지막으로 호스트Host에게 와인을 서브한다.

와인 서브가 한 차례 끝나면, 레드와인은 바구니에 담은 채로 주빈이 라벨을 볼 수 있도록 하여 놓아두고, 화이트와인은 와인쿨러에 담아놓는다. 와인쿨러에는 와인병의 어깨 정도를 덮을 수 있도록 물과 얼음을 섞어 채워놓는다.

자료 : https://www.matchingfoodandwine.com

3) 디캔팅서비스

디캔팅Decanting은 프랑스어로 까라프Carafe라고 불리는 용기에 와인을 붓는 것에서 유래되었다. 와인을 마시기 전에 디캔팅을 하는 이유는, 공기와 접촉면을 넓혀서 병 속에 갇혀있던 와인이 숨을 쉬고 불필요한 이산화탄소, 알코올 향 등이 날아가 한결 부드러운 향과 맛을 느끼고, 병 속의 침전물을 거르기 위함이다. 모두 와인에 해당되는 것은 아니고, 주로 진한 품종의 고급 와인이 적용된다. 디캔팅 과정은 다음과 같다.

자료 : https://www.youtube.com/watch?v=x44Fi6ux6Sk

3. 샴페인서비스

1) 샴페인의 정의

샴페인은 피노누아, 피노뫼니에, 그리고 청포도인 샤르도네 등의 3가지 품종을 주로 사용한다. 검은 포도는 껍질은 제거하고 만들기 때문에 레드와인이 아닌 화이트와인의 형태로 만들어지게 된다. 대부분의 제품은 상기 3개 품종을 서로 배합Blending하여 생산하지만, 검은 포도로만 만든 화이트와인이라는 뜻에서 블랑 드 누아르Blanc de Noir와 청포도로 만든 화이트와인이라는 뜻에서 블랑 드 블랑Blanc de Blanc도 생산된다.

샴페인Champagne은 프랑스의 샹파뉴 지역에서만 생산된 포도만을 사용하여 전통 양조법으로 생산한 것만을 지칭한다. 당연히 수요와 공급이 맞지 않기 때문에 가격이 엄청나게 비싸기도 하지만, 샴페인에 대한 서비스는 스파클링 와인을 통칭하여 사용되고 있다. 스파클링 와인은 주로 파티 때 쓰는데, 마개인 코르크를 안에서 탄산을 밀어내어 발포되는 것으로 축제용 와인이다. 그러나 진짜 샴페인은 비싸기 때문에 보통 이를 모방한 스파클링 와인일 가능성이 크다.

고급 음식점에 가면 항상 최고레벨에 랭크된 술인 돔 페리뇽이나 크뤼그 같은 것의 고급 샴페인이 있다. 세계 최초로 샴페인을 발명한 수도사의 이름을 브랜드로 내세워 판매하고 있는 돔 페리뇽은 원조이자 최고급 샴페인이다. 현재 루이뷔통으로 유명한 LVMH그룹에서 운영하고 있다.

2) 샴페인서비스의 실무

- 샴페인은 화이트와인보다 병이 두껍고 가스가 있기 때문에, 충분히 칠링Chilling시킨 후에 제공한다.
- 샴페인은 탄산가스가 들어 있기 때문에 코르크를 제거할 때에는 소리가 나지 않도록 주의한다.
- 샴페인 쿨러에 얼음과 물을 3/4 정도 채워 고객의 오른쪽으로 간다.
- 샴페인이 흔들리지 않도록 주의하여 고객에게 상표를 확인시킨다.
- 병목을 둘러싼 호일Foil을 벗겨낸다.
- 왼손의 엄지손가락으로 철사망의 코르크 위를 누르고, 오른손으로 철사고리를 푼다.
- 병을 45도 가량 기울이고, 왼손의 엄지와 둘째손가락을 사용하여 서서히 위로

올리며, 오른손으로는 병을 좌 · 우로 약간씩 돌린다.

- 코르크마개가 튀어나가지 않도록 하며, 특히 '펑' 하는 소리가 나지 않도록 주의한다.
- 코르크마개를 빼낸 뒤 병입Rim을 깨끗한 서비스타월로 닦고 호스트Host에게 테이스팅을 한다. 샴페인병을 잡을 때에는 크로스냅킨을 사용해도 되며, 상표가 고객에게 보이도록 한다.
- 고객에게 먼저 1/3 정도 따라 거품을 가라앉히고 재차 따른다.

4. 브랜디서비스

- 브랜디Brandy는 와인을 증류한 고알코올 술을 의미하는 것으로, 코냑이나 알마냑이 대표적이며, 주로 식후에 제공된다.
- 브랜디를 서빙하기 위해서는 전용 잔 브랜디 글라스Brandy Glass에 제공해야 하며, 1온스를 기본으로 서빙한다.
- 시가Cigar서비스가 제공될 경우 브랜디가 함께 제공한다. 하지만 국내에서는 실내에서 흡연할 수 없는 관계로 제공하기 어려운 서비스가 되었다.

자료 : https://upload.wikimedia.org; https://c1.staticflickr.com; https://www.winecircle.co.uk

5. 위스키서비스

- 위스키Whisky는 보리, 밀, 옥수수 따위의 곡류를 발효시켜 증류하여 만든 술이다. 보통 불그스름하고 특이한 향이 난다.
- 물로 희석하여 알코올을 50~70%로 조정하여 통에 넣고 3년 이상 숙성시킨 원액을 몰트 위스키Malt Whisky라고 한다.
- 종류로는 스카치 위스키, 아일랜드 위스키, 아메리칸 위스키, 캐나다 위스키 등이고, 이 중 영국 스코틀랜드에서 만들어진 스카치 위스키가 대표적이다.
- 위스키가 제공되는 방법은 스트레이트Straight나 온더락스On the Rocks, 그리고 소다수Soda Water와 물Water 등으로 서빙된다.

학습내용평가 07

1. 음료서비스의 요령

항목내용	상	중	하	비고
물을 서빙할 때에는 고객의 우측에서 오른손으로 물컵에 7부 정도 따른다.				
워터피처 표면에 묻어 있는 물방울이 흘러내리지 않도록 암타월로 닦아낸다.				
맥주는 글라스 7부 정도를 채우고, 나머지 3부는 검품이 솟아오르도록 붓는다.				
맥주를 따를 때 맥주병이 글라스에 닿지 않도록 1~2cm 정도 띄운다.				
채우고 남은 맥주병은 상표가 고객 앞으로 향하도록 글라스 위쪽에 놓는다.				
와인은 라벨을 고객에게 보이며 확인시킨다.				
코르크마개의 오픈은 숙련된 동작으로 자연스럽고 능숙하게 연출한다.				
칵테일을 서빙할 경우에는 머들러를 글라스에 꽂아서 서브한다.				
음료글라스를 놓을 때 반드시 코스터 혹은 칵테일 냅킨을 깔고 서브한다.				
칵테일을 운반하기 위해서는 트레이를 사용한다.				

2. 와인서비스

항목내용	상	중	하	비고
와인의 라벨을 호스트에게 보이며 확인시킨다.				
와인 병목을 싼 호일을 코르크스크루 나이프를 이용하여 밑 부분을 도려낸다.				
코르크스크루를 코르크 중앙에 수직으로 틀어 꽂는다.				
왼손으로 병을 잡고, 오른손으로 코르크를 서서히 뽑아낸다.				
시음의 양은 1온스 정도이다.				
디캔팅을 하는 이유를 설명할 수 있다.				
디캔팅 과정을 이해하고 수행할 수 있다.				
와인의 서빙 순서(호스트 시음 → 주빈 → 여성 → 남성 → 호스트)를 이해한다.				

학습내용평가 07

3. 샴페인서비스

항 목 내 용	상	중	하	비고
샴페인의 포도품종을 설명할 수 있다.				
샴페인과 스파클링 와인의 차이점을 설명할 수 있다.				
샴페인을 능숙하게 오픈할 수 있다.				
샴페인의 코르크를 오픈할 때 소리가 나지 않도록 주의한다.				
샴페인의 거품이 나지 않도록 서브할 수 있다.(맥주서비스와 같은 요령)				

4. 브랜디서비스

항 목 내 용	상	중	하	비고
브랜디의 개념을 설명할 수 있다.				
브랜디 전용 잔을 구분할 수 있다.				
시가(Cigar)서비스를 설명할 수 있다.				
브랜디 전용 잔으로 1온스 서브할 수 있다.				

5. 위스키서비스

항 목 내 용	상	중	하	비고
위스키의 개념을 설명할 수 있다.				
몰트위스키에 대해 설명할 수 있다.				
위스키의 종류와 차이점을 설명할 수 있다.				
위스키가 제공되는 방법을 수행할 수 있다.				

NCS-based
FOOD and
BEVERAGE
Service

CHAPTER 08

주문서비스

학습목표

- 접객서비스 과정을 이해한다.
- 주문받기를 수행할 수 있다.
- 메뉴를 추천할 수 있다.
- 주문받을 때 유의사항을 이해한다.

1. 접객서비스의 과정

❶ 예 약

- 예약은 직접 방문, 전화, 인터넷, 판촉사원을 통한 예약이 있다.
- 예약직원은 예약접수 시, 기본요령에 따라 예약을 받아야 한다.

▼

❷ 영 접

- 고객을 영접할 때는 영접 순서에 따라 반갑게 맞이해야 한다.

▼

❸ 안 내

- 영접한 고객을 예약 테이블로 안내한다.
- 안내서비스의 기본요령에 따라 안내한다.

▼

❹ 착석 및 보관	• 고객의 착석을 도와주고 고객의 물품을 보관한다.	
❺ 물과 메뉴판 제공	• 자리에 착석한 고객에게 오른쪽에서 물을 따라주고 메뉴판을 제시한다.	
❻ 주문받기	• 본 메뉴를 주문받기 전 식전주(Aperitif)를 받도록 한다. • 자리고객이 메뉴를 숙지할 시간적 여유를 주고, 필요시 친절하게 안내한다. • 주문요령에 따라 주문을 받는다. • 메뉴주문 시 서비스인은 신상품은 고급상품을 설명하면서 단가가 높은 메뉴구매를 자연스럽게 유도한다.	
❼ 음료와 음식서비스	• 음료를 서브한다. • 빵을 서브한다. • 음식을 서브한다,	
❽ 계산서 처리	• 고객의 결제는 현금, 신용카드, 객실후불 등이 있다.	
❾ 환송	• 고객이 떠날 때는 정중히 인사하고 배웅한다. • 배웅할 때는 만족도를 묻고 재방문 요청을 하여 마무리한다.	

자료 : https://www.youtube.com/watch?v=68t6TQUh2bQ

2. 주문서비스

1) 주문받기Order Taking

- 이 서비스의 최대 관건은 손님을 오래 기다리지 않게 하는 것, 즉 올바른 메뉴 내놓는 법과 주문받는 법이 중요하다.
- 다음으로 중요한 것은, 꼭 환대하는 눈빛으로 인사하고 주문받을 수 있도록 한다. "예, 안녕하세요! 주문을 받아도 되겠습니까?"
- 손님이 자리에 앉으면 재빨리 물을 서브하고 물수건(한식, 중식, 일식 등 동양음식의 경우)을 가져다주며 시간이 너무 오래 걸리지 않도록 한다. 서양음식의 경우는 냅킨Napkin을 펼쳐준다.
- 손님의 오른쪽에서 메뉴판을 전달하고 왼쪽에서 주문을 받는다. 그러나 좌 · 우측 고객이 있는 경우는 중간에 서서 주문을 받는다.
- 손님은 음식이 나오기 전까지의 시간을 즐기기 때문에, 분위기를 망치지 않도록 주의한다.
- 업소에 머무르는 동안 손님이 마음놓고 모든 것을 맡겨도 된다는 기분이 들도록 실수 없이 접대한다.

자료 : https://www.youtube.com/watch?v=mERHrv97PIM

2) 주문받기 요령

- 메뉴는 고객의 우측에서 드리고, 주문받을 때에는 고객의 좌측에 위치한다.(식당

의 업태나 경우에 따라서는 유동적일 때가 많음)

- 항상 메모용지와 볼펜을 지참하여 즉시 주문내용을 받아적는다.
- 주문기록은 통일된 약자로 정확히 기재하며, 반드시 복창하여 확인한다.
- 펜을 쥐고 가슴 앞으로 하며 허리를 15도 정도 숙이고, 고객의 좌측에서 얼굴을 주시하며 공손하게 주문을 받는다.
- 메뉴판을 고객에게 제시할 때, 부부일 경우에는 부인에게 먼저 보이고, 연회 시와 같이 많은 고객인 경우에는 주빈 또는 주최자의 왼쪽 고객부터 시계바늘이 도는 방향으로 여자, 남자, 호스테스Hostess, 호스트Host의 순으로 돌면서 주문하는 것이 원칙이다.
- 고객의 특별한 주문요청이 있을 경우, 주방과 신속히 연락하여 가능 여부를 확인한 후 주문을 결정한다.
- 시간이 오래 걸리는 요리는 주문받을 때 반드시 소요시간을 일러주어야 한다.
- 주문이 끝나면 와인 리스트를 고객의 우측에서 제시한다.
- 와인은 주로 주문된 주요리에 잘 어울리는 품목으로 권유하여 주문받는다.
- 주요리 식사가 끝나면 후식 주문을 받고, 주문이 끝나면 감사의 표시로 정중하게 인사한 후 물러난다.

자료 : https://www.youtube.com/watch?v=RuiSExp2s7M

3) 메뉴 추천

(1) 추천방법

- 추천하기 전에 가능한 한 고객의 유형을 신속히 파악하여 고객으로 하여금 구매의욕을 최대한 유발시킬 수 있도록 자신의 능력을 발휘한다.

- 고객의 주문여하에 따라서 그날의 매상이 결정된다는 생각 하에, 사전에 추천하기로 결정한 상품을 효과적으로 설명하여 이윤증대에 기여해야 한다.
- 고객으로부터 비싼 메뉴를 강매하는 인상을 주어서는 안되므로, 항상 고객의 입장과 식당의 매상을 유념하여 가장 합리적인 주문이 이루어지도록 추천한다.
- 추천 상품은 주로 그날의 특별요리, 새로 입하된 식자재 메뉴, 수익성이 높고 재고가 풍부한 상품, 특별행사 메뉴 등이 주종을 이루며, 이런 상품들이 수익증대에 크게 기여한다.
- 단골고객인 경우, 사전에 기호를 숙지하여 고객의 기호에 맞는 메뉴를 추천함으로써 고정고객과의 호의적인 관계를 유지한다. 또한 고객관리 자료카드를 기록, 유지하여 단골고객에게 항상 만족된 서비스가 이루어지도록 한다.
- 음료주문과 추가주문은 매출증진에 많은 비중을 차지하므로, 적극적인 자세로 판매한다.

자료 : https://www.youtube.com/watch?v=RuiSExp2s7M

(2) 주문 순서

단 계	서비스 내용
준 비	• 주문서와 필기도구를 가지고 고객의 좌측에서 얼굴을 주시하며 공손히 주문받을 준비를 한다.
▼	
식사 전 주문	• 식전 음료, 전채요리(Appetizer), 수프(Soup) 및 생선요리 등 고객이 원하는 메뉴에 따라 알맞게 주문을 받는다. - 식전 음료주문 시 "식사 전 음료는 무엇으로 하시겠습니까?", "OO로 하시겠습니까?", "대단히 감사합니다. 잠시만 기다려 주십시오.", "곧 올리겠습니다." - 요리 주문 시 "식사 주문은 결정하셨습니까?" (대답 후) "대단히 감사합니다. 잠시만 기다려주십시오."
▼	
메인요리 주문	• 메인디쉬(Main Dish) 및 샐러드(Salad) 등을 고객이 원하는 메뉴에 맞게 주문을 받는다. - "스테이크는 어느 정도로 굽는 게 좋겠습니까?" (대답 후) "스테이크의 요리시간은 약 OO분 정도 걸리겠습니다", "감사합니다." - "샐러드는 어떤 것으로 하시겠습니까?" • 고객의 특별한 요청이 있을 시에는 주방과 신속히 연락하여 가능여부를 확인한 후 주문을 결정한다. • 시간이 오래 걸리는 요리는 주문받을 때 반드시 소요시간을 말한다. - "OO의 요리시간은 약 OO분 정도 걸리겠습니다. 괜찮으시겠습니까?", "감사합니다."
▼	
식사 후 주문	• 요리주문이 끝나면 다시 한 번 고객이 요구한 음식을 말하면서 확인 작업을 가진다. • 후식 및 식후 음료의 주문을 받는다.

(3) 권유 요령

단 계	서비스 내용
메뉴 전달	• 메뉴판은 식당의 얼굴이므로 항시 깨끗하게 취급해야 하며, 고객에게 전달하기 전에 메뉴 속의 이상 유·무를 확인한다. • 적절한 시기에 고객에게 접근하여 메뉴를 전달한다. "고객님, 메뉴판 여기 있습니다."
▼	
메뉴설명 및 고객성향 파악	• 메뉴구성 항목을 설명해주고 생각할 시간을 준다. • 추천하기 전에 가능한 고객의 유형을 파악하여 고객으로 하여금 구매의욕을 최대한 유발시킬 수 있도록 한다.
▼	
권유 및 추천	• 추천상품은 주로 그날의 특선요리, 특별행사 메뉴 등을 권유한다. • 고객에게 고가품을 강매하는 인상을 주어서는 안 되므로, 고객의 입장과 식당의 매상을 유념하여 합리적인 주문이 이루어지도록 한다.
▼	
주문받기	• 고객이 최종 결정한 음식의 주문을 받는다. - "고객님, 메뉴는 결정하셨습니까?" - "고객님께서 주문하신 음식은 약 OO분 정도 기다리셔야 합니다. 괜찮으시겠습니까?", "감사합니다."

(4) 주문 확인

단 계	서비스 내용
주 문	• 고객의 주문사항을 정확하게 기입하며, 당 호텔에서 사용하는 단어를 기재한다. • 주문받는 순서는 시계방향으로, 고객(Guest)인 여자, 남자, 호스티스(Hostess), 호스트(Host) 순으로 받는다.
▼	
주문 확인	• 고객에게 주문받는 내용이 정확한지 반드시 복창하여 확인한다.
▼	
주문내역 전달	• 주방에 주문내역을 전달한다. • 음식을 제공하는데 있어 착오가 없도록 고객별 주문내역을 숙지하도록 한다.
▼	
음식제공 및 확인	• 고객이 주문한 음식이 정확한지 다시 한 번 확인한다. • 주문내역에 따라 추가적인 기물세팅 및 소스를 준비한다. • 음식을 제공하고 주문한 음식이 다 제공되었는지 확인한다. - "오랫동안 기다리셨습니다." - "고객님께서 주문하신 OO입니다. 천천히 맛있게 드십시오."

4) 유의사항

- 메뉴설명 시에 손가락으로 가리켜서는 안 되며, 손을 펴서 손바닥이 위로 오도록 하여 메뉴품명을 가리킨다.(문화에 따라서 오해의 소지가 있기 때문이다.)
- 주문서 작성 시 날짜, 식탁번호, 고객수(외 · 내국인 구분), 담당자 고유번호, 요리품명, 수량, 변동가격, 단가, 특별 주문내용 등이 틀리지 않도록 정확히 기록하여 접객서비스에 실수가 없도록 한다.
- 요리와 음료는 각기 따로 작성해야 하고, 되도록 정정 또는 이중 기입하지 않도록 한다.
- 육류 주문 시 굽는 정도, 달걀 주문 시 익히는 정도, 샐러드드레싱 등 고객의 기호에 맞게 선택하도록 반드시 확인하고 주문서에 정확히 기입하여 주방에 전달한다.
- 주문을 받을 때에는 메뉴구성의 순서대로 주문을 받도록 하며, 고객의 특징 또는 번호를 표기함으로써 정확히 서비스를 할 수 있도록 한다.
- 주문이 끝났으면 반드시 주문되는 메뉴항목을 반복하여 확인하도록 한다. 또한 음식이 준비되는 시간을 고객에게 알리도록 한다.
- 전자주문시스템을 갖춘 레스토랑이라면 각 항목에 정확히 체크하여 주문받도록 한다.

자료 : https://www.youtube.com/watch?v=RuiSExp2s7M; https://www.youtube.com/watch?v=Qs9Yb2eUMTg

5) 메뉴의 숙지요령

- 당일 가장 빨리 서브될 수 있는 요리를 숙지한다. 특히 점심시간에는 고객이 시

간에 쫓기기 때문에 오늘의 추천요리를 숙지하는 것이 좋다.(빠른 회전율은 영업장의 이익을 보장한다.)

- 어린아이에게 적합한 메뉴 품목을 숙지하여 추천하는 것이 좋다. 성별로 차이가 있기 때문에 어린이 추천메뉴는 항시 숙지하도록 한다.
- 일품요리를 찾는 고객에게는 요리에 제공되는 소스나 조리법, 원산지 설명이 종종 요구되기에 정확히 숙지해야 한다. 그릴이나 로스트 등의 메인코스에 제공되는 샐러드나 야채 및 감자의 조리법, 준비된 식재료의 특징도 정확히 알아두어야 한다.
- 후식코스에 나갈 수 있는 아이템도 정확히 암기하도록 한다. 한식과 중식, 일식의 후식은 종류가 비교적 제한적이지만, 양식은 그 종류가 매우 다양하고 찾는 이들이 많기 때문이다.

자료 : http://andiamoitaliangrill.com; https://www.salsristoranteitaliano.com

학습내용평가 08

1. 접객서비스의 과정

항 목 내 용	상	중	하	비고
접객서비스의 과정을 9단계로 나누어 설명할 수 있다.				
예약접수 시 기본요령에 따라 예약을 받을 수 있다.				
고객영접 시 영접순서에 따라 반갑게 맞이할 수 있다.				
영접한 고객을 예약테이블로 안내할 수 있다.				
고객의 착석을 도와주고 고객의 물품을 보관할 수 있다.				
착석한 고객에게 오른쪽에서 물을 따라주고 메뉴판을 제시할 수 있다.				
주문요령에 따라 주문을 받을 수 있다.				
음료와 음식을 서브할 수 있다.				
고객의 결제를 도와줄 수 있다.				
고객이 떠날 때 정중히 인사하고 배웅할 수 있다.				

2. 주문서비스

항 목 내 용	상	중	하	비고
환대의 눈빛으로 인사하고 주문받을 수 있다.				
손님의 오른쪽에서 메뉴판을 전달하고 왼쪽에서 주문을 받는다.				
냅킨서비스를 수행할 수 있다.				
메모용지와 볼펜을 지참하여 즉시 주문 내용을 받아적을 수 있다.				
펜을 쥐고 가슴 앞으로 하며 허리를 15도 숙이고, 고객의 좌측에서 손님의 얼굴을 주시하며 주문을 받을 수 있다.				
호스트의 왼쪽부터 시계바늘이 도는 방향으로 주문을 받을 수 있다.				
시간이 오래 걸리는 요리는 반드시 소요시간을 일러준다.				
요리주문이 끝나면 와인(음료) 리스트를 고객의 우측에서 제시한다.				
와인은 주 요리와 잘 어울리는 품목으로 권유하여 주문을 받는다.				

학습내용평가 08

3. 메뉴추천

항 목 내 용	상	중	하	비고
고객에게 비싼 메뉴를 강매하는 인상을 주어서는 안 된다.				
추천하기로 결정한 상품을 집중적이고 효과적으로 설명할 수 있다.				
단골고객의 기호를 사전에 숙지하여 고객의 기호에 맞는 메뉴를 추천한다.				
추가주문을 받을 수 있도록 적극적인 추천 판매를 할 수 있다.				
주문순서에 따라 주문을 받을 수 있다.				
권유요령에 따라 그날의 특선요리, 특별행사 메뉴 등을 권유할 수 있다.				
고객에게 주문받는 내용이 정확한지 반드시 복창하여 확인한다.				
음식제공 시 주문한 음식이 정확한지 재확인한다.				
"주문하신 OO요리입니다. 천천히 맛있게 드십시오!" 멘트를 전달한다.				

4. 유의사항과 숙지요령

항 목 내 용	상	중	하	비고
메뉴설명 시 손가락으로 가리키지 않고, 손바닥이 위로 오도록 하여 메뉴품명을 가리킨다.				
주문서 작성 시 날짜, 식탁번호, 고객수, 담당자 고유번호, 요리품명, 수량 변동가격, 단가, 특별 주문내용 등이 틀리지 않도록 정확히 기록한다.				
육류 주문 시 굽는 정도, 달걀 주문 시 익히는 정도, 샐러드드레싱 등 고객의 기호에 맞게 선택하도록 한다.				
주문을 받을 때에는 메뉴구성의 순서대로 주문을 받는다.				
주문을 받을 때에는 고객의 특징과 번호를 표기함으로써 정확히 서비스할 수 있도록 한다.				
당일 가장 빨리 서브될 수 있는 요리를 숙지한다.				
어린아이에게 적합한 메뉴 품목을 숙지한다.				
요리에 제공되는 소스, 조리법, 원산지를 설명할 수 있도록 정확히 숙지한다.				

NCS-based
FOOD and
BEVERAGE
Service

CHAPTER 09

고객접점서비스

학습목표

- 예약서비스를 수행할 수 있다.
- 주차서비스를 수행할 수 있다.
- 환영서비스를 수행할 수 있다.
- 차석서비스를 수행할 수 있다.
- 식음서비스를 수행할 수 있다.
- 뒷정리서비스를 수행할 수 있다.
- 계산서비스를 수행할 수 있다.
- 환송서비스를 수행할 수 있다.

1. 예약서비스

1) 예약경로

예약은 고객이 계획하고 있는 행사를 자실 없이 진행하기 위해 식당과 약속을 하는 것이므로, 예약담당자는 고객의 모든 요구사항을 정확히 접수하고 철저히 준비하여 모임 당일 고객에게 즐거움과 만족을 주도록 최선을 다해야 한다. 예약은 주로 전화와 고객방문 그리고 인터넷(기타 SNS서비스 포함), 팩스 등이 활용된다.

2) 예약과정

- 행사일자, 시간, 인원수, 회사명, 예약자성명(주최자, 주관자), 연락처(전화번호)

등을 확인한 후 기재한다.

- 장소와 좌석배치를 결정한다.
- 접수대장에 기재사항을 정확히 기록한다.
- 요구사항(사진, 꽃, 케이크, 텐트카드, 안내문, 테이블 메뉴 등)과 준비사항을 확인한다.
- 예약사항을 반복 확인한다.
- 취소통보 접수(최소한 하루 전에 통보) 시에 취소자 이름, 취소일자, 시간, 연락처를 확인한 후 기재한다.
- 통신매체나 서신예약 시 즉시 확인하여 접수하도록 조치한다.
- 예약접수 시 유의사항은 다음과 같다.
  - 기재누락, 숫자착오(10은 열, 11은 열하나 등으로 사용함이 좋음) 등으로 인하여, 고객의 손실은 물론 식당의 명예가 실추되지 않도록 정확하게 업무를 처리해야 한다.

Restaurant Table Reservation

Allocation Description John's wedding party invitations

Date: ___/___/___ Day: __________

Table count	Guest Name	Total No. of person	Contact#	Arrival Time	Leaving Time	Status
B1	Peter Mangole	5	+1 555 765	1300 hours	1400 hours	Done
X2						
T3						
J4						
K5						
L6						
Z7						

www.wordtemplatesbundle.com

예약장부

자료 : http://wordtemplatesbundle.com

- 예약된 장소는 행사 예정시간으로부터 1시간 이상 경과되면 상황에 따라 다른 고객에게 판매할 수 있게 한다. 그러나 이런 점에 대해서는 예약 시점에 반드시 알려야 한다.
- 예약을 한 고객에게는 모임 전날 재확인 전화를 하면서, 교통편과 기타의 사항을 다시 한 번 확인한다.

2. 주차서비스

1) 주차요원이 있는 경우

- 고객이 식당 주차장에 들어오면 밝고 정중하게 인사한다.
- 차 문을 열어주고, 차 안의 귀중품을 확인한 후 차를 주차시킨다.

- 노약자나 어린이가 있을 경우에는 식당 안으로 먼저 안내한다.
- 우천 시 또는 폭설이 내린 날에 방문하는 고객에게는 우산서비스를 제공하고, 고객이 식당 안까지 가급적 빨리 입장할 수 있도록 도와준다.
- 무전기를 통해 고객의 수를 식당에 미리 통보한다.

2) 주차요원이 없는 경우

- 식당의 마련된 주차장 위치를 정확히 표시한다.
- 관리인이 없으므로 입구에서 입장하는 고객께 더욱더 친절하게 응대한다.
- 주차에 관련된 여러 가지 문제가 발생하지 않도록 수시로 신경을 쓴다.
- 주차요원이 없으므로 입구 안내자는 수시로 주차관리에 신경을 쓴다.
- 우천 시를 대비하여 입구에 우산을 준비해 놓고 고객이 주차장까지 사용할 수 있도록 한다.

3) 주차장도 없고, 주차요원도 없는 경우

- 고객 예약 시 사전에 주차장 없는 것을 안내한다.
- 인터넷 홈페이지나 관련 명함 등에 주차장 유·무를 표시한다.
- 인근에 유료주차장이 있는 경우, 위치와 가격을 정확히 알고 안내한다.

3. 환영서비스

식당에 입장하는 고객들은 낯선 곳에 방문하게 되는 경우가 많으므로 다소 긴장하는 경우가 많다. 그러므로 환영서비스는 식당서비스 중 가장 먼저 고객이 받을 수 있는 서비스의 지표이기도 하다. 고객 안내자가 따로 있는 식당에서는 담당 안내자나 매니저가 맡고, 그렇지 못한 식당에서는 제일 처음 고객을 뵙는 직원이 안내한다. 고객을 환대하는 직원은 고객의 입장에서 좌석 안내, 그리고 착석서비스까지 이루어질 수 있도록 안내한다.

1) 예약 확인

- 미소 띤 얼굴로 공손한 인사와 아울러 명랑한 인사말로 고객을 맞이하며, 지정된 장소로 영접할 때 손바닥은 펴고 손등이 아래로 오도록 하여 방향을 가리키면서 안내한다.
- 예약 고객인 경우 사전에 성명, 예약사항을 숙지하여 영접 시 성명을 불러줌으로써 고객으로 하여금 친밀감을 갖도록 하며, 예약에 따른 장소 및 모든 준비사항 등을 확인한다.
- 예약 고객이 아닌 경우, 먼저 인원수를 물어본 후 고객이 원하는 장소의 제공이 가능한지 여부를 확인하고, 고객이 만족할 수 있는 자리로 최대한 수용하도록 한다. 그렇지 못할 경우 양해를 구한다.
- 고객이 식당에 들어올 때에는 모자나 외투 등을 입구 가까운 곳에 받아두도록

한다. 식당 입구에는 반드시 휴대품 보관을 할 수 있는 시설을 갖추어야 한다. 다만, 여성일 경우에는 모자를 쓴 채 그대로 들어가 앉아도 예의에 벗어나지 않으므로 착석 시에 외투를 받아서 의자 뒤쪽에 걸친다든지 혹은 입장 시 고객의 요구에 따라 보관토록 한다.

2) 좌석 안내

- 좌석 안내는 예약 여부를 확인한 후 2~3보 앞장서서 테이블로 안내한다. 이때 고객을 인식하지 않고 혼자서 걸어가는 일이 없도록 주의해야 한다.
- 좌석 안내는 '순서대로' 그리고 '빠르게' 한다.
- 가능한 한 손님이 원하는 자리로 안내한다.
- 고객이 원하는 자리에 안내가 가능하지 않을 경우에는, 정중하게 이유를 말씀드리고 다른 좌석으로 안내한다.
- 빈자리가 났는데도 손님을 오래 기다리게 해서는 안 된다.
- 좌석을 효율적으로 이용하기 위해 항상 빈자리에 관한 정보를 '안내팀'에 알린다.
- 뒤에 손님이 따라오고 있다는 것을 의식하여 경쾌한 태도로 안내한다.
- 고객과의 거리는 2~3보 이상 떨어지지 않도록 하고, 걸음이 빠른 고객에게는 빠르게, 걸음이 늦은 고객에게는 천천히 보조를 맞추어야 한다.
- 테이블에서 고객을 안내할 때 식탁 사정이 허락하는 한 자리의 선택은 고객에게 맡기는 것이 좋으며, 고객이 만족할 수 있는 자리를 먼저 찾아 권유해 보는 것이 현명하다.
- 고객에게 제공할 테이블이 없을 경우에는 정중히 양해를 구하고, 대기실 또는 마련되어 있는 장소로 안내하면서 기다려야 할 시간을 알려준다. 또한 대기자 명단에 기록한 후, 자리가 마련되면 순서에 입각하여 차례대로 좌석을 배정한다.

- 한 쪽 장소로 고객이 몰리지 않도록 골고루 자리를 배정해야 한다.
- 식탁에 도착하면 퍼스트레이디First Lady의 원칙에 따라 먼저 부인이나 어린아이의 착석을 도와준다.

3) 착석서비스

착석서비스란, 안내 받은 고객이 자리에 앉는 것을 도와주는 서비스이다. 특히 노약자나 어린이, 환자들의 원활한 식사를 위해 처음부터 배려한다는 느낌으로 세심하게 수행하는 서비스이다.

- 고객이 자리에 앉기 쉽게 두 손으로 의자 등받이를 잡아 가볍게 빼고, 고객이 착석할 때 두 손과 한 쪽 무릎을 사용하여 살며시 밀어준다.
- 착석 보조서비스는 노약자 → 어린이 → 지체부자유자 → 여성 순으로 앉도록 돕고, 호스트가 마지막으로 착석하도록 돕는다.
- 착석이 끝나면 테이블 담당자에게 인계하고, 즐거운 시간이 되기를 바란다는 정중한 인사를 한 후 제 위치로 돌아온다.
- 고객이 자리에 앉기 전에 두꺼운 외투나 많은 짐을 가지고 있으면 보관장소에 보관한 후 앉는 것을 도와준다.

4. 주문서비스

주문서비스의 최대 관건은 손님을 오래 기다리지 않게 하는 것이다. 곧 신속한 서비스는 올바른 메뉴 내놓는 법과 주문받는 법이 중요하다. 손님이 자리에 앉으면 재빨리 물과 물수건을 제공한다. 시간이 너무 오래 걸려서는 안 되며, 손님은 음식이 나오기 전까지의 시간을 즐기기 때문에 분위기를 망치지 않도록 주의한다. 식당에 머무르는 동안 손님이 '마음 놓고 모든 것을 맡겨도 된다.'는 기분이 들 수 있도록 실수 없이 접대한다. 주문서비스에 대한 부분은 앞 장에서 자세히 다루었기에 이곳에서는 생략한다.

5. 식음료서비스

1) 음식서비스

(1) 접객서비스의 기본수칙

- 서비스인은 접객서비스에 임할 때 반드시 서빙의 순서를 염두에 두어 효율적으로 일을 처리해야 한다.
- 서빙 순서는 주빈Guest of Honor을 중심으로 우측으로 돌려 레이디퍼스트Lady First, 연령의 노소, 직위고하, 호스티스Hostess, 호스드Host의 순으로 행한다.
- 서빙 시에 서비스인은 주문된 요리의 준비되는 시간, 주방에서 테이블까지 운반할 때 걸리는 시간 등을 확인하여 고객이 요리를 기다리거나 또는 담당 서버를 찾는 일이 없도록 신속하게 요리를 서브하여 즐거운 식사가 이루어지도록 한다.
- 고객이 무엇을 요구하려는 기색이 없는가를 확인하기 위해 고객에게 접근하여 "요리는 어떻습니까?", "그 밖에 더 필요하신 것은 없으십니까?"라고 정중히 문의하여, 고객의 요구사항이 신속하게 처리될 수 있도록 최선을 다해야 한다.

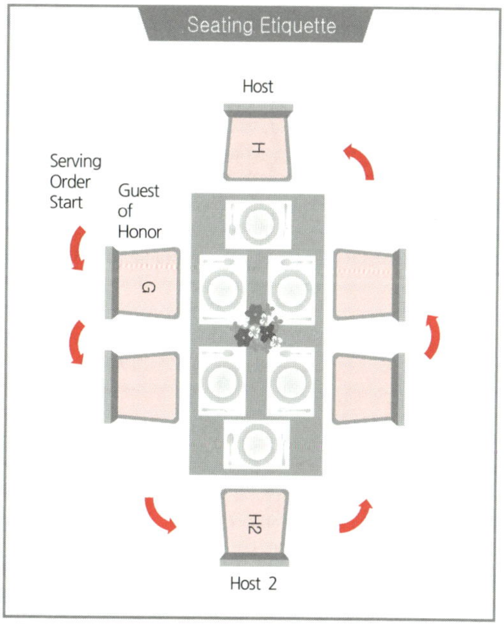

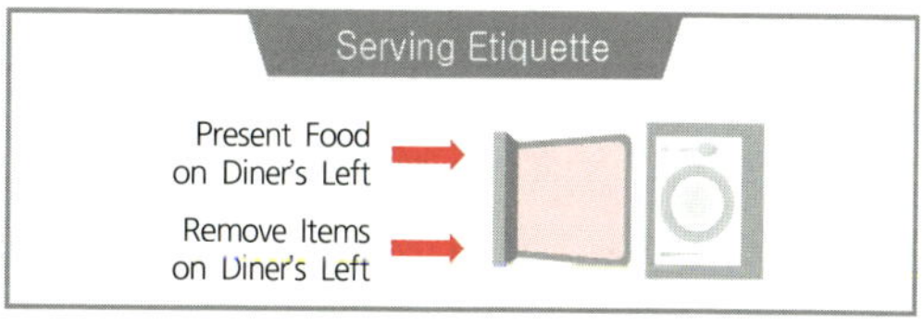

자료 : https://www.etiquettescholar.com

(2) 음식 서빙의 기본수칙

① 서빙하기

자료 : http://focuspos.com

- 음식을 서브할 때에는 양 발의 간격을 25~30cm 정도 벌리고, 무릎을 구부려 높낮이를 조절한다.
- 요리를 서브하기 전에 고객의 주문 내용에 따라 요리에 맞는 기물에 테이블세팅을 고친다.
- 음료를 서브할 때 고객의 우측에서 오른손으로 제공하며, 빵과 요리에 따른 소스, 샐러드드레싱을 제공할 때와 플레이트서비스 시는 고객의 좌측에서 쇼잉Showing한 후에 서브하는 것이 원칙이다.
- 음식을 서브할 때에는 반드시 "주문하신 OO요리 올려드리겠습니다. 맛있게 드십시오."라고 정중히 말한다.
- 음식을 서브할 때와 치울 때는 트레이Tray가 절대로 고객의 머리 위를 스쳐 지나가서는 안 된다.
- 접시를 쥘 때는 절대로 엄지손가락이 접시의 테두리 라인 안쪽으로 들어가지 않도록 쥔다.
- 음식이 미리 접시에 담겨진 것은 왼손으로 들고, 고객의 오른쪽에서 오른손으로 서브한다.
- 음식을 큰 접시에 담아서 서브할 때Platter Service에는 고객의 왼쪽에서 오른손으로 서브한다.
- 무늬나 마크가 들어있는 접시 또는 그릇은 무늬나 마크가 고객의 정면으로 오도록 하고, 접시를 놓을 때는 테이블 끝에서 약 2cm 정도 안쪽으로 살며시 놓는다.
- 고객이 순서에 틀리게 기물을 사용했을 때에는 사용한 것은 빼고, 새로운 집기를 갖다놓는다.
- 뜨거운 요리는 뜨겁게, 차가운 요리는 차게 서브해야 한다.
- 뜨거운 요리를 서브할 때는 고객에게 대단히 뜨겁다는 말을 하여 주의를 환기시킨다.

자료 : https://dev.visioncruise.co.uk

- 요리에 따라서 소스의 종류가 많은데, 일반적으로 묽은 소스는 주요리에 골고루 끼얹어주고, 농도가 진한 소스는 주요리에 끼얹지 말고 주요리 옆 접시의 빈 부분에 덜어준다.
- 그 외 기본 테이블소스는 사전에 서비스 스테이션Service Station 또는 보조 테이블에 준비하여 고객이 요구할 때에는 즉시 제공토록 하며, 서브하기 전에는 마개를 열어 병 입구가 깨끗한지 확인한 후 상표가 고객 앞으로 오도록 하여 고객 우측 가까이 테이블에 올려 놓아준다.
- 생선요리를 서브할 때에는 보조접시로 레몬을 같이 제공한다.
- 생선요리가 머리와 꼬리 부분으로 구분할 수 있는 모양일 때에는 고객의 정면에서 머리는 왼쪽으로, 꼬리 부분은 오른쪽으로 향하고, 배 부분이 앞쪽으로 오도록 놓는다.
- 서비스인이 고객의 테이블 앞에서 직접 조리해야 하는 요리일 때는 고객의 취향을 물어본 후 고객의 기호에 맞게 조리한다.

② 빈 그릇 치우기

- 다 먹은 빈 식기를 치울 때에는 오른손으로 손가락을 완전히 편 채 식기를 가리키며 "맛있게 드셨습니까? 치워드릴까요?" 또는 "치워도 되겠습니까?"라고 반드시 물어본 후 치운다.
- 기물을 다룰 때에는 절대 소음이 나지 않도록 취급해야 한다.
- 병에 든 양념류인 핫소스, 스테이크소스Steak Sauce, 토마토케첩 등은 항상 병 주둥이를 깨끗이 하고, 마개를 열기 쉽게 살짝 덮어둔다.
- 집기류는 맨손으로 운반하지 않으며, 서비스 쟁반이나 냅킨에 싸서 운반한다.
- 주된 요리는 마지막 고객이 식시를 끝났을 때 빈접시를 빼며, 식탁에 찌꺼기가 떨어져 있으면 핸드타월로 살짝 훔쳐낸다. 디저트가 나가기 전에 모든 집기류를

치우며, 글라스류와 디저트용 기물만 남겨둔다.

- 식사가 끝난 뒤의 빈접시나 글라스는 모두 고객의 오른쪽에서 오른손으로 빼낸다.
- 식사가 끝나기 전에 이쑤시개 포장지의 마크가 한 쪽으로 일치되도록 홀더Holder에 가지런히 담아 테이블에 놓는다.

③ 보조접시 사용

- 서빙요리에 따라서 보조접시나 뼈 담는 그릇을 같이 서브해야 한다.
- 고객이 주문하기 전에 인원수에 맞추어 준비하도록 한다.

2) 음료서비스

(1) 음료 서빙의 기본수칙

자료 : https://mask.co.uk

- 음료는 고객의 오른쪽에서 오른손으로 서브한다.
- 글라스는 위생상 반드시 1/3 하단 쪽을 손끝으로 가볍게 쥐어야 하며, 고블렛Goblet 또는 와인글라스 우측 아래에 놓는다.
- 테이블에 글라스를 놓을 때에는 소리가 나서는 안 되며, 놓은 후에는 고객 앞으로 1cm 정도 살며시 밀어주며 "주문하신 OOO입니다. 맛있게 드십시오."라고 말한다. 모든 음료글라스는 테이블에 놓을 때 위와 같은 방법으로 해야 한다.
- 칵테일 서브 시에는 머들러Muddler를 글라스에 꽂아서 서브한다.
- 식탁보를 사용하지 않는 테이블에 음료 글라스를 놓을 때에는 코스터Coaster 또는 칵테일 냅킨을 깔고 서브한다.

(2) 워터 서빙

- 물을 따르기 전에 워터 피처Water Pitcher 표면에 묻어있는 물방물이 흘러내리지 않도록 암 타월로 닦아내어 테이블이나 고객의 옷에 물방울이 떨어지지 않도록 한다.

자료 : http://www.pbrs.ac.nz

- 물을 따를 때에는 고객의 우측에서 오른손으로 워터글라스에 7부 정도 따르며, 고객이 퇴장할 때까지 물을 충분히 보충해 항상 7부 정도 유지하도록 한다.
- 물을 따를 때 워터 피처가 글라스에 닿지 않도록 2cm 정도 높은 위치에서 따른다.
- 물을 따를 때에는 글라스를 손으로 들고 따라서는 안 된다.

(3) 커피와 차 서빙

- 커피컵은 항상 따뜻하게 데워야 하며, 밑받침은 컵이 미끄러지지 않도록 도일리Doily를 깔고 세팅한다.

자료 : http://www.hospitality-school.com

- 커피컵은 고객의 우측에서 손잡이가 오른쪽으로 향하도록 물컵 아래쪽에 놓아주며, 티스푼은 컵의 앞부분에 손잡이와 평행되게 얹어놓는다.
- 깨끗이 준비된 설탕과 크림 보울은 양이 충분한지, 깨끗한지 체크한 후 손잡이가 고객 쪽으로 향하도록 하여 고객이 쉽게 집을 수 있는 위치에 서빙한다.
- 커피 서브 온도는 80℃ 정도가 좋으며, 컵에 8부 정도 채워준다.
- 고객이 커피를 다 마셔 갈 즈음에 더 마실지 여쭈어보고, 더 원할 경우에는 추가 서비스Second Service를 한다.
- 커피 크림은 항상 냉장고에 보관하여 차갑고 신신한 것을 사용해야 하며, 서브하기 전에는 이상 유무를 확인한다.

- 냉커피 또는 아이스티는 글라스에 적당히 얼음을 넣고 차게 식힌 커피 또는 차를 글라스에 7부 정도 따른 후 마시기 용이하게 빨대와 설탕 시럽을 같이 서브하며, 아이스티에는 레몬조각을 같이 서브한다.
- 차를 서브할 때에는 칵테일 픽에 끼운 레몬조각 2쪽 또는 뜨거운 우유를 준비하여 고객의 기호에 맞게 서브한다.
- 차서비스 온도 80℃ 정도가 좋으며, 티백을 포트에 넣지 않고 서브할 때에는 뜨거운 물과 티백을 따로 서브한다.

6. 뒷정리서비스

1) 빈접시 치우기

- 고객이 다 먹은 빈접시를 치울 때에는 큰 접시부터 작은 접시 순으로 같은 크기의 접시를 통일해서 빼고, 보울·글라스 등 작은 식기는 트레이를 사용해서 뺀다.
- 고객이 남긴 음식과 포크와 나이프를 분리하여 한 접시에 모을 때에는 고객에게 보이지 않도록 고객 뒤쪽으로 물러나서, 조용히 정리하여 서비스 냅킨으로 덮어 치운다. 또한 정리한 기물은 서비스 스테이션이나 보조테이블에 방치해서는 안 되며, 즉시 세척기에 넣어 깨끗이 씻도록 운반한다.
- 후식을 서브하기 위해서 워터글라스와 와인글라스를 제외한 불필요한 기물을 깨끗이 치운다.

2) 뒷정리서비스의 요령

뒷정리서비스는 손님이 돌아가면 하고, 다음 손님을 맞을 준비를 한다. 다음 손님이 기다리지 않도록 뒷정리는 신속히 한다.

- 식기는 같은 종류, 같은 크기끼리 포갠다.
- 유리컵을 다른 그릇과 포개지 않도록 조심한다.

- 찌꺼기는 하나의 접시에 모은다.
- 그릇끼리 부딪치거나 요란한 소리를 내지 않는다.
- 손님의 물수건으로 테이블을 닦지 않는다.
- 테이블 밑이나 의자가 더럽지 않은지 확인한다.
- 테이블 모서리까지 정확히 닦고, 쓰레기는 테이블 중앙에 모아놓는다.
- 청결한 행주를 사용한다.
- 테이블에 양념류가 다 갖춰져 있는지 확인한다.
- 테이블, 의자를 가지런히 정돈하고 빠진 것은 없는지 마지막으로 확인한다. 다른 테이블과의 균형을 고려하여 의자를 배치한다.

3) 뒷정리서비스의 유의점

- 손님의 잊어버린 물건을 발견했을 경우, 손님이 아직 카운터에 있다면 빨리 알려준다. 손님이 이미 돌아간 뒤라면 나중에 찾으러 올 것을 대비하여 잘 보관해 둔다. 연락처를 알고 있다면 곧바로 연락을 한다. 모를 경우에는 날짜, 시간, 테이블번호 등을 적어 물건에 붙인 뒤 분실물 장부에 기록하고 지정장소에 보관한다. 이렇게 하면 문의가 왔을 때 당장 확인할 수 있다.
- 손님이 드시다 남긴 음식 가운데 포장할 수 있는 것은 "포장해 가시겠습니까?"라고 손님의 의향을 물어 포장해준다.
- 뒷정리는 신속하게 한다.
- 테이블 위의 비품 가운데 부족한 것은 보충한다.

7. 계산과 환송서비스

1) 계산서비스

- 계산은 캐셔 데스크에서 이루어지는 것이 원칙이나, 테이블에서 고객이 요구할

때에는 계산서를 가져다준다.

- 계산을 받기 전에 계산서의 기재사항(테이블번호, 고객 수, 금액, 품목 등)을 확인한다.
- 계산서는 계산서홀더Bill Holder에 끼워서 보여주며, 영수증과 거스름돈은 전표 트레이Chit Tray에 담아 공손히 준다.
- 고객이 수표로 지불할 때에는 수표 뒷면에 고객의 성함, 연락처 등을 기재한 후 받도록 한다.
- 신용카드로 계산 시 이지 체커Easy Checker기를 사용한 후 청구서에 고객의 서명을 받는다. 서명 후 카드청구서 중 고객용 영수증을 함께 준다.
- 후불로 할 때에는 고객의 주민등록증 확인과 명함 등을 받아 지배인에게 보고한다. 후불로 처리할 때에는 계산서에 서명을 받고 가격을 말하며, 영수증은 주지 않는다. 또한 정보요금Information Charge 용지에 기재사항을 정확히 기입하여 계산서와 같이 캐셔Cashier에게 인계한다.
- 호텔 내 객실 고객이 후불로 룸 사인 시에는 고객의 객실키와 객실번호를 확인하고 이름Full Name과 서명을 정확히 받도록 한다.

2) 환송서비스

- 감사의 인사를 한 후 잊은 물건이 없는지, 맡긴 물건이 없는지를 확인한다.
- 추울 때는 코트 입는 것을 도와준다.
- 손님이 돌아갈 준비를 끝낼 때까지 기다린다.
- 돌아갈 준비가 다 된 것을 보고서 인사한다. 자세를 바르게 하고 정성껏 인사한다. 이때 재촉하지 않도록 조심한다.
- 카운터만 인사를 할지 전 직원 전체가 "고맙습니다."라고 인사할지는 점포의 방침에 따른다.
- 연세가 많은 고객께서 테이블에서 갈 준비를 하면, 테이블로 다가가 의자를 잡아 당겨주거나 짐을 들어주는 등 적극적으로 도와준다.

- 서비스요원이 많으면 함께 거든다.
- 자기담당 테이블이 아니어도 신경을 쓴다.
- 고객의 신발서비스를 돕는다.
- 신발장에 보관하는 곳일 경우에는 번호표와 신발이 정확히 맞는지 확인한 후 돕는다.
- 손님이 돌아갈 때는 점원 전체가 신경을 쓴다. 손님이 돌아갈 채비를 하고 있는데 아무렇지도 않게 옆을 지나가서는 안 된다. 아무리 바쁠 때라도 "고맙습니다." 라고 인사말을 한다.
- 손님이 좋은 인상을 가지고 돌아가는가는 매우 중요하다. 전 직원은 친절하게 응대해야 한다.

학습내용평가 09

1. 예약서비스

항 목 내 용	상	중	하	비고
접수대장에 기재사항(행사일자, 시간, 인원수, 회사명, 예약자성명, 연락처, 특이사항 등)을 정확히 기록한다.				
요구사항(사진, 꽃, 케이크, 안내문, 테이블메뉴 등)을 확인한다.				
예약사항을 반복 확인한다.				
취소통보 접수 시 취소자의 이름, 취소일자, 연락처를 확인 후 기재한다.				
예약접수 시 기재사항 누락, 숫자 착오가 일어나지 않도록 유의한다.				

2. 주차서비스

항 목 내 용	상	중	하	비고
고객이 주차장에 들어오면 밝고 정중하게 인사한다.				
차의 문을 열어준 후, 차 안의 귀중품 여부를 물은 후 차를 주차시킨다.				
노약자나 어린이가 있을 경우에는 식당 안으로 먼저 안내한다.				
주차요원이 없는 경우에는 식당의 마련된 주차장 위치를 정확히 표시한다.				
우천 시를 대비하여 입구에 우산을 준비해 놓는다.				
고객예약 시 사전에 주차장이 없는 것을 안내한다.				
인터넷 홈페이지나 관련 명함 등에 주차장 유무를 표시한다.				
인근에 유료주차장이 있는 경우, 위치와 가격을 정확히 알고 안내한다.				

3. 환영서비스

항 목 내 용	상	중	하	비고
고객의 입장에서 좌석안내, 착석서비스까지 이루어질 수 있도록 안내한다.				
예약고객은 사전에 성명, 예약사항을 숙지하여 영접 시 성명을 불러줌으로써 고객으로 하여금 친감을 갖도록 한다.				
예약고객이 아닌 경우, 먼저 인원수를 물어본 후 고객이 원하는 장소의 제공이 가능한지 여부를 확인한다.				
고객이 식당에 들어올 때는 모자나 외투 등을 입구 가까운 곳에 받아두도록 한다.				
여성고객이 착석 시 외투를 받아서 의자 뒤쪽에 걸친다든지, 혹은 입장 시 고객의 요구에 따라 보관토록 한다.				
좌석안내는 예약여부를 확인한 후 2~3보 앞장서서 테이블로 안내한다.				
고객이 원하는 자리에 안내가 가능하지 않을 경우는, 정중하게 이유를 말씀드리고 다른 좌석으로 안내한다.				
고객이 자리에 앉기 쉽게 두 손으로 의자 등받이를 잡아 가볍게 빼고, 고객이 착석할 때 두 손과 한 쪽 무릎을 사용하여 살며시 밀어준다.				
식탁에 도착하면 퍼스트레이디(First Lady)의 원칙에 따라 먼저 부인이나 어린아이의 착석을 도와준다.				
착석 보조서비스는 노약자 → 어린이 → 지체부자유자 → 여성 순으로 앉도록 돕고, 호스트가 마지막으로 착석하도록 한다.				

학습내용평가 09

4. 음식서비스

항 목 내 용	상	중	하	비고
조리시간을 확인하여 고객이 요리를 기다리거나 또는 담당서버를 찾는 일이 없도록 한다.				
서빙순서는 주빈을 중심으로 우측으로 돌려 여성, 연령의 노소, 직위고하, 호스티스, 호스트 순으로 행한다.				
제공된 요리에 빠진 것이 없는지 여부와, 고객이 무엇을 요구하려는 기색이 없는가를 확인한다.				
음식을 서브할 때는 양 발의 간격을 25~30cm 정도 벌리고, 무릎을 구부려 높낮이를 조절한다.				
요리를 서브하기 전에 고객의 주문 내용에 따라 요리에 맞는 기물에 테이블세팅을 고친다.				
빵과 요리에 따른 소스, 샐러드드레싱을 제공할 때와, 플레이트서비스 시는 고객의 좌측에서 쇼잉 후에 서브한다.				
음식을 서브할 때에는 반드시 "주문하신 OO요리 올려드리겠습니다. 맛있게 드십시오."라고 정중히 말한다.				
절대로 엄지손가락이 접시의 테 안쪽으로 들어가지 않도록 쥔다.				
뜨거운 요리는 뜨겁게, 차가운 요리는 차게 서브해야 한다.				
뜨거운 요리를 서브할 때는 고객에게 대단히 뜨겁다는 말을 하여 주의를 환기시켜야 한다.				
생선요리는 고객의 정면에서 머리는 왼쪽으로, 꼬리 부분은 오른쪽으로 향하고, 배 부분이 앞쪽으로 오도록 놓는다.				
생선요리를 서브할 때는 보조접시로 레몬을 같이 제공한다.				
빈 식기를 치울 때는 오른손으로 손가락을 완전히 편 채 식기를 가리키며 "맛있게 드셨습니까? 치워드려도 될까요?"라고 반드시 물어본 후 치운다.				
집기류는 맨손으로 운반하지 않으며, 서비스 쟁반이나 냅킨에 싸서 운반한다.				
주된 요리는 마지막 고객이 식사를 끝났을 때 빈접시를 뺀다.				
식탁에 찌꺼기가 떨어져 있으면 핸드타월 혹은 클리너로 살짝 훔쳐낸다.				
식사가 끝난 뒤의 빈접시나 글라스는 모두 고객의 오른쪽에서 오른손으로 빼낸다.				
서빙요리에 따라 보조접시나 뼈 담는 그릇을 같이 서브해야 한다.				
병에 든 양념류인 핫소스, 스테이크소스, 토마토케첩 등은 항상 병 주둥이를 깨끗이 하고, 마개를 열기 쉽게 살짝 덮어둔다.				

학습내용평가 09

5. 음료서비스

항 목 내 용	상	중	하	비고
음료는 고객의 오른쪽에서 오른손으로 서브한다.				
글라스는 1/3 하단 쪽을 손끝으로 가볍게 쥐고 고블렛 또는 와인글라스 우측 아래에 놓는다.				
글라스를 놓을 때는 고객 앞으로 1cm 정도 살며시 밀어주며 “주문하신 OO입니다. 맛있게 드십시오.”라고 말한다.				
칵테일 서브 시에는 머들러를 글라스에 꽂아 서브한다.				
물을 따를 때는 고객의 우측에서 오른손으로 워터글라스에 7부 정도 따른다.				
물을 따를 때 워터피처가 글라스에 닿지 않도록 2cm 정도 높은 위치에서 따른다.				
커피컵은 고객의 우측에서 손잡이가 오른쪽으로 향하도록 물컵 아래쪽에 놓아준다.				
티스푼은 컵의 앞부분에 손잡이와 평행되게 얹어놓는다.				
커피 서브온도는 80℃ 정도가 좋으며, 컵에 8부 정도 채워준다.				
고객이 커피를 다 마셔갈 즈음에 더 마실지를 물어보고, 더 원할 경우에는 추가서비스를 한다.				
차를 서브할 때에는 칵테일 픽에 끼운 레몬조각 2쪽 또는 뜨거운 우유를 준비하여 고객의 기호에 맞게 서브한다.				

6. 뒷정리 / 계산 / 환송서비스

항 목 내 용	상	중	하	비고
빈접시를 치울 때 큰 접시부터 작은 접시 순으로 같은 크기의 접시를 통일해서 뺀다.				
빈접시를 치울 때 볼 · 글라스 등 작은 식기류는 트레이를 사용해서 뺀다.				
고객이 남긴 음식과 포크와 나이프를 분리하여 한 접시에 모을 수 있다.				
후식 서브 시 글라스를 제외한 불필요한 기물은 테이블에서 깨끗이 치운다.				
뒷정리 시 다음 손님이 기다리지 않도록 뒷정리는 신속히 해야 한다.				
식기는 같은 종류, 같은 크기끼리 포갠다.				
찌꺼기는 하나의 접시에 모은다.				
손님의 물수건으로 테이블을 닦지 않는다.				
테이블, 의자를 가지런히 정돈하고 빠진 것은 없는지 마지막으로 확인한다.				
손님이 먹다 남긴 음식 가운데 포장할 수 있는 것은 “포장해 가시겠습니까?”라고 손님의 의향을 물어 포장한다.				
뒷정리는 빠르고 조심스럽게 한다.				
분실물은 날짜, 시간, 테이블번호 등을 적어 물건에 붙인 뒤 장부에 기록하고 분실물함에 보관한다.				
계산서는 빌 홀더에 끼워서 보여주며, 영수증과 거스름돈은 전표 트레이에 담아 공손히 준다.				
고객이 수표로 지불할 때 수표 뒷면에 고객의 성함, 연락처 등을 기재한 후 받도록 한다.				
감사의 인사를 한 후 잊은 물건이 없는지, 맡긴 물건이 없는지를 확인한다.				
고객의 신발서비스를 돕는다.				
돌아갈 준비가 다 된 것을 보고 바른자세로 인사한다.				

CHAPTER 10 서양음식의 이해

학습목표

- 프랑스음식의 특징을 설명할 수 있다.
- 프랑스 정찬코스 요리를 설명할 수 있다.
- 안심스테이크 종류를 설명할 수 있다.
- 등심스테이크 종류를 설명할 수 있다.
- 이탈리아음식의 특징을 설명할 수 있다.
- 이탈리아 지역별 음식의 특징을 설명할 수 있다.
- 이탈리아 코스요리별 메뉴특성을 설명할 수 있다.

1. 서양음식의 특징

동 · 서양음식의 구분은 터키를 중심으로 서쪽에 있는 나라의 음식을 지칭하며, 특히 동양에서는 프랑스와 이탈리아를 중심으로 발달한 요리를 총칭한다. 반대로, 동양음식은 터키를 중심으로 동쪽에 있는 나라의 음식을 지칭하는데, 특히 중국과 일본 등 아시아에 위치한 음식을 총칭한다. 때문에 음식 학자들은 세계 3대 음식이라고 하면 서양을 대표하는 프랑스요리와 동양을 대표하는 중국요리, 동 · 서양의 음식문화를 모두 가지고 있는 터키음식으로 설명하기도 한다.

동양요리가 농경문화에 바탕을 두고 있다면, 서양요리는 목축문화에 기반을 두고 있어 육류나 유지 등의 주재료에 여러 가지 향신료와 포도주를 많이 사용함이 특징이다. 식재료에서 비롯된 소스가 많이 발달되어 있는데, 이는 음식의 향미를 좋게 하고 맛과 영양을 보충하는 역할을 한다. 조리법에서도 맛과 향을 살리기 위한 오븐을 이용한 건열조리법이 발달되어 있다. 또한 동양요리가 비교적 상차림의 문화, 즉 공간전개형 식사법이 발달된 반면, 서양요리는 음식을 차례로 먹는 시간전개형 식사법이 발달하였다. 이외에도 식기를 사용하는 기물을 비롯하여 기타 식문화의 차이 등이 있으나, 최근 식문화의 동향은 동양음식도 시간전개형으로 발달하면서 동·서양이 혼합된 음식으로 발전되고 있다.

본 장에서의 서양음식서비스는 서양을 대표하는 프랑스와 이탈리아를 중심으로 각 음식의 특징을 알아보고, 이들 국가의 레스토랑의 서비스에 대하여 다루어 본다.

2. 프랑스음식

1) 음식의 역사

(1) 역사적 배경

프랑스요리는 선주민족(先住民族)인 켈트계 갈리아족의 음식문화로 시작한다. 이들의 음식문화는 기본적으로 수렵에 의한 식생활을 하였으며, 직화구이를 선호했고, 지금과 비교하면 의외로 투박하였다. 후에 로마 카이사르에 의해 갈리아 지방이 복속당하고, 로마 군단병들의 식량 문제를 해결하기 위해 대대적인 육우의 방목이 이루어졌다. 더불어 로마에 의한 문명화가 진행되면서 대규모 농장이 운영되어 점점 식재료가 다채로워지기 시작한다. 주식이 빵이 된 것도 이 시기이다. 로마가 멸망한 후 프랑크족이 갈리아 지방을 점령하면서 게르만식 음식문화가 더해지고, 후추 등 동방의 향신료도 접하게 되어 중세식 요리의 기본 바탕이 완성되었다. 14세기부터 주방에서는 싱크대와 작업대의 구분이 이루어지고, 소스의 사용이 시작되어 연회도 화려해졌지만, 16세기 초반까지는 영국의 요리를 비롯하여 서유럽의 다른 나라들과 큰 차이점이 없었다.

프랑스요리가 발전하게 된 계기는 16세기 중반 1553년 이탈리아 카트린 메디치 Catherine de Médicis가 앙리2세와 결혼하면서 이탈리아 피렌체를 지배했던 메디치 가문의 고급 식문화가 들어오면서이다. 당시 프랑스 궁중요리사는 이탈리아요리사에게서 선진 조리기법들을 배웠고, 당시 파리에 요리학교가 생겨나 많은 요리사가 양성되었다. 그리고 프랑스요리의 실제적인 도약은 17세기 대식가 루이14세Louis XIV 때 절대군주제와 중앙집권제라는 정치적인 테두리 안에서 일어난다. 당시 베르사이유 궁전이 완성되고 문예보호에 힘을 기울여 유럽의 사교장이 파리에서 개최되는 등 각국의 유럽 정상들은 선진화된 프랑스의 연회문화를 동경하였으며 프랑스어는 국제공용어로도 사용되었다.

이후 길드의 해체와 프랑스 혁명을 거치면서 왕실 및 귀족들이 쫓겨나자, 일자리가 없는 요리사들이 개인 레스토랑을 개업하여 귀족들이 즐기던 요리를 시민들에게 기회를 제공하였다. 이는 프랑스 미식문화의 발전에 기여했다. 유명한 요리사들은 신흥 귀족이나 부르주아들에게 고용되어 요리문화를 계속해서 향상시켰고, 다수의 요리사들은 직접 레스토랑을 개업하기도 하였다. 1755년에 태어난 브리야사바랭Jean Anthelme Brillat-savarin은 조리변혁에 대해 최초로 인정한 인물이다. 그는 판사이자 유명한 미식가였는데, 『미식예찬』(원제는 『미각의 생리학Physiologie du Goût』)이란 저서를 남겼다. 프랑스의 고전요리는 19세기에 요리사의 왕이라는 칭호를 받은 마리 앙투안 카렘Marie-antoine Carême에 의해 극에 달한다.

19세기에는 러시아 요리의 영향을 많이 받아 프랑스요리의 고급화의 계기가 되었다. 추운 러시아에서 음식이 식지 않도록 한 번에 한 가지씩 내던 것을 프랑스 코스요리에 도입하여 발전시킨 것이다. 가정식 요리를 제공한다는 뜻의 '비스트로'도 나폴레옹 전쟁 당시 파리를 점령한 러시아군이 음식을 주문하고 러시아어로 "빨리!"라고 외치던 것에서 유래한다.

음식 비평가에 의해 1960년대에 대중화된 음식은 누벨 퀴진Nouvelle Cuisine이다. 사실 누벨 퀴진은 1700년대부터 불렀던 이름이다. 그동안 프랑스요리는 버터와 소스, 이탈리아요리는 올리브기름을 사용해 왔는데, 화려하다 못해 무거운 맛의 프랑스 소스에 비해 상대적으로 가벼운 것이 누벨 퀴진이다. 이들 요리는 보다 가볍고 더 우아하다 그리고 여러 요리들이 복합적으로 확장된 개념을 내포하고 있다.

그러나 이런 누벨 퀴진도 비판이 나오고 있다. 장식에 너무 치중하여 음식으로 장난치느냐는 비판도 있다. 1980년대 중반 그 요리 스타일은 한계에 도달했고, 여러 요리 기술들이 많이 남아있지만, 많은 요리사들은 고전 스타일로 돌아가기 시작했다고 이야기 한다. 그렇기에 누벨 퀴진의 장점은 장점대로 받아들이면서 고전적 레시피와의 조화를 연구하는 퀴진 모데른cuisine moderne라고 불리는 형식이다. 기존의 중심 소스였던 버터와 크림의 중요성을 다시 살펴보면서, 고전과 새로움을 조화시키는 것을 연구하고, 이런 흐름에 인정받고 있는 세프 '조엘 로부숑', '아랑 듀카스', '피에르 가니에르' 등이 대표적이다.

2) 프랑스음식의 정찬

프랑스요리의 풀코스Full Course 정찬은 '따블 도트Table d'hote'로 표현된다. 프랑스 정찬은 식전주, 오르되브르, 앙트레, 생선요리, 셔벗, 고기요리, 샐러드, 치즈, 디저트, 식후주 순으로 나오며 긴 식사코스는 3~4시간 동안 진행된다. 이들의 식사 모임은 중요한 사교의 시간이 되어 공식만찬이 종종 이루어지는 고급식당에서 볼 수 있다.

(1) 전채요리

전채의 의미는 격식을 갖춘 식탁에 일정한 순서의 요리가 나오기 전에 제공하는 요리를 총칭하는 것으로, 식욕을 돋우는 요리이다. 불어로는 오르되브르Hors d'oeuvre[6], 영어로는 애피타이저Appetizer이다. 오르되브르는 주요리 코스 부분에서 제외되는 엑스트라Extra 음식 정도로 직역이 되나, 식사 전에 제공되는 적은 양의 음식으로 식욕을 촉진시키기에 적합한 요리를 뜻한다.

전채요리의 종류로는 온도에 따라 크게 따듯하게 제공되는 오르되브르 쇼Chaud : Hot Appetizer 와 차갑게 제공되는 오르되브르 푸로아Froid : Cold Appetizer로 분류된다. 또한 가공하지 않고 재료 그대로 만들어 형태와 맛이 그대로 유지되는 플레인 애피타이저Plain Appetizer와 조리사에 의해 가공되어 모양이나 형태가 바뀐 드레스드 애피타이저

6) Hors d'oeuvre : (불) hors는 영어의 'Out, Out of~, Beside, Except 혹은 Extra'라는 뜻이며, d'는 'de'의 준말로 영어의 'of' 뜻이고, Oeuvre는 영어의 'Work 혹은 Works'의 뜻이다. 작업이나 업무에서의 열외 부분으로써, 말하자면 식전의 엑스트라 코스 정도로 해석함이 적절하다.

Dressed Appetizer로 나누기도 한다.

세계적으로 유명한 전채요리로는 철갑상어알Caviar, 거위간Foie Gras; Goose Liver, 송로버섯Truffle 등이 있다. 철갑상어알은 흑해와 카스피해에서 서식하는 철갑상어Sturgeons의 알을 채취하여 가염(加鹽)한 것이며, 거위간은 강제사육으로 비대해진 간을 채취하여 송로버섯과 곁들여 빠떼Pâté로 만들어진 것이다. 또한 송로버섯은 색깔이 검어 흑송이라고도 부르는데, 보통 30cm 이상의 땅 밑에서 자라기 때문에 아주 소량만 채취된다.

전채에 사용되는 대표적인 소스로는 유지소스의 한 형태로, 마요네즈와 프렌치 드레싱이 많이 쓰이며, 이 밖에 어패류는 칵테일소스를 사용하여 직접 뿌리기도 하고, 별도로 소스컵에 담아 제공한다. 오리 테린 요리는 오렌지소스를 곁들여준다.

온 도	찬 전채	식사하기 전에 내는 요리로 고객이 첫눈에 관심을 갖도록 하고, 기호를 만족시켜야 한다. 오르되브르는 소량이어야 하며, 식욕을 돋우기 위해 색과 모양이 돋보이게 한다. 침의 분비를 촉진시켜 주는 신맛, 짠맛을 가미해도 좋다. 보통 찬 애피타이저는 각종 재료를 사용하여 가공을 하고 냉장고에서 보관하였다가 제공하는 것이 대부분이나 신선한 재료를 사용하여 가미(加味)를 하는 것도 있다.
	더운 전채	더운 애피타이저는 일반적으로 수프 다음에 제공되며, 오븐에서 구워 사용하는 요리가 많다. 그 외에도 다양한 조리법이 있다. 앤초비(Anchovy), 달팽이요리(Escargot), 바게트(Baguette), 키쉬로랜(Quiche Lorraine), 라비올리(RaVioli), 튀긴굴(Fried Oyster), 식용개구리 다리(Frog Leg) 등으로 구성한다.
가공형태	플레인 전채	가공하지 않은 재료 그대로 만들어 내며 형태와 모양, 맛 등이 그대로 유지되는 훈제연어, 생굴, 래리시(Relish), 살라미(Salami) 등을 말한다.
	드레스드 전채	조리사의 아이디어와 기술로 조리 및 가공되어 원래의 맛은 유지되나 모양과 형태가 변형되는 각종 무스, 리버 소시지 카나페(Liver Sausage Canapé) 등이 여기에 속한다.
모 양	부쉐(Bouchée), 카나페(Canapé), 칵테일(Cocktail), 전채 샐러드(Appetizer Salads), 바게트(Baguette) 베녜(Beignet), 브로쉐뜨(Brochette), 렐리쉬(Relish), 빠테(Pâté), 테린(Terrine)	

(2) 수프

수프는 불어식 발음의 수쁘Soupe 혹은 뽀따쥬Potage[7]로 부른다. 불어식의 뽀따쥬는 어원적으로 보면 냄비Pot에서 익혀 먹는 요리라는 의미이며, 빵을 얇게 썰어 국물을

7) potage : (불) 영어의 'Soup'와 같은 뜻이면서 남성명사이기 때문에 'le potage(르 뽀따쥬)'로 사용된다. 또한 여성명사의 'la soupe(라 수쁘)'도 같은 뜻으로 사용된다.

부어먹었다는 유래를 가지고 있다. 전체적으로 수프를 통칭하는 말인 '뽀따쥬Potage'를 진한 수프와 맑은 수프로 구분하며, 수프는 식사에서 첫 번째 코스의 액체요리로서 가볍고 영양가가 높을 뿐만 아니라 위에 부담을 적게 주는 요리라고 할 수 있다.

스톡Stock은 육류, 생선, 가금류나 이들의 뼈 등을 장시간 끓인 묽은 액체의 국물이며, 맛과 향을 보충하기 위하여 야채, 향신료와 허브를 첨가한 다음 찌꺼기를 걸러낸 국물이다. 스톡은 불어식 표기의 퐁Fond으로도 불리며, 이 스톡은 소스나 수프의 원재료가 된다. 그러므로 스톡이야말로 요리에 있어서 매우 중요한 부분이며, 사용된 재료의 특성에 따라 분류된다.

수프의 종류는 는 온도에 따라 더운 수프Hot Soup : Potage Chaud와 찬 수프Cold Soup : Potage Froid로 나누며, 농도에 따라 맑은 수프Clear Soup : Potage Claire와 진한 수프Thick Soup : Potage Lié가 있고, 전통 수프National Soups : Potages Nationaux 등으로 분류된다.

맑은 수프는 루Roux를 사용하지 않고, 보통 뷔용Bouillon에다 고기, 야채, 향신료, 달걀흰자 등을 넣고 서서히 끓인 후 소창이나 천으로 걸러 만든 수프이다. 종류로는 콩소메수프Consomme Soup와 쁘디드 마르미트Petite Marmite 등 여러 가지가 있다.

진한 수프는 스톡이나 스톡에 주재료를 넣어 익힌 다음 걸러낸 국물에 루Roux를 타서 걸쭉하게 하고, 우유, 크림 등을 첨가하여 묽게 만든 수프이다. 진한 수프의 종류는 주재료에 따라 변하기 때문에 몇 가지라고 말할 수 없지만 『Le Répertoire de La Cuisine』에 소개된 것만 해도 199가지나 된다.

전통 수프는 특정 지역이나 국가에 기원이 있는 수프를 말하며, 오래된 전통과 역사를 가지고 있어 기원이 되는 국가에서 쓰는 그 명칭을 그대로 표기한다. 이탈리안 미네스트로네Italian Minestrone, 잉글리시 클램차우더English Clam Chowder, 올라 뽀드리다Olla Podrida, 옥스테일수프Ox Tail Soup, 프렌치 오니온수프French Onion Soup, 스카치 브로스수프Scotch Broth Soup 등이 대표적이다.

(3) 생선요리

생선요리는 불어로 뽀아송Poisson이라 하며, 정찬요리에서 수프 다음 육류요리 전에 제공되는 코스이나 가격이 낮은 정찬요리에서는 생략되는 경우가 보통이다. 육류요리보다 육질이 연하고 지방성분이 적으며, 비타민과 칼슘이 매우 풍부하므로 건강식으로 즐겨 찾는 요리로 선택되는 경우도 많다.

생선의 종류는 크게 어류와 패류로 나눈다. 패류는 부분 또는 전체가 단단한 외피로 구성된 갑각류이고, 어류는 서식장소에 따라 해수어와 담수어로 분류한다. 어류의 맛과 육질은 물의 성질에 따라 차이가 있다. 즉 물이 차고 맑고 깊은 곳의 어류는 물의 온도가 높고, 흐리고 얕은 곳보다 우수하다. 일반적으로 생선요리는 바다생선, 민물고기, 조개류, 갑각류, 연체류, 식용개구리, 달팽이 등을 들 수 있다. 이들은 저장법에 따라 생(生) 생선, 얼린 생선, 절인 생선, 통조림 등으로 나누어진다.

생선의 요리방법은 육류조리와 마찬가지로 여러 가지 다양한 방법을 사용할 수 있으며, 일반적으로 많이 사용되는 방법으로는 베이킹Baking, 보일링Boiling, 브레이징Braising, 브로일링Broiling, 그릴Grilling, 므니에르Meunière, 스팀Steaming, 훈제Smoking, 그라탕Gratin, 프라잉Fring 등이 있다.

생선 베루테Fish Velouté소스는 생선소스의 기본이 되어왔는데, 이것은 생선육수와 루를 사용하여 만든 것으로, 생선에 주로 쓰이는 백포도주 소스로 유명하다.

(4) 육류요리

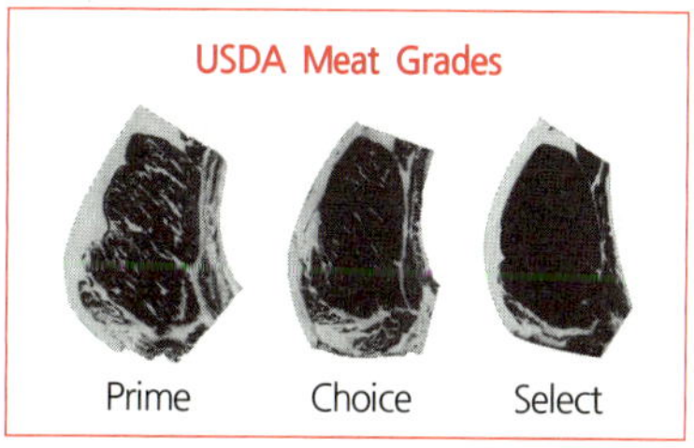

앙뜨레Entrée[8]는 영어의 '시작 혹은 입구Entrance'란 뜻을 의미하며, 이는 정찬의 중간코스이자 주요리 코스이다. 고대에는 조류를 통째로 구이해서 처음에 내놓았고 이것을 '처음의 요리'란 뜻으로 사용되었으며, 이것이 '앙뜨레'로 쓰이게 되었다. 따라서 앙뜨레 이전까지의 요리는 이 앙뜨레를 먹기 위한 부수적인 예비코스였다고 할 수 있다. 오늘날에 와서는 앙뜨레는 육류, 생선, 카레, 파스타, 야채 등을 주

8) Entrée : (불), 'Entrer'에서 유래된 단어로서 '시작하다'라는 뜻에서 변형된 여성명사이다. 〈Entrée Chaude : 앙뜨레 쇼드〉는 '뜨거운 주요리(Hot Main Dish)'를 뜻하며, 〈Entrée Froide : 앙뜨레 후롸드〉는 '차가운 주요리(Cold Main Dish)'란 뜻으로 여성 형용사로 쓰인다. 이 코스의 성격은 이제 만찬음식 혹은 주요리에 해당하는 오늘의 이벤트음식들이 시작하는 코스라는 뜻의 유래를 가지고 있다.

요리로 선택하는 경향이 높아져 주요리로 선택되는 모든 요리를 지칭하는 말이다. 앙뜨레를 위한 소스는 그 색에 따라 화이트소스와 브라운소스로 대별된다. 화이트소스는 전통적으로 갈색화시키지 않고 살짝 데치거나 끓인 육류요리와 함께 제공하며, 브라운소스는 로스트Roast[9] 또는 그릴Grill로 익힌 요리에 많이 사용한다.

육류를 조리할 때 각국의 대표적인 조리방법이 있다. 프랑스는 버터, 이탈리아는 올리브유, 독일은 라드, 미국은 샐러드유로 맛을 내고 있다. 육류의 일반적인 조리방법으로는 그릴Grill, 뿌왈레Poêler, 로스트Roast, 소테Sauté, 스튜Stew, 브레이징Braising 등이 있다.

① 소고기Beef, Boeuf

식용으로 사용할 수 있는 육우로는 새끼를 낳지 않는 암소나 거세한 황소가 좋다. 사용 목적에 따라 스테이크나 로스트용은 2~3세의 어린 것이 좋으며, 통조림이나 햄 가공용으로는 5~7세의 늙은 소가 좋다. 가장 좋은 품질은 곡물을 먹여서 사육한 처녀소이거나 거세한 황소이고, 풀만 먹인 소는 그 등급이 대체로 낮다. 또한 좋은 소고기는 밝은 선홍색이어야 하며, 고기는 단단하고 미세한 고기결과 대리석같이 매끄러워야 한다.

미 연방정부에서는 소비자와 축산업자, 판매업자의 이익을 보호하기 위하여 고기의 완성도(소고기의 내부 및 외부에 있는 지방질의 양과 색), 조직(소고기 몸통고기의 일반적인 비율), 품질(고기와 뼈의 색과 구조)을 분류하여 종합적으로 판단한 후 소고기의 등급을 나누고 있다. 이 중 국내 가장 많이 유통되고 있고 있는 것은 USDA Prime, USDA Choice, USDA Select 등이다.

육류요리로 가장 많이 쓰이는 것이 바로 비프스테이크Beef Steak이다. 소고기를 두껍게 잘라 요리한 것으로, 부위별에 따라 명칭이 다른데, 그 종류는 다음과 같다.

9) 일반적으로 소고기의 등심부위나 안심부위로 만드는 로스트비프(Roast Beef)요리는 매우 고급요리로서 손색이 없다. 유럽요리에서도 전통 있는 요리이다. 15세기경 프랑스에서는 로스트 요리를 하는 사람만이 요리사(Rôotisseur : 로티쇠르)라고 불렀는데, 1428년 당시 유명한 요리사들의 모임이었던 요리사협회(Chaine Des Rôtisseurs)에서 시작되어 오늘에 이르고 있다. 지금은 파리에 본부가 있고 전 세계의 대도시에 지부가 있으며, 한 달에 한 번씩의 최고의 음식과 서비스를 즐기는 초호화 사교모임으로써 이제는 명칭 또한 미식가협회로 바뀌어 불리고 있다.

안심 스테이크	샤또브리앙(Chateaubriand)은 소고기 안심 중 가장 연하고 부드러운 부위로서 중년층 이상의 고객이 즐겨 찾는 스테이크이다. 안심 가운데 부분을 두껍게 잘라 통째로 구운 후 다시 잘라서 제공하는 스테이크로, 19세기 프랑스의 귀족이며 자작인 샤또브리앙의 전속 요리사인 몽미레이유(Montmireil)가 특별히 고안하여 남작이 즐기면서 붙여진 이름이다.	
	뚜르네도(Tournedos)는 1855년 프랑스 파리에서 처음으로 요리된 뚜르네도는 '눈 깜빡 할 사이에 다 된다.'라는 의미로 안심의 중앙 끝부분을 잘라 그릴로 구워서 오븐에 넣어 요리한 것이다.	
	필레미뇽(Filet Mignon)은 '아주 예쁜 소형의 안심 스테이크'라는 의미로 안심 부위의 뒷부분으로 만든 스테이크이다.	
등심 스테이크	영국의 왕 찰스2세가 즐겨먹던 고기로, 이 스테이크에 남작의 작위를 수여했다고 한다. 그 유래로 인하여 '로인(Loin)'에 '서어(Sir)'를 붙여 서로인(Sirloin)이라 부르게 된 계기가 되었다. 등심 스테이크에는 미뉴트 스테이크(Minute Steak), 뉴욕 컷 스테이크(New York Cut Steak) 등이 있다.	
갈비 스테이크	등 쪽에 있는 부위로 두터우며 지방분이 많다. 갈비중심 스테이크로는 립아이 스테이크(Rib Eye Steak), 로스트비프(Roast Beef), 프라임 립(Prime Rib) 등이 있다.	
포터 스테이크	허리 윗부분에서 안심과 뼈를 잘라낸 큰 스테이크를 말한다. 포터 하우스 스테이크를 잘라낸 다음 조금 작게 자른 것이 티본 스테이크(T-bone Steak)이다.	
엉덩이 스테이크	이 스테이크는 소고기 윗다리살로 근육을 많이 사용하는 부분에서 잘라낸 고기이므로 질기고 요리시간도 길다. 그 외 허벅지 부분(Round Steak), 배 부분(Flank Steak) 등이 있다.	

소고기 스테이크 굽기 정도에 따라 맛이 달라지므로, 고객에게 언제나 굽기 정도를 정확하게 주문받아 주방에 전달해야 한다.

분 류	스테이크 상태
레어(Rare)	속에는 붉은 피가 있을 정도로 살짝 익힌 것
미디움레어(Medium Rare)	중간보다 조금 덜 익힌 것
미디움(Medium)	중간 정도 익힌 것
미디움웰(Medium Well)	중간보다 조금 더 익힌 것
웰던(Well Done)	속살까지 완전히 익힌 것

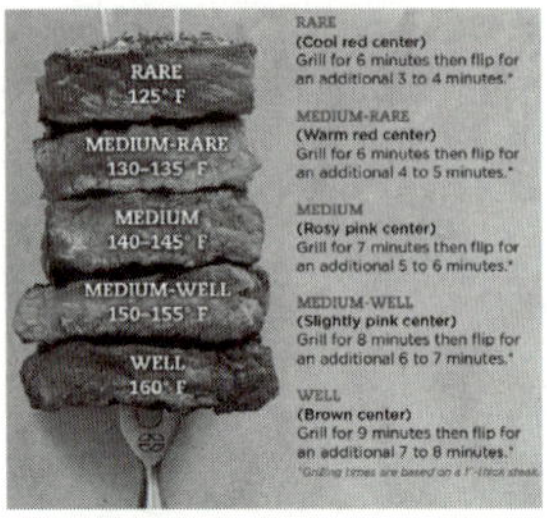

자료 : https://i.pinimg.com

② 송아지고기Veal, Veau

송아지Calf는 일반적으로 생후 6개월가량 성장한 상태를 일컬으며, 요리용으로는 보통 12주 미만으로 어미 소의 젖으로만 기른 것이기에 조직이 매우 부드럽고 밝은 핑크빛을 띤다.

송아지 목에는 일종의 목젖과 유사한 스위트 브레드Sweetbread라는 것이 있는데, 성장하면서 작아지다가 성우가 되면 없어진다. 이것은 양이 제한적이고 귀하기 때문에 고급요리로 사용된다. 또한 송아지고기는 연하고 얇기 때문에 일반적으로 소고기 스테이크처럼 굽는 정도는 주문받지 않는다.

프리까세 드보 (Fricassée de Veau)	송아지고기의 기름과 힘줄을 제거한 후 2cm 정도 잘라 소금과 후추로 양념한 후 프라이팬에 브레이징(Braising)한 요리를 말한다.	
스칼로핀 (Scaloppine)	송아지 다리부분의 작고 얇은 고기로, 소금과 후추로 양념하여 와인으로 맛을 내며 밀가루를 뿌린 후 살짝 볶은(Sauté) 요리로 그레이비소스(Gravy Sauce)와 함께 제공된다.	

스위트브레드 (Sweetbread)	송아지 목젖살로 만든 요리로 두께가 얇고 많은 사람이 선호하는 요리이다.	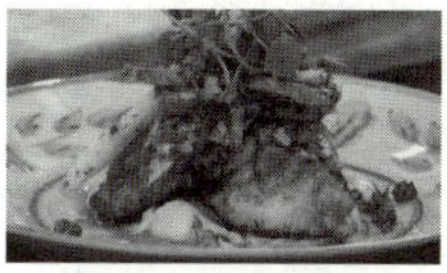
빌 커틀릿 (Veal Cutlet)	뼈를 제거한 송아지고기를 얇게 저민 후 소금과 후추를 뿌리고 밀가루를 묻힌 다음 달걀, 빵가루를 입혀 기름에 튀긴 요리이다.	

③ 돼지고기Pork, Porc

돼지고기는 세계인이 즐겨먹는 육류로서 값이 싸며 가공법에 따라 맛, 향, 품질이 달리진다. 최상품의 돼지고기는 우선 사료를 충분히 먹인 것과 고기 색깔도 회색이 가미된 선홍색으로 지방은 흰색이어야 한다. 영국산 돼지고기가 가장 많이 알려져 있으며, 용도로는 스테이크, 커트렛, 베이컨Bacon, 라드Lard 등이 있다.

바비큐 폭찹 (Barbecued Pork Chop)	돼지갈비를 소금과 후추로 양념한 후 밀가루에 묻혀 프라이팬 또는 오븐에 구워서 바비큐소스를 묻힌 것을 말한다.	
햄 스테이크 (Ham Steak)	햄을 석쇠구이 한 요리로 보통 파인애플 소스와 함께 제공한다.	
포크커틀릿 (Pork Cutlet)	돼지고기 등심을 얇게 잘라 힘줄을 제거한 다음 밀가루, 달걀, 빵가루를 입히고 기름에 튀긴 요리를 말한다.	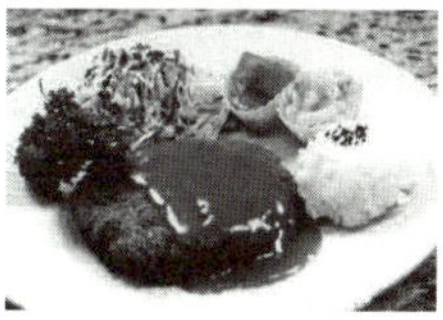

④ 양고기Lamb, Agneau

가장 좋은 양고기로는 생후 8~15주 된 어린 양이고, 그 다음은 3~15개월 된 스프링 램Spring Lamb이다. 양고기는 근섬유가 가늘고 조직이 약하기 때문에 소화가 잘되고 특유의 향이 있다. 보통 1년 이상 된 성숙한 양은 머튼Mutton이라 하며 향이 강하고, 생후 1년 이내의 어린 양은 램Lamb이라 하며 특유의 향이 약해 레몬주스나 식초를 약간 가미하면 거의 없어진다.

양고기를 조리할 때에는 민트Mint, 로즈마리Rosemary, 다임Thyme 등과 같은 향신료를 이용하여 특유의 향을 제거하기도 한다. 양고기는 서남아시아인 중동지역 사람이나 유태인이 즐겨 찾는 요리이다.

양고기 갈비 (Lamb Chop)	양갈비를 뼈가 붙어 있는 채로 잘라 기름기 및 힘줄을 제거하여 와인 및 각종 향신료에 절인 후 그릴(Grill) 또는 오븐에 넣어 조리한 것이다.	
양고기 안심 (Fillet of Lamb)	양고기를 통째로 소금, 후추를 뿌린 후 기름에 튀긴 다음 다시 양념한 뒤 오븐에 넣어 만든 요리이다.	
랙 오브 램 (Rack of Lamb)	허리부분의 뼈가 달리 덩어리 부분 고기를 잘라서 양념을 뿌려 만든 요리이다.	
양고기 소테 (Sautéed Lamb)	양고기에 소금, 후추, 향신료를 뿌려 팬에 살짝 볶아 오븐에서 익힌 다음 껍질을 벗기고 버터를 발라 양념한 양고기를 살라맨더에서 색깔을 내어 조리하는 것이다.	
양고기 로스트 (Roast Lamb)	1년 이하의 어린 양의 허리부위나 엉덩이부위를 얇게 잘라 적포도주와 당근, 셀러리, 올리브기름으로 잰 후 살짝 볶아서 백포도주로 요리한다.	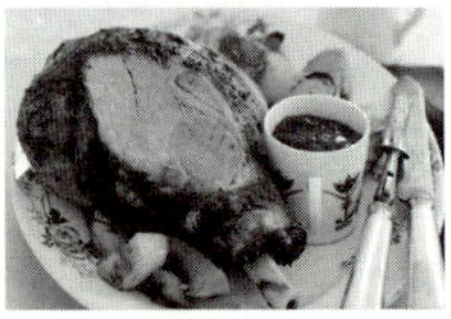

⑤ 가금류Poultry, La Volaille

가금류는 영양분이 풍부하고 지방질을 유난히 많이 함유하고 있어 소고기나 돼지고기를 싫어하는 고객이 즐겨 찾는다. 요리로 선호되는 가금류의 부위는 흰색 고기인 닭과 붉은색 고기인 오리, 거위, 뿔닭, 비둘기 등의 다리 고기와 칠면조의 앞가슴살이다. 가금류는 단백질이 유실되지 않도록 적당한 온도로 요리하는 것이 중요하며 그 방법은 로스팅Roasting, 브로일링Broiling, 프라잉Frying 등이 있다. 대부분 닭을 제외하고는 오리, 거위, 칠면조 등은 통째로 로스팅하여 썰어서 제공하거나 혹은 특별행사시 고객 앞에서 직접 썰어주기도 한다. 로스트 요리는 조리할 때 생긴 즙을 그대로 그 요리의 기본 소스로 제공한다.

가금류요리	• 닭요리 : Chicken Breast, Fried Chicken, Chicken Fricassée 등 • 오리요리 : Roast Duck • 거위요리 : Roast Goose with Gravy • 칠면조요리 : Roast Turkey, Turkey Florentine • 엽조류요리 : Roast Game	

⑥ 샐러드Salad, Salade

샐러드의 어원은 라틴어의 'Herba Salt'로서 그 뜻은 소금을 뿌린 허브Herb이다. 즉 샐러드란, 신선하고 바삭바삭한 야채나 향초 등을 소금만으로 간을 맞추어 먹었던 것에서 유래한다. 이것이 발전하여 다양하게 개발한 드레싱Dressing을 첨가하여 먹게 되었고, 야채도 여러 가지를 혼합하여 사용하게 되었다.

샐러드는 지방분이 많은 육류요리의 소화를 돕고 영양이 필요한 필수비타민과 미네랄이 함유되어 있어 건강의 균형을 유지시켜 주는데 좋은 역할을 하고 있다. 원래 샐러드는 앙드레Entrée 다음에 제공되는 것이 원칙이나, 식사나 이벤트의 성격에 따라 앙뜨레 전이나 혹은 앙뜨레와 함께 제공되기도 한다.

샐러드의 종류는 'Le Répertoire de La Cuisine'에 소개된 것만 해도 191가지나 된다. 샐러드는 신선한 채소로만 만든 단순샐러드, 각종 재료에 향료 · 소금 · 후추 등이 혼합되어 양념 · 조미료 등이 더 이상 첨가하지 않고 그대로 고객에게 제공할 수 있는 일반적으로 오일과 식초를 많이 사용하는 혼합샐러드, 여러 과일 · 생선 · 육류 · 조류 등이 혼합된 결합샐러드 등 다음과 같이 나누어진다.

단순샐러드 (Simple Salad)	• 그린 샐러드(Green Salad) : Lettuce, Chicory, Endive, Romaine 등을 한 잎 크기로 잘라 만든 샐러드 • 가든 샐러드(Garden Salad) : Lettuce Head, Chicory, Escarole, Cucumber, Carrot, Celery, Tomato, Wedge, Red Onion, Radish 등을 재료로 한 샐러드 • 시금치와 버섯 샐러드(Spinach & Mushroom Salad) : Mushroom, Spinach, Tomato Wedge, Boiled Egg Chopped, Spring Onion, Chopped Bacon, Black Olive, Green Olive, Turnip Sprout 등을 이용한 샐러드 • 팜 샐러드(Palm Salad) : Palm, Lettuce Head, Tomato, Sliced Green Olive, Sliced Black Olive, Turnip Sprout 등을 이용한 샐러드로서 드레싱은 후렌치드레싱(French Dressing)이 적합 • 주방장 샐러드(Chef's Salad) : Lettuce Head, Cucumber Julienne, Boiled Egg Wedge, Carrot Julienne[10], Radish, Celery Julienne, Chicory, Tomato Wedge or Sliced, Cooked Turkey Meat Julienne, Pimento Ring, Ham Julienne, Swiss Cheese Julienne 등을 사용해 만든 샐러드
혼합샐러드 (Compound Salad)	• 시저 샐러드(Caesar Salad) : Lettuce, Anchovy Filets, Salt, Pepper, Fresh Egg York, Olive Oil, Parmesan Cheese, Garlic, Mustard, Crispy Bacon Chopped, Lemon Juice, Red Wine Vinegar, Egg York Grated, Egg White Grated, Croutons 등으로 버무린 샐러드 • 아티초크 샐러드(Artichoke Salad) : Artichoke Heart, Small Diced Green Pimento, Onion, Red Pimento, Sliced Stuffed Olive, Black Olive, Green Olive, Lettuce, Parsley 등과 Oil & Vinegar 드레싱(혹은 French Dressing)으로 버무린 샐러드 • 해물 샐러드(Seafood Salad) : Halibut Fillet, Mussel, Clam, Shrimp, Squid Crab Meat, Lettuce, Tomato Dice, Sliced Black Olive, Green Olive, Spring Onion 등을 Oil & Vinegar 드레싱으로 버무린 샐러드
결합샐러드 (Combined Salad)	• 과일 샐러드(Fruit Salad) : 야채와 함께 과실이 제공되는 신선한 과일 샐러드이다. • 생선 샐러드(Fish Salad) : 야채와 함께 생선이 제공되는 샐러드, Tuna, Lobster, Crab Meat Salad 등 • 고기 샐러드(Meat Salad) : 야채와 함께 육류가 제공되는 샐러드, Beef Salad, Sallami Salad, Sausage Salad 등 • 가금류 샐러드(Poultry Salad) : 야채와 함께 조류 고기가 제공되는 샐러드, Turkey Salad, Chicken Salad 등

드레싱의 어원은 샐러드 위에 흘러내리는 모양이 옷을 입는 모양과 흡사하다는 데서 유래되어 샐러드의 맛을 조절하고 향과 풍미를 제공하는 소스로서 유럽에서는 주

10) 주리엔(Julienne) : 5cm 정도의 길이로 가늘고 길게 써는 것

로 소스로 부른다. 드레싱의 기본재료는 크림, 식초, 기름 또는 채소 퓌레이며 아주 잘게 다진 과일과 채소를 섞어 쓸 수 있고, 기름과 식초를 기본재료로 여러 종류의 향신료를 사용해서 다양한 샐러드드레싱을 만들 수 있다. 레스토랑에서 주로 사용하는 드레싱의 종류는 다음과 같다.

오일 비네가 (Oil & Vinegar)	• 프렌치 드레싱(French Dressing) : 오일, 식초, 겨자, 마늘, 향료 등을 첨가한 것 • 이탈리아 드레싱(Italian Dressing) : 오일, 적포도주, 식초, 마늘, 테라곤 향료 등을 첨가하여 만든 드레싱 • 블루치즈 드레싱(Blue Cheese Dressing) : 프렌치드레싱에 블루치즈 또는 로코포트 치즈(Blue Cheese : Roquefort Cheese)를 넣은 드레싱 • 미국식 프렌치드레싱(American Style French Dressing) : 식초, 소금, 후추, 마늘, 달걀노른자, 파프리카(Paprika), 겨자, 오일 등을 첨가하여 만든 드레싱 • 파프리카 드레싱(Paprika Dressing : Italian Dressing) : 파프리카, 토마토케첩, 타바스코, 소금, 후추를 넣어 만든 것 • 일본식 드레싱(Japanese Style Dressing) : 간장에 사과, 식초, 양파, 올리브오일, 설탕 등을 갈아서 넣어 만든 것
마요네즈 계열 (Mayonnaise Series)	• 사우전드 아일랜드 드레싱(Thousand Island Dressing) : 마요네즈, 달걀, 토마토케첩, 다진양파, 후추 등을 넣은 드레싱 • 러시안 드레싱(Russian Dressing) : 사우전드 아일랜드 드레싱에 캐비아(Caviar) 등을 넣은 드레싱 • 과일 샐러드드레싱(Fruit Salad Dressing) : 마요네즈 또는 크림에 젤리, 겨자, 꿀, 레몬주스 등을 섞어 만든 드레싱 • 마요네즈 드레싱(Mayonnaise Dressing) : 크림과 마요네즈를 섞어 만든 드레싱
기 타	• 앤초비 드레싱(Anchovy Dressing) : 멸치 페이스트(Anchovy Paste), 삶은 달걀, 겨자, 피프리카, 설탕, 사우어크림(Sour Cream), 레몬주스 등으로 섞어 만든 드레싱

⑦ 더운 야채요리Garnish, Garniture

야채는 알칼리성 식품이므로 산성인 육류, 생선 등과 곁들이면 영양학적 균형을 취하는데 매우 중요한 의미를 지닌다. 음식과 함께 제공되는 더운 야채요리는 영양, 맛, 모양, 향미 그리고 채색을 고려하여 생선이나 육류요리와 어울리도록 배려해야 한다. 여러 가지의 채소를 혼용할 때는 동일한 색의 채소가 중복되지 않도록 고려한다. 보통 잎을 이용하는 엽채류, 뿌리를 이용하는 근채류, 열매를 이용하는 과채류, 종자를 이용하는 종실류 등이 있다. 메인요리의 장식에 사용되는 야채는 아래와 같다.

잎을 이용하는 채소	양배추(Cabbage), 양상추(Lettuce), 시금치(Spinach), 치커리(Chicory), 엔다이브(Endive) 등
줄기를 이용하는 채소	아스파라거스(Asparagus), 죽순(Bamboo Shoot), 샐러리(Celery) 등
열매를 사용하는 채소	오이(Cucumber), 호박(Squash), 토마토(Tomato), 가지(Eggplant), 피망(PimenTo), 그린빈스(Green Beans), 옥수수(Baby Corn), 파인애플(Pineapple) 등
뿌리를 사용하는 채소	래디쉬(Radish), 당근(Carrot), 양파(Onion), 감자 등
꽃을 사용하는 채소	꽃양배추(Cauliflower), 브로콜리(Broccoli), 아티초크(Artichoke) 등

메인요리 장식에 감자가 많이 활용되어 제공되는 감자요리는 아래와 같다.

프렌치 감자튀김 (French Fried Potato)	감자를 1~2cm 정도의 크기로 일정하게 썰어 기름에 튀겨 소금, 후추로 간을 한 요리를 말한다.
감자 그라탕 (Potato Gratin)	감자를 1~2mm 정도 두께의 반달썰기로 잘라 크림, 우유를 붓고 소금 등으로 양념한 후 내열용기에 담아 위에 치즈를 얹어 오븐에서 요리한 것이다.
베니 감자 (Berny Potato)	크로켓(Croquette) 감자반죽을 지름 3cm 정도로 둥글게 만들어 달걀과 아몬드를 입혀 기름에 튀긴 것이다.
삶은 감자 (Boiled Potato)	감자를 달걀 모양으로 깎은 다음 반으로 잘라 소금을 탄 물에 삶는 요리이다. 으깬 감자구이(Hashed Brown Potato)는 감자를 삶아 으깬 다음 빈대떡 모양으로 만들어 팬에 굽거나 로스트한 감자요리이다.
통감자구이 (Baked Potato)	요리용 알루미늄 호일(Aluminum Cooking Foil)에 싸고 구운 요리인데, 제공할 때에는 감자의 윗부분을 십자형으로 잘라 벌리고 사우어크림(Sour Cream), 잘게 썬 파(Chopped Leek), 잘게 썬 베이컨(Chopped Bacon) 등과 같이 제공한다.
샤또식 감자요리 (Château Potato)	감자를 5cm의 길이로 양끝을 자른 다음 6등분하여 기름에 튀긴 감자요리이다.
안나 감자요리 (Anna Potato)	감자를 병마개 모양으로 썰어 소금, 후추, 버터로 섞은 다음 오븐에서 요리한다.

⑧ 치즈Cheese, Fromage

치즈를 만들기 위해서는 우유, 양유, 염소젖 등을 주재료로 하며 젖 속의 주요 단백질 카세인Casein과 지방을 함께 응고시키기 위해 젖산균 및 응유효소를 작용시킨다. 여기서 얻은 응유Curd를 유장Whey과 분리시킨 후 즉시 미성숙 치즈로 만들거나 또는 응유를 가온, 가압, 가염 등의 공정을 거친 다음, 유용한 박테리아, 곰팡이 등을 이용하여 일정한 온도와 습도를 갖춘 장소에서 일정기간 동안 숙성시켜 만든 식품이 바로 치즈이다.

치즈의 종류는 전 세계적으로 800여 종이 넘으며, 정리하여 서술할 수 있는 것만도 400여 종 이상이다. 치즈는 원료유, 숙성조건, 상품의 물성 또는 제조공정에 따라 다양한 차이를 나타내므로 어떠한 유제품보다도 다양한 종류를 가지고 있다. 가장 일반적으로 제공되는 치즈 종류는 다음과 같다.

Hard Cheese	Semi-hard Cheese		Soft Cheese	Fresh Cheese
Romano	Cheddar	Edam	Barbery	Cottage
Parmesan	Gouda	Emmemnthal	Bel Paese	Cream
Sapsago	Edam	Fontian	Beli Sir	Mossarella
Sbrinz	Emmental	Gouda	Brebza	Quark
	Grúyere	Gruyere	Brie	Ricotta
	Appenzller	Jalsberg	Caboc	Scamorze
	Belleaye	Leicester	Chabichou	
	Brick	Leyden	Chaource	
	Cantal	Menchego	Epoisses	
	Cheddar	Monterey	Feta	
	Chevret	Mysost & Gjetost	Leider Kranz	
	Derby	Sauermilon	Liptauer	
			Livarot	
			Munster	
			Neuchatel	
			Stracchino	
			Tomme de Savoie	

⑨ 디저트Dessert le Dessert

디저트는 앙뜨레 다음에 제공되어 입 안에 남아 있는 기름기를 없애주거나 소화작용을 돕는 음식을 말한다. 전통적 식단에서는 앙뜨레와 디저트 사이의 음식으로 앙뜨르메Entremets[11] 코스가 있었으나, 오늘날은 후식이란 뜻으로 디저트에 포함되었다. 디저트의 어원은 불어 '데세르Dessert'의 '식사의 마지막 남은 음식'이란 뜻을 갖는 단어와 '데세르비르Desservir'의 '식탁을 뒤치다'란 뜻을 갖는 단어에서 유래한다. 디저트는 글라스류를 제외하고 테이블 위의 모든 것을 치우고 나서 제공한다. 디저트는 식후

11) Entremets : (불), Entre는 영어의 'Between(~사이)'와 같은 의미이며, Mets는 영어의 'Food, Dish, Meal (요리, 음식)'이란 뜻으로 된 두 단어의 합성어이다.

에 입 안을 감미롭게 하기 위하여 신선하고, 달콤하고, 향미Flavor가 있어야 하는데, 지나치게 달거나 기름진 것은 좋지 않다. 디저트소스는 바닐라, 크림 앙글레즈소스 Anglaise Sauce 등이 대표적이며, 재료별로 구별하면 크림소스와 리큐르소스로 크게 나눌 수 있다. 리큐르소스는 알코올이나 과일즙이 주재료로 사용된 시럽소스가 기본이다. 디저트의 종류는 찬 후식, 더운 후식 및 얼음과자Ice dessert 등으로 분류된다. 차가운 디저트Cold Desserts : Desserts Froids는 상온보다는 차갑게 하여 여러 형태로 모양 있게 만들어 제공한다. 대표적인 디저트는 다음과 같다.

바바리언 크림 (Bavarian Cream)	우유, 달걀노른자, 젤라틴, 설탕, 생크림을 재료로 하여 만들며 사용되는 주재료 또는 모양에 따라 명칭을 달리한다. Lemon Bavaroise, Vanilla Bavaroise, Strawbrry Bavaroise, Pistachio, Bavaroise, Coffee Bavaroise, Rainbow Bavaroise
푸딩(Puddings)	달걀, 우유, 바닐라향, 설탕, 소금을 재료로 하여 증기에 찐 것, 오븐에 구운 것, 차게 굳힌 것 등으로 나누어지며 완성된 형태는 연두부와 흡사하고 어린이와 노약자에게 인기 있는 후식으로서 종류가 다양하다. Custard Pudding, Vanilla Pudding, Blueberry Pudding, Rice Custard Pudding, Plum Pudding, Coconut Pudding, Apple Pudding, Chocolate Pudding, Cabinet Pudding
무스(Mousses)	달걀, 생크림, 설탕, 럼을 혼합한 다음 글라스에 담아 차갑게 한 것이며, 첨가되는 부재료에 따라 다양하게 만들어진다. Chocolate Mousse, Yogurt Mousse, Vanilla Mousse, Coffee Mousse, Caramel Mousse, Raspberry Mousse, Papaya Mousse, Fruit Mousse, Black Tea Mousse
젤리(Jellys)	젤라틴, 달걀흰자, 설탕, 레몬, 백포도주 등에 물을 섞어서 가열한 후 차갑게 응고시킨 것이며, 이외에 각종 과일 또는 향신료를 첨가하여 만든 것도 있다. Pear Jelly, Plum Jelly, Kiwi Jelly, Grape Jelly, Currant Jelly, Lemon Jelly, Mint Jelly, Champagne Jelly, Pineapple Jelly
샬로트 (Charlotte)	비스킷을 손가락 모양으로 둥글게 만들어 그 속에 바바리안크림 또는 무스크림을 넣고 차갑게 응고시킨 것이며, 다른 부재료를 사용하여 다양하게 만든다. Pear Charlotte, Yogurt Charlotte, Apple Charlotte, Iced Charlotte
과일샐러드 (Fruits Salads)	각종 과일을 재료로 레몬주스, 설탕, 시럽을 넣고 주재료와 어울리는 양주를 첨가하여 차갑게 만든 것으로 프루츠 칵테일과 비슷하며, 아이스크림에 곁들이거나 찬 후식과 더운 후식에 같이 혼합하여 만든 것 등 여러 가지이다.
과일설탕 절임 (Stewed Fruits Compotes)	주재료인 과일에 설탕시럽과 옥수수전분을 넣고 온건한 불에 삶아서 조림한 것을 말하며, 사용되는 재료에 따라 종류가 다양하다. Stewed Apricot Compote, Stewed Plum Compote, Red Wine with Fruit Compote, Stewed Raspberry, Strawberry Compote, Dry Fruit Compote with Wine
신선한과일 (Fresh Fruits)	다른 내용물과 섞지 않은 생과일을 말한다. 항상 신선함을 유지해야 하고 계절에 따라 다양하게 준비되어야 하며 한 입에 먹을 수 있도록 보기 좋게 잘라서 제공되는 것이 바람직하다.
케이크와 파이 (Cakes & Pies)	케이크와 파이는 사용되는 내용물에 따라 종류가 수없이 많다. 보관할 때에는 냉장고에서 항상 차게 하고 먹기 간편하게 잘라서 제공한다. 파이는 고객의 기호에 따라 차게 또는 오븐에 데워서 제공하거나 아이스크림과 함께 제공하기도 한다.

뜨거운 디저트Hot Desserts : Desserts Chauds는 여러 가지 방법으로 만들어지는데, 오븐에 익히는 법, 더운 물 또는 우유에 삶아내는 법, 기름에 튀기는 법, 알코올로 플람베Flambée 하는 법, 팬에 익혀내는 법 등이다.

핫 수플레 그랑마니에르 (Hot Soufflés Grand Marnier)	달걀, 우유, 밀가루, 버터, 설탕, 그랑마니에르를 재료로 하여 오븐에 익혀낸 것으로, 완성된 후에는 분말설탕을 뿌리고 바닐라소스로 장식하여 제공되며, 그 외에 사용하는 재료에 따라 여러 가지가 있다. Vanilla Soufflé, Chocolate Soufflé, Banana Soufflé, Strawberry Soufflé, Almond Soufflé
프리터 (Fritters)	과일에 반죽을 입혀서 식용유에 튀긴 것을 베넷(Beignet)이라고 한다. 완성된 후에는 설탕과 계핏가루를 묻혀서 럼소스 또는 계피소스를 곁들여서 제공하며, 사과, 배, 복숭아, 파인애플 등이 주로 사용된다.
팬케이크 (Pan Cakes)	프랑스의 전통적인 후식으로 밀가루, 달걀, 우유, 설탕 등을 혼합한 후 프라이팬을 이용하여 종이처럼 얇게 익힌 것이다. 과일, 브랜디, 리큐르 등으로 만든 내용물과 소스를 곁들여서 여러 가지 모양으로 만든다. Crêpe With Chocolate Sauce, Crêpe With Walnuts, Crêpe With Fruit, Crêpe With Chestnut
그라탕 (Gratins)	얇게 구운 크림 위에 설탕, 레몬주스에 삶은 잘게 썬 과일을 올려놓고 이탈리아식 소스인 사바용을 얹어서 오븐에 넣어 구워낸 것을 그라탕이라고 하며, 그 위에 아이스크림 또는 셔벗을 올려서 제공하기도 한다. Apple Pie Gratin, Fruit Gratin With Savayon Sauce, Fruit Gratin With Sherbet, Pear Gratin
플람베 (Flambées)	과일을 주재료로 하여 설탕, 버터, 과일주스, 브랜디 또는 리큐르 등을 첨가하여 독특한 맛을 내며, 고객의 테이블 앞에서 조리하는 프랑스 최고의 전통적인 후식이다. Cherry Flambée, Banana Flambée, Peach Flambée
세이보리 (Savorys)	식전이나 식후에 구미를 돋우는 짭짤한 입가심 요리로서, 주로 치즈요리나 치즈음식이 일반적이며, 적은 양의 세이보리 오믈렛(Savory Omelette) 등도 있다. 세이보리 코스음식으로는 치즈수플레(Cheese Soufflé), 치즈스트로우(Cheese Straw), 치즈커스터드(Cheese Custard), 치즈플레이트(Chese Plate) 등이 있다.

대표적인 얼음 디저트Frozen Dessert : Dessert Glacé는 다음의 표와 같다.

아이스크림 (Ice Creams)	유제품을 주재료로 하여 설탕, 달걀, 과즙, 시럽 및 여러 가지 향신료 또는 과일을 조화시켜 냉동하여 만든 것이다. 바닐라 아이스크림(Vanilla Ice Cream), 초콜릿 아이스크림(Chocolate Ice Cream), 딸기 아이스크림(Strawberry Ice Cream), 키위 아이스크림(Kiwi Ice Cream) 및 기타 각종 리큐르를 가미한 아이스크림(Liqueur Ice Cream) 등이 있다.
셔 벗 (Sherbets)	셔벗이 아이스크림과 다른 점은 유지방을 사용하지 않았다는 점이다. 주된 재료는 과즙, 설탕, 물, 술, 달걀흰자이며, 저칼로리 식품으로써 시원하고 산뜻하여 생선요리 다음에 제공하거나 후식으로 제공하는데 이는 소화를 돕고 입맛을 상쾌하게 해주기 때문이다. 또한 모든 과즙을 재료로 사용할 수 있으며, 그 외에 술 또는 향신료도 이용할 수 있다. Orange Sherbet, Lemon Sherbet, Grape Sherbet, Ginseng Sherbet, Pepper Mint Sherbet, Cherry Sherbet, Champagne Sherbet, Kiwi Sherbet, Strawberry Sherbet
파르페 (Parfaits)	달걀노른자, 생크림, 설탕, 럼(Rum), 뜨거운 물을 재료로 하여 기포상태가 된 것을 냉동시켜서 만든 것이며, 여러 가지 과일과 술을 이용하여 다양하게 만든다. Vanilla Parfait, Coffee Parfait, Peppermint Parfait, Pistachio, Chocolate Parfait

3. 이탈리아음식

1) 지역별 음식의 특징

이탈리아는 우리나라와 같은 반도국가로 전 국토에 산이 많아 목축지가 발달된 것이 특징이다. 남부지방에서는 좋은 경질밀을 이용한 파스타가 그리고 북부지방은 옥수수를 이용한 폴렌타polenta와 쌀을 이용한 리조토risotto가 발전하였다.

이탈리아의 대표 요리인 파스타는 지리적 여건에 따라 독특한 요리를 만들었는데, 북부지방의 파스타는 별로 변형하지 않고 납작하며 얇은 모양으로 만들어 버터로 익히는 반면에, 남부지방의 파스타는 비교적 많은 향신료로 맛을 내고 주로 올리브유를 이용한다. 각 지방의 대표적인 지역별 요리는 다음과 같다.

(1) 라치오Lazio 지역

이 지역의 전형적인 요리는 어린 짐승을 쇠꼬챙이에 끼워 향신료를 첨가하여 로스트한 것이며, 축제에 따라 여러 가지 요리를 만들어 먹는다. 크리스마스 때에는 로스트한 식용 수탉을 즐겨먹고, 한여름 밤에는 마늘소스와 토마토, 멸치, 박하향을 가미

한 달팽이요리를 먹으며, 부활절에는 젖먹이 양고기를 구해서 먹는다.

이외 특별한 요리인 살팀보카Saltimbocca는 "입 안으로 뛰어든다."라는 뜻을 지닌 요리인데, 얇게 썬 프로스퀴또Prosciutto : 햄와 송아지고기에 세이지sage 잎사귀를 첨가하여 만든 것으로 아주 유명하며, 스트라치아뗄라 알라 로마나Straciatella Alla Romana : Egg Drop Soup는 잘 알려진 대로 맑은 수프에 밀가루, 달걀, 치즈를 넣어서 만든 독특한 수프이다.

(2) 옴부리아 & 마르케Umbria & Marche 지역

이탈리아에서 가장 규모가 큰 육류생산지이며 또한 소비지이다. 특히 이 지역의 돼지고기는 매우 우수하여 다량의 고기를 저장하였다가 여러 양념으로 소시지를 만들었다. 또한 움부리아는 트루플버섯Truffle이 재배되어 이것을 파스타요리 위에 얹어서 즐겨먹었다. 움부리아의 수도 페루지아Perugia에서는 세계에서 가장 우수한 초콜릿을 생산한다. 마르케 지역은 그날에 잡는 해산물에 따라 여러 종류의 재료를 혼합하여 수프를 만드는 기술을 가지고 있다. 또한 이 지역은 달팽이에 회향풀Fennel을 가미하고 올리브와 함께 빵가루를 묻혀 동그랗게 만들어 튀겨낸 풍미 있는 요리도 유명하다.

(3) 투스카니Tuscany 지역

이탈리아의 중심부에 위치하며 주도는 플로렌스Firenze이고, 오늘날 서양요리의 대표라고 할 수 있는 프랑스요리의 발상지이다. 1533년경 프랑스의 앙리2세Henry II와 결혼하여 프랑스의 왕비가 된 카타리나 드 메디치Catharina de Medici가 이 시대 투스카니와 플로렌스를 통치하던 메디치왕의 공주였으며, 카타리나 공주가 프랑스 왕실로 시집가면서 부왕의 요리사들을 대동하여 체계화된 조리법이 전수되어 프랑스의 요리역사가 시작되었다.

이 지역의 음식문화가 발달된 환경적 조건은 유리한 지리적 · 기후적 환경을 이용한 것이다. 온화하고 따뜻한 기후의 남부지역에서 제공되는 풍부한 과일과 야채류 및 해산물, 그리고 알프스를 접하고 있는 북부지역의 풍부한 육류, 낙농식품 및 좋은 포도주 등을 조화롭게 집목시킨 결과라 하겠다.

이 지역 음식 중의 하나인 파지올리 델 피아스코Fagioli del Fiasco는 콩으로 만들어지는데, 이곳에서 만드는 투스칸 빵Tuscan Bread과 같이 먹는다. 이 빵의 특징은 무염으로 만들었으나, 소금기가 많아서 맛과 향이 없는 요리에 같이 제공된다. 특히 어린이들이 좋아하는 브레드 샐러드Bread Salad 또는 브레드와 토마토 수프로 이루어지는 요리에 투스칸 빵이 제공되어, 요리의 고유한 맛과 향을 잃지 않도록 한다. 이곳의 유명한 와인 끼앙띠Chanti와 시실리산의 유명한 페코리노 치즈Pecorino Cheese의 멋진 조화는 이탈리아인들의 입맛에 최고 중의 하나로 알려져 있다.

이외 주목받고 있는 것은 아몬드와 향신료 및 세계적으로 유명한 가죽상품으로, 투스카니를 여행하는 외국인들에게 아름다운 중세도시의 기념품으로 알려져 있다.

(4) 에밀리아 로마냐Emilia Romagna 지역

이 지방은 북쪽의 에밀리아와 남쪽의 로마냐를 합친 지역으로 이탈리아 주(州) 중에 가장 넓은 지역이다. 수도는 볼로냐Bologna이며, 이곳에서 생산되는 모르타델라Mortadella라는 소시지는 이탈리아에서 가장 품질이 좋은 것으로 인정되며, 또한 파스타의 본고장이다. 이곳에서 생산되는 밀로 만든 볼로냐 파스타로는 탈리아텔레Tagliatelle와 라자냐Lasagne가 아주 유명하다. 아울러 에밀리아-로마냐 사람들은 송아지 고기를 대단히 좋아하며, 이곳 팔마Parma에서 생산되는 팔마산 치즈와 팔마 햄은 세계적으로 유명하다.

(5) 리구리아Liguria 지역

이탈리아 서북부의 가장 작은 해안지역이며, 이곳은 제노바항구를 중심으로 전통적인 해산물을 요리하는데, 특히 부이야베스Bouillabaisse식 생선수프가 유명하다. 그리고 리구리아는 이탈리아식 만두인 라비올리Ravioli의 출생지로서, 맨 처음 선상의 남은 음식들을 이용하여 그 내용물을 알지 못하게 하기 위한 데서 유래되었다.

이 제노바식 라비올리는 여러 가지 재료가 다양하게 이용되어 만들어진다. 또한 페스토Pesto 속에 내용물을 채운 라비올리도 널리 알려진 유명한 요리이다. 바질Basil 향초 또한 유명하여, 이곳의 전통적인 제노바식 페스토소스에 사용되며, 완성된 소스는 노끼요리Gnocchi와 파스타요리에 제공된다.

(6) 베네토Veneto 지역

이 지방에서 널리 알려진 요리로는 카레Curry를 첨가한 생선요리와 송아지의 간과 양파에 후춧가루를 뿌려서 만든 요리가 있다. 이곳 베니스 사람들의 입맛은 이국적이라 하는데, 그들은 마늘과 토마토로 만든 소스에서 왕새우, 오징어 등을 혼합한 밥, 또는 포도, 치즈, 마늘, 말린대구를 넣고 계핏가루를 첨가한 밥을 만들어 먹기를 좋아하며, 칠면조 요리도 즐겨 먹는다. 이곳 사람들의 늦은 아침식사에는 한 잔의 와인 또는 커피와 같이 달콤한 옥수수 쿠키나 판도로Pandoro라고 하는 바닐라케이크를 즐겨 먹는다.

(7) 롬바르디Lombardy 지역

이탈리아 최북단에 위치하며, 북쪽은 스위스와의 국경에 접하고 있고 알프스산맥에서 포강(江) 중류에 이르는 지역을 차지하여 북부이탈리아의 심장부를 이룬다. 남쪽은 비옥한 롬바르디아 평원이 전개되어 예로부터 농업과 공업이 발달했다. 이 지역의 전형적인 요리로는 사프론Saffron으로 착색하여 미묘한 향을 내는 사프론 리조토와 뼈 달린 송아지정강이살 부분을 브레이지드Braised한 오소부코Osso Buco와 빵가루를 입혀서 만든 송아지고기 커틀릿Veal Cutlet 등이 유명하다.

(8) 피에몬테Piedmont 지역

이곳의 유명한 요리 중에 폰두타Fonduta라는 것이 있는데, 이 요리는 이곳에서 생산되는 지방이 많은 폰티나Fontina Cheese : 이탈리아산 양젖치즈와 옥수수가루, 우유, 달걀노른자를 혼합하여 만든 것으로 때때로 폴렌타를 끼얹어서 얇게 썬 트루플Truffle로 장식하여 제공되기도 한다.

논에서 키운 식용개구리는 거의 모든 리조토에 사용되며, 모든 요리에는 그리시니Grissini라는 바삭바삭한 긴 막대기 모양의 빵이 곁들여지는데, 이 빵은 세계적으로 널리 알려져 있다. 후식으로는 호두 아이스크림인 몽테 비앙코Monte Bianco와 한 잔의 그라파Grappa 리큐르가 식후주로 유명하다.

(9) 나폴리와 남부Naples & South 지역

캄빠냐Campagna[12]의 주도인 나폴리Naples는 이 지역의 북쪽에 위치한 세계적으로 알려진 항구 도시이며, 특히 외국에까지 수출되고 있는 피자가 아주 유명하다. 아울러 해물요리가 다양하고, 대합으로 만든 봉글레Vongle와 스파게티소스가 일품이다. 나폴리를 제외한 그 외 남부지역은 지리적 여건으로 가뭄이 심하고 토박한 땅에 햇빛이 매우 강하여 이들의 음식 또한 불과 같이 맵다. 따라서 산간지방과 대륙지역에서는 파스타요리가 주종을 이루지만, 해안지역에 인접해 있는 사람들은 해산물을 이용한 생선수프와 생선요리가 다양하다.

나폴리의 배후는 베수비오 화산의 서쪽 기슭까지 이르고 있으며, 시가(市街)는 동쪽으로 차차 높아지는 경사지에 입지하고, 토양은 비옥한 화산재로 구성되어 있다. 특히 아열대산인 오렌지의 가로수가 끝없이 연속되는 모래 해안은 배후의 베수비오 화산과 더불어 지중해에서 가장 아름다운 풍경을 이루어, 예로부터 '나폴리를 보고 죽어라'라는 유명한 속담이 전해올 만큼 세계적인 관광도시의 하나이다.

(10) 시실리와 사르디니아Sicily & Sardinia 지역

이곳 두 지역의 사람들은 주로 파스타 빵에 의존하며 살아왔다. 시실리는 예전에 사라센 제국으로부터 단맛이 풍부한 음식과 과자 만드는 법을 배웠는데, 그것은 크림치즈와 초콜릿 및 설탕에 조린 과일을 채워서 만든 까놀리Cannoli라는 빵이며, 이와 같은 재료에 리큐르를 첨가하거나 초콜릿으로 감싸서 겹케이크Layered Cake를 만들어내는 독특한 기술이 있다. 빵 굽는 것이 이 지역 사람들의 소일거리이며 차바퀴 같은 덩어리 빵과 돼지고기, 베이컨, 치즈를 채워 넣어서 짭짤한 세이버리Savory 빵을 구워낸다.

12) 이탈리아 남부에 위치한 면적 1만 3,595㎢, 인구 약 579만 3,000명(1998)의 주이며, 주도(州都)는 나폴리이다. 곡물을 비롯하여 포도 · 올리브 · 오렌지를 산출한다. 본래는 오스키인(人)이 살던 지방이었으나, 해안지대에는 일찍부터 그리스의 식민시(植民市)가 세워져 있었다. BC 6~BC 5세기에 한때 에트루리아인의 지배를 받았으나, 그 후 로마의 영향권에 들어갔으며, 로마 제정(帝政)시대에는 풍요한 과수와 곡물의 생산지로 발전하였다.

사르디니아 사람들은 까르따 디 무스까Carta di Musica라고 하는 얇고 부서지기 쉬운 빵을 구워내며, 특히 이 지역에서는 멧돼지, 젖먹이돼지, 양, 염소 등을 통째로 쇠꼬챙이에 끼워 바비큐하여 즐겨먹는다. 구울 때는 향신료를 사용하는 대신에 향내 나는 나무들을 이용하여 주니퍼Juniper나 올리브를 구운 고기에 첨가하여 특유의 맛을 내게 한다. 또한 사르디니아에서는 항상 바닷가재와 장어, 해산물은 언제라도 접할 수 있다.

2) 이탈리아음식의 정찬

(1) 안티파스티Antipasti, Appetizer

이 요리는 서양요리의 전채에 해당하며, 이탈리아에서는 대부분의 점심메뉴에서 볼 수 있으며, 특히 파스타가 제공되지 않을 때에는 더욱 그렇다. 안티파스티는 해산물을 이용한 해물절임, 다진 고기를 소스와 함께 버무린 육회, 훈제햄, 살라미, 돼지고기를 주재로 한 요리들이 많고 양념류 또한 다양하다.

Mussel Kebabs, Mussels Orange, Deep-fry Mussels, Lobster Salad Starter, Polanta With Seafood, Frogs Lombardy Style, Stuffed Celery Stalks, Saxon Frankfruters, Ham Puffs, Ham and Salad Round, Cold Beef Appetizer

(2) 주파Zuppa, Soup

이탈리아에서는 일반적으로 수프를 파스타요리와 함께 제공하지 않는다. 왜냐하면, 이러한 수프들은 파스타를 이용하여 만들어지기 때문이다. 또한 많은 종류의 수프는 그 자체가 식사이다. 수프의 종류로는 덤플링Dumpling, 콩소메Consomme가 대표적이며, 이외 소고기 또는 치킨육수를 주재료로 야채, 쌀, 파스타 등과 함께 걸쭉하게 만든 수프 등 재료에 따라 다양하다.

대부분의 이탈리아 수프는 갈은 치즈 또는 크로스티노Crostino와 함께 제공될 때, 그

것은 스낵으로서 혹은 식사의 시작에 풍미를 돋우는 요리가 된다. 남게 되는 야채수프는 변화를 주기 위해 블랜더Blender나 식품가공기를 이용하여 퓨레로 만들어질 수 있다.

Profiteroles for Consommé, Little Cresoelle in Soup, Rice and Lettuce Soup, Rice Picker's Soup, Semolina and Bean Soup, Rice Soup With Lettuce and Peas, Potato Soup with Parsley, Green Bean and Artichoke, Barley Soup, Rice Soup Ham, Cream of Tarragon Soup, Cream of Shrimp Soup, Mussel Soup

(3) 리조토Risotto

리조토는 쌀을 이용한 요리인데, 다른 쌀 요리와는 완전 다른 방법으로 요리된다. 이 요리의 기본적인 조리법은 버터에 쌀을 볶은 다음 육수를 넣고 익혀서 만든다. 쌀 이외에 첨가되는 부재료에 따라 다양하게 만들어지는데, 그 중에 토마토소스를 곁들인 사르디니아 풍의 리조토, 홍합을 곁들인 리조토, 닭고기, 햄, 야채류, 향신료 등으로 만든 것들이 널리 알려져 있다. 이 요리는 남부에 거주하는 사람들이 파스타를 애용하는 것처럼 북부 이탈리아인들에게 대중적인 음식이다.

Yellow Risotto, Labourer's Risotto, Gypsy Risotto, Sage Risotto, Apple Risotto, Mushroom Risotto, Sailor's Risotto, Risotto with Saffron, Eggplant Risotto, Rice and Tripe, Baked Rice, Creamy Rice with Vegetable, Party Rice, Saffron Rice Ring, Orange and White Rice, White Rice with Egg, Savoury Rice Cake

(4) 파스타와 파네Pasta & Pane, Bread

파스타요리 중에 세계적으로 유명한 것은 스파게티, 마카로니, 까넬로니, 라자냐, 라비올리 등이 있다. 밀가루로 된 일반적인 것 또는 달걀을 넣거나 시금치 혹은 토마토의 맛을 낸 것 등 파스타는 다양한 종류로 만들어지며, 이러한 종류들은 이탈리아의 여러 지역에 걸쳐서 각기 다른 이름으로 알려져 있다. 오늘날 파스타는 그것이 곁들이는 소스가 신선한 야채로 만들어지고 치즈를 넣을 때의 적절한 양만 고수한다면 훌륭한 건강식이라고 할 수 있다.

프랑스 사람들이 바게트Baguette라는 긴 막대 모양의 빵을 식사 시 즐겨 먹는다면, 이탈리아 사람들은 토스카노Toscano라는 빵을 식사 시 즐겨 먹는다. 이는 밀라노, 볼로냐 및 전 지역에서 애용되고 있다. 형태는 보리빵 모양처럼 둥근 형태이며 밀과 이스트만을 이용해서 만들어낸다. 또한 버터나 소금을 전혀 사용하지 않는 빵으로써 요리와 함께 즐겨 먹는다. 이외에 파니 스쿠로Pane Scuro : Tuscan Park Bread와 파니콘 살시체Pane Con Salsicce : Sausage Bread 등 종류가 다양하며, 또한 토스카노 대신에 마늘빵 또는 양파빵을 요리와 함께 제공한다.

Rivioli Filled with Pumpkin, Tomato Tagliatelle, Fresh Tagliatelle with Herb, Tagliatelle with Broad Bean Sauce, Noodle with Rabbit, Pasta with Asparagus Ham and Cheese, Pasta with Duck, Spaghetti with Tuna Sauce, Pasta Pie, Rigatoni with Meat Balls, Ditali with Cauliflower, Rigatoni Ridicchio, Baked Pasta and Peppers, Spicy Lasagne, Pasta with Pepper and Tuna Sauce

(5) 폴렌타와 피자Polenta & Pizza

폴렌타는 노란 옥수수가루를 주재료로 여러 가지 형태로 만들어지며, 빽빽해 질 때까지 물에 끓인 후 나무판에 부어서 식힌다. 또한 요리에 따라 뜨겁게 또는 차게 식혀서 소스를 곁들여 제공하기도 하고 튀겨내기도 한다. 피자는 본래 나폴리 사람들에 의해서 빵을 만들고 남은 반죽으로 만들어졌다. 옛날의 피자는 토마토소스와 여러 가지 야채 및 치즈를 넣고 벽돌로 꾸며진 오븐에 장작나무를 피워 구웠다. 이것은 빵을 대신하여 먹는 음식인데, 튀기거나 그릴링하여 육류나 가금류에 곁들이거나 또는 단순히 토마토소스와 함께 먹는다.

Cheese and Tomato Pizza, Tomato, Anchovy and Olive Pizza, Onion Pizza, Bread Sticks, Rusitc Pazza, Polenta

(6) 노끼Gnocchi

이 요리는 감자, 밀가루, 옥수수가루 등 여러 가지 재료를 이용하여 만드는 곡물요리이다. 주로 수프에 넣어서 먹거나 토마토소스 또는 적합한 소스와 함께 오븐에 넣어서 익히는 것도 있다. 이 요리의 기본적인 조리방법은 주된 재료를 증기로 써서 미세하게 분쇄하여 달걀, 밀가루에 반죽하고, 완성된 반죽은 모양 있게 잘라서 끓는 물에 삶는다. 표면에 떠오르는 것을 건져서 담아 토마토소스와 치즈를 곁들여 제공한다.

(7) 뻬세Pesce : Fish

생선의 신선함은 복잡한 요리방법, 정교한 소스 또는 장식물을 필요로 한다. 싱싱한 상태로 프라이 한 생선은 언제나 간단한 그린 샐러드와 함께 제공되며, 생선수프는 프랑스 남부지역만큼 이탈리아에서도 인기가 있다.

Steamed Anchovies, Stuffed Anchovy, Baked Fresh Anchovy, Rolled Sardines in Tomato Sauce, Baked Cod, Cod Livorno-style, Mackerel with Olive, Grey Mullet in Garlic Bread, Red Mullet Baked in Foil, Monkfish with Tomato and Capers, Fish and Rice Ball, Braised John Dory, Fresh Tuna with Cream Sauce, Swordfish with Olives and Caper, Stuffed Squid, Cuttlesfish Stew, Sour Eel, Trout with Lemon Sauce, Stuffed Trout, Fried Shrimp, Labster in Wine, Shrimp Kebabs

(8) 카메Came : Meat

이탈리아에서 소고기의 품질은 매우 중요하다. 가장 이상적인 비프스테이크는 소금, 갓 빻은 후추, 몇 방울의 올리브기름만 뿌려서 목탄에서 구운 것인데, 이때에도 소고기는 최고의 품질이어야 한다. 하지만 돼지고기를 좋아하는 사람들은 살라미, 햄, 소시지 등으로 가공한 요리를 즐긴다.

Braised Beef Endive, Beef Braised in Barolo Wine, Mustard Beef, Beef Braised in Beef, Countrymans's Roast Beef, Steak with Wine, Beef Steak with Mozzarella, Steak with Pesto Sauce, Veal Escalopes Bolognese, Veal Chops with Fontian Cheese, Veal Stew with Baby Onion and Cream, Lamb with Olive, Lamb Stew with Potatoes, Marinated Lamb, Roast Pork Loin, Pork in Marsala Wine, Pork Spare Rib Sauekraut, Liver with Courgettes and Onion, Calf's Tongue

(9) 인살라타Insalata : Salad

이탈리아 야채요리 중에 대표적인 하나는 야채샐러드이다. 이탈리아 사람들은 가능하면 야채를 날것으로 먹는데, 이러한 야채는 음식물에서 귀중한 섬유질을 공급한다. 또한 양송이를 가지고 여러 가지 요리를 만드는데, 이것은 재배한 것이 아닌 야생 양송이다. 이탈리아에서 상품가치가 높고 유명하게 알려진 송로과의 버섯 트루쁠Truffle을 많이 재배한다. 이것은 요리에 다양하게 사용되며 종류는 흰색과 검은색으로 2가지가 있다. 그 중에 흰색을 띤 화이트 트루플이 더 우수하고 고가에 거래가 된다. 이외에 특이한 것으로, 밥, 닭고기, 야채를 혼합한 치킨라이스 샐러드Chicken and Rice Salad 등 주요리로 제공되는 것도 있다.

Artichokes Pizzaiola, Asparagus Au Gratin, Asparagus in Tarragon, Stuffed Aubergine, Aubergin Cubes in Herb Sauce, Mediterranean Mixed Vegetable, Stuffed Avocados, French Bean Farmer's, Herbed French Bean, Braised Broad Bean, Fantasy Chicory, Chick Peas with Butter, Chick Peas in Savoury Sauce, Artichoke, Cheese and Tuna Salad, Tuna, Carrot and Black Olive Salad, Mushroom and Parmesan Cheese, Potato Salad with Pizzaiola Sauce, Six-colour Salad

(10) 돌체 & 카페Dolce : Dessert & Cafe

이탈리아로 돌체는 '달다'라는 의미이다. 일반적으로 캔디 혹은 다른 단 종류의 음식을 지칭한다. 일반적인 후식과 커피음료는 다음과 같다.

후식류	커피류
Pastry	Caffe Cappuccino
Pie	Caffe Napliano
Custard	Caffe Espresso
Crespelle(Crepes)	Caffe Ristretto
Budini(Souffle)	Caffe Latte
Meringa(Meringue)	Caffe Italiano, etc.
Fried Fruit in Butter	
Tiramisu, etc.	

학습내용평가 10

1. 동 · 서양 음식의 차이점

항 목 내 용	상	중	하	비고
동 · 서양의 음식을 지역별로 구분할 수 있다.				
동 · 서양 음식의 특징을 설명할 수 있다.				
서양음식의 조리법 특징을 설명할 수 있다.				

2. 프랑스음식

항 목 내 용	상	중	하	비고
1553년 프랑스요리가 발전하게 된 계기에 대해 설명할 수 있다.				
루이14세 때 프랑스요리가 도약할 수 있는 배경에 대해 설명할 수 있다.				
브리야사바랭에 대해 설명할 수 있다.				
프랑스요리의 왕, 앙투안 카렘에 대해 설명할 수 있다.				
러시아의 영향을 받아서 프랑스요리가 고급화가 된 이유를 설명할 수 있다.				
누벨 퀴진에 대해 설명할 수 있다.				
프랑스 풀코스 정찬을 순서대로 설명할 수 있다.				
전채요리를 구분하여 설명할 수 있다.				
전채요리를 분류하여 예시를 들 수 있다.				
수프의 종류를 분류하여 설명할 수 있다.				
스톡에 대해 설명할 수 있다.				
맑은 수프와 진한 수프의 차이점을 설명할 수 있다.				
생선요리의 특징을 설명할 수 있다.				
생선의 요리법을 나열하여 설명할 수 있다.				
앙뜨레의 의미를 설명할 수 있다.				
육류의 조리법에 대해 설명할 수 있다.				
소고기 USDA 등급을 설명할 수 있다.				
안심스테이크의 종류를 설명할 수 있다.				
등심스테이크의 종류를 설명할 수 있다.				
스테이크 굽기에 대해 특징별로 구분할 수 있다.				
송아지고기의 특징을 설명할 수 있다.				
돼지고기 요리의 종류를 설명할 수 있다.				
양고기의 특징과 종류를 설명할 수 있다.				
양고기 특유의 향을 제거할 수 있는 향신료에 대해 설명할 수 있다.				
가금류의 종류에 대해 설명할 수 있다.				
샐러드를 분류하여 설명할 수 있다.				
샐러드의 기능에 대해 설명할 수 있다.				
드레싱의 종류에 대해 설명할 수 있다.				
더운 야채요리의 종류에 대해 설명할 수 있다.				

학습내용평가 10

항 목 내 용	상	중	하	비고
감자요리의 종류에 대해 설명할 수 있다.				
치즈의 종류를 분류하여 설명할 수 있다.				
찬 디저트의 종류를 설명할 수 있다.				
뜨거운 디저트의 종류를 설명할 수 있다.				
얼음 디저트의 종류를 설명할 수 있다.				

3. 이탈리아음식

항 목 내 용	상	중	하	비고
이탈리아 남부와 북부요리의 특징을 설명할 수 있다.				
이탈리아의 지역별 음식 특징을 설명할 수 있다.				
투스카니 지역이 프랑스요리의 발상지가 된 이유를 설명할 수 있다.				
라치오 지역의 음식 특징에 대해 설명할 수 있다.				
옴부리아 & 마르케 지역의 음식 특징에 대해 설명할 수 있다.				
투스카니 지역의 음식 특징에 대해 설명할 수 있다.				
에밀리아 로마냐 지역의 음식 특징에 대해 설명할 수 있다.				
리구리아 지역의 음식 특징에 대해 설명할 수 있다.				
베네토 지역의 음식 특징에 대해 설명할 수 있다.				
롬바르디 지역의 음식 특징에 대해 설명할 수 있다.				
피에몬테 지역의 음식 특징에 대해 설명할 수 있다.				
나폴리와 남부지역의 음식 특징에 대해 설명할 수 있다.				
시실리아와 사르디니아 지역의 음식 특징에 대해 설명할 수 있다.				
이탈리아 정찬코스를 순서대로 설명할 수 있다.				
안티파스티의 종류에 대해 설명할 수 있다.				
주파(수프)를 파스타와 함께 제공하지 않는 이유에 대해 설명할 수 있다.				
리조토 요리법에 대해 설명할 수 있다.				
파스타의 대표적인 종류에 대해 설명할 수 있다.				
파네의 특징에 대해 설명할 수 있다.				
플렌타에 대해 설명할 수 있다.				
Gnocchi(노끼)에 대해 설명할 수 있다.				
Pesce(뻬세)에 대해 설명할 수 있다.				
Came(카메)에 대해 설명할 수 있다.				
인살라타에 대해 설명할 수 있다.				
돌체에 대해 설명할 수 있다.				

CHAPTER 11

서양음식서비스 실무

학습목표

- 서양음식서비스를 위한 테이블세팅을 준비할 수 있다.
- 서양음식 테이블세팅 할 수 있다.
- 서양음식서비스 과정을 이해하고 수행할 수 있다.

1. 테이블세팅

1) 테이블세팅을 위한 준비

(1) 청소 및 환경정리

즐거운 식사 준비를 위해서는 청결하게 정돈된 환경이 무엇보다도 중요한 역할을 한다. 그러므로 식탁을 꾸미기 전에는 식탁과 의자를 비롯하여 영업장 내의 구석구석 조그만 부분까지 철저한 청소가 이루어져야 한다.

(2) 식탁 위치의 고정

식탁은 고객이 불편을 느끼지 않도록 배치되어야 하며, 흔들리지 않게 바르게 놓아야 한다. 식탁의 높이는 70~75cm, 의자의 높이는 40~45cm가 표준이며, 한 사람이 점유하는 좌석의 폭은 70cm를 기준으로 한다.

(3) 테이블클로스Table Cloth

테이블클로스는 흰색을 사용하는 것이 원칙이지만, 근래에는 색과 무늬가 들어 있는 다양한 종류의 클로스가 사용되고 있다. 클로스는 깨끗하게 다림질되어야 하며, 클로스를 깔 때에는 접었던 선이 가로, 세로와 평행이 되도록 해야 한다. 이때 테이블에서 늘어지는 클로스의 길이는 40cm 정도가 적당하다. 테이블클로스를 덮기 전에 언더클로스Under Cloth 또는 싸일런스 Silence Cloth라고 하는 펠트나 얇은 스펀지로 된 클로스를 깔아, 식탁 위에서 나는 소음을 방지시키고 보다 편안한 식사를 할 수 있게 한다. 또한 테이블 위 품위를 높여주는 탑 클로스Top Cloth가 사용되기도 하는데, 이는 테이블클로스가 쉽게 더러워지는 것을 방지할 수 있다. 테이블클로스는 얼룩이나 구멍 등 흠이 있는 것은 절대로 사용해서는 안 된다. 최근에 관리와 비용적인 면에서 테이블클로스는 일부 고급식당에서나 적용되고 있고, 대다수의 식당에서는 이를 대신하여 테이블매트Table Mat가 많이 사용되고 있다.

(4) 냅킨Napkin

냅킨의 크기는 50×50cm을 표준으로 다소의 차이가 날 수도 있다. 색상과 모양은 식당의 분위기와 조화를 이루는 격조 높은 것이라야 하며, 때때로 색상과 모양을 바꾸어 변화 있는 분위기를 만들기도 한다.

(5) 센터피스Center Pieces

센터피스란, 식탁의 중앙에 놓는 집기로 테이블세팅의 중앙점에 위치한다. 식탁을 돋보이기 위해 놓는 꽃병이나 촛대 등을 사용할 수 있고, 장식이 없을 경우는 소금과 후추 병 등이 이용된다. 꽃은 병에 꽂거나 수반을 이용할 수 있으나, 꽃의 높이가 너무 높아 상대방의 얼굴을 마주보는데 방해가 되어서는 안 된다. 촛대 역시 손님의 대화에 지장을 주는 높이는 피해야 한다. 소금과 후춧병은 보통 2~3명에 한 세트씩 세팅하며, 내용물이 차있어야 하고, 응고되거나 구멍이 막히지 않았는지를 확인한다.

(6) 식기류Tableware

세팅에 사용할 기물은 은기물, 도자기, 글라스를 깨끗하게 세척하여 얼룩진 곳이 없도록 닦아놓는다. 특히, 은기물를 취급할 때에는 반드시 손잡이를 잡는다.

2) 테이블세팅 하기

(1) 테이블세팅 절차

영업장의 특성과 테이블의 종류에 따라 세팅 순서가 달라질 수 있겠으나, 일반적인 테이블세팅 순서는 다음과 같다.

① 식탁과 의자를 점검한다.
② 테이블클로스를 편다.
③ 센터피스, 소금과 후추를 놓는다.
④ 쇼 플레이트를 놓는다.
⑤ 브레드 플레이트를 놓는다.
⑥ 디너 나이프와 포크를 놓는다.
⑦ 피시 나이프와 포크를 놓는다.
⑧ 수프 스푼과 샐러드 포크를 놓는다.
⑨ 애피타이저 나이프와 포크를 놓는다.
⑩ 버터 나이프를 놓는다.
⑪ 디저트 스푼과 포크를 쇼 플레이트 위쪽에 놓는다.
⑫ 고블릿과 와인글라스를 놓는다.
⑬ 냅킨을 편다.
⑭ 전체적인 조화와 균형을 점검한다.

(2) 테이블세팅의 기본원칙

- 쇼 플레이트Show Plate와 은기물류는 식탁 가장자리로부터 2cm 정도의 간격을 두고 놓는다.
- 기물류의 배열은 전체적인 균형을 이룰 수 있도록 적당한 간격으로 보기 좋게 놓는다.
- 빵 접시의 중앙선과 쇼 플레이트의 중앙선이 일치하도록 배열한다.

- 디너 나이프Dinner Knife는 칼날이 안쪽으로 향하게 한다.
- 버터 나이프Butter Knife는 빵접시 위에 오른쪽으로 1/4 정도 되는 부분에 포크의 배열선과 맞춰서 놓는다.
- 고블릿Goblet은 디너 나이프Dinner Knife의 끝 쪽 연장선과 디저트 스푼Dessert Spoon과 포크Fork의 중앙 배열선이 교차되는 곳에 놓는다.
- 와인글라스Wine Glass는 고블릿의 오른쪽 아래쪽으로 45도 대각선상에 놓는다.
- 센터피스Center Piece의 배열은 테이블의 종류와 세팅 인원에 따라 달라질 수 있겠으나, 일반적으로 좌측부터 후추, 소금, 꽃병의 순으로 배열한다.
- 쇼 플레이트Show Plate를 사용하지 않을 때에는 냅킨을 놓아서 기준을 삼는다. 이러한 원칙은 영업장의 특성과 식탁의 종류, 식탁이 배치된 장소, 기물의 종류에 따라 다소 변할 수는 있으나, 테이블세팅의 기본 목적인 고객이 사용하기에 편리하고 짜임새 있고 모양 좋은 테이블이 되게 해야 한다.

(3) 손님 앞에서 세팅하기

좌석을 정한 손님으로부터 요리의 주문을 받은 후 요리에 맞추어서 테이블세팅을 하는 경우 첫째, 전혀 세팅되어 있지 않았을 때에는 주문에 맞춰서 세팅한다. 둘째, 일부가 세팅되어 있으면 주문에 따라서 필요한 기물을 보충한다. 셋째, 세팅이 완료되면 테이블에서 불필요한 기물은 치운다. 테이블세팅에서 특히 주의해야 할 점은 다음과 같다.

- 기물은 테이블로 옮길 때나 치울 때에는 트레이Tray를 사용하고 손으로 들고 다니지 않는다.
- 기물이 부딪쳐 소음을 내지 않도록 조심한다.
- 나이프Knife, 포크Fork를 세팅할 때나 치울 때에는 나이프나 포크의 끝이 손님의 몸에 닿지 않게 또는 떨어뜨리지 않게 주의한다.
- 테이블 배치 상 부득이 손님 앞을 가로막든가, 팔을 뻗어서 세팅할 때에는 손님에게 반드시 "실례합니다."라고 양해를 구하고 나서 동작으로 옮긴다.

- 테이블 배치에 따라 매우 하기 힘든 경우나 바쁠 경우라도 세팅을 조잡하게 대충해서는 안 된다.
- 손님에게 불쾌감과 불편함을 주지 않도록 신속하고 정중하게 모든 동작을 취한다.

2. 서비스 과정

1) 고객의 입장

(1) 환영하기

- 음식점을 찾아준데 대해 감사하는 마음으로 맞이한다.
- 웃는 얼굴로 밝고 또렷하게 맞이한다.
- 음식점을 찾아주셔서 감사하다는 마음이 손님에게 정확히 전달되도록 정성껏 인사한다.

(2) 인사하기

- 손님을 맞이할 때, 배웅할 때, 사과할 때 등의 인사법에는 매우 다양한 종류가 있다. 필요에 따라 적절한 인사를 할 수 있도록 평소부터 주의를 기울인다.
- 인사는 몸을 굽히고 머리를 숙인다고 해서 끝나는 것은 아니다.
- 감사의 마음과 경의를 나타낼 수 있어야 한다.
- 인사는 윗몸을 깊이 숙일수록 정중하지만, 그때그때 상황에 따라 판단한다.

(3) 자리안내

- 예약을 확인하고 자리로 안내한다.

- 자리를 안내할 때에는 손님의 보조에 맞춰 걷는다.
- 무릎을 굽히지 않도록 주의하고, 발바닥 전체가 바닥에 닿도록 걷는다.
- 손님을 따로 안내할 필요가 없는 작은 음식점일 경우, 알기 쉽게 "이쪽입니다.", "저쪽입니다."라고 말하면 된다.

(4) 착석서비스

- 고객이 자리에 앉기 쉽게 두 손으로 의자 등받이를 잡아 가볍게 빼고, 앉을 때 두 손과 한 쪽 무릎을 사용하여 살며시 밀어준다.
- 착석순서는 노약자, 어린이, 지체부자유자 또는 여성 순으로 앉도록 돕고, 호스트Host가 마지막으로 착석하도록 돕는다.
- 착석이 끝나면 테이블 담당자에게 인계하고 즐거운 시간이 되기를 바란다는 정중한 인사를 한 후 제 위치로 돌아온다.

(5) 보관서비스

- 보관요청을 하지 않을 때에는 고객의 외투, 모자, 가방, 짐 등을 고객이 편리하도록 테이블 옆 또는 고객의 주위에 놓아준다.
- 보관을 원하실 때에는 보관표를 반드시 고객 본인에게 드리고, 보관품을 소중히 관리한다.
- 나갈 때에는 필히 보관표의 번호를 확인 대조하고 전해드리며, 특히 다른 보관품과 바뀌지 않도록 주의한다.

2) 식음료서비스

(1) 주문받기

- 주문받기의 최대 관건은 손님을 오래 기다리지 않게 하는 것, 즉 올바른 메뉴 내놓는 법과 주문받는 법이 중요하다.
- 다음으로 중요한 것은, 꼭 환대하는 눈빛으로 인사하고 주문받을 수 있도록 한다. "예, 안녕하세요! 주문을 받아도 되겠습니까?"

(2) 냅킨서비스

- 메뉴를 주문하는 동안 고객의 우측에서 냅킨을 펼쳐 고객의 무릎 위에 올려놓는다.
- 중요한 것은 여성과 남성이 함께 있을 경우 여성 먼저, 그리고 남성 순으로 서비스한다.

(3) 음료서비스

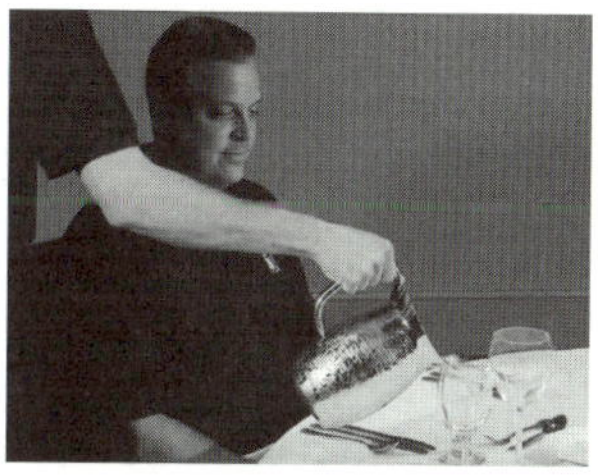

- 글라스는 위생상 반드시 1/3 하단 쪽을 손끝으로 가볍게 쥐어야 하며 음료글라스 또는 와인글라스 우측 아래에 놓는다. 테이블 글라스를 놓을 때에는 절대 소리가 나선 안 되며, 놓은 후에는 반드시 고객 앞으로 1cm 정도 살며시 밀어준다.
- 테이블클로스를 사용하지 않는 테이블에 음료글라스를 놓을 때에는 반드시 코스타Coster 또는 칵테일 냅킨을 깔고 서브한다.

(4) 수프서비스

- 수프 볼에 담아서 서브할 때에는 고객의 우측에서 제공한다. 그리고 수프의 내

용물에 대해 설명한다. 단체 고객일 경우, 수프트린에 담아 좌측에서 서브한다.

- 따뜻하게 드시는 요리이므로 따뜻하게 제공한다.
- 수프가 제공된 다음 바로 빵을 제공한다. 빵을 서빙하는 방식은 수프트린Soup Tureen과 같이 좌측에서 서브한다.

(5) 샐러드서비스

- 샐러드는 고객의 우측에서 서브하며, 샐러드드레싱은 반드시 고객의 좌측에서 어떤 드레싱으로 드실건지 여쭈어 본 후에, 오른손으로 정중히 샐러드 위에 끼얹어준다.
- 신선한 야채를 제공할 수 있도록 늘 주의한다.

(6) 음식서비스

- 반드시 뜨거운 요리는 뜨겁게, 차가운 요리는 차게 서브한다. 뜨거운 요리는 뜨거운 식기에, 차가운 요리는 차가운 식기에 담아서 서브해야 한다. 뜨거운 요리를 서브할 때에는 고객에게 대단히 뜨겁다는 말을 환기시킨다.
- 요리에 따라서 소스 종류가 많은데, 일반적으로 묽은 소스류는 주요리에 골고루 끼얹어주고, 농도가 진한 소스류는 주요리에 끼얹지 말고 주요리 옆, 접시의 빈 부분에 덜어준다.

(7) 빈접시 치우기

- 고객이 다 먹은 빈접시를 치울 때에는, 큰 접시부터 작은 접시의 순으로 같은 크기의 접시를 통일해서 빼고, 볼Bowl, 글라스Glass 등 작은 식기는 트레이Tray를 사

용해서 뺀다. 고객이 남긴 음식을 포크와 나이프를 분리하여 한 접시에 모을 때에는, 고객에게 보이지 않도록 고객 뒤쪽에서 물러나 정리한다. 그리고 식기를 치우는 소리가 요란하게 나서는 안 된다.

- 손님 앞에서 음식물찌꺼기를 합치는 모습을 절대로 보여서는 안 된다.
- 후식서비스를 위해 테이블을 깨끗이 정리한다.

(8) 테이블 정리하기

- 고객이 다 먹은 빈접시를 치우고 나면, 테이블 위에 남겨진 것을 정리한다.
- 그리고 빵 부스러기를 포함한 이물질을 클린너로 정리한다.
- 클리너를 사용할 때는 테이블 끝으로 모아 웨이터 타월로 받아낸다.

(9) 뜨거운 음료서비스

- 찻잔은 항상 워머Warmer에 넣어 사전에 뜨겁게 데워야 하며, 밑받침은 컵이 미끄러지지 않도록 도일릿을 깔아서 세팅한다. 커피컵은 고객의 우측에서 손잡이가 오른쪽으로 향하도록 물컵 아래쪽에 놓아주며, 티스푼은 컵의 앞부분에 손잡이와 평행되게 얹어놓는다.
- 커피의 서빙온도는 80도 정도가 좋으며, 컵에 8부 정도를 채운다.
- 고객이 커피를 다 마셔갈 즈음에 더 먹을 건지를 알아보고, 더 원할 경우에는 추가서비스를 한다.

3) 정산 및 환송

(1) 계산서비스

- 계산은 케샤 데스크에서 이루어지는 것이 원칙이나, 테이블에서 요구할 때에는 계산서를 가져다준다. 고객에게 계산을 받기 전에 계산서의 기재사항을 확인한다.(테이블 번호, 고객 수, 금액, 품목 등) 계산서는 반드시 빌 홀더Bill Holder에 끼워서 보여주며, 영수증과 거스름돈은 준비된 봉투에 넣어 전표 트레이Chit Tray에 담아 공손하게 준다.
- 수표로 지불받을 경우, 뒷면에 고객의 성함과 연락처 기재를 받도록 한다.
- 신용카드 계산 시 본인카드인지 여부를 확인한 후 서명을 받는다.

(2) 환송하기

- 접객담당자는 고객이 일어날 때 즉시 의자를 빼드리고, 테이블 주위에 빠뜨린 물건이 없는지 확인하며, 떠날 때에는 감사를 표시하며, 출구 쪽을 향해 방향을 제시하고 정중히 배웅한다.
- 환송담당자는 고객퇴장 시 계산을 신속하게 할 수 있도록 계산대로 안내하고, 감사의 인사말과 만족도를 확인하며 재방문의 언약을 받도록 한다.
- 배웅의 끝은 가장 정중한 인사인 최경례이다.

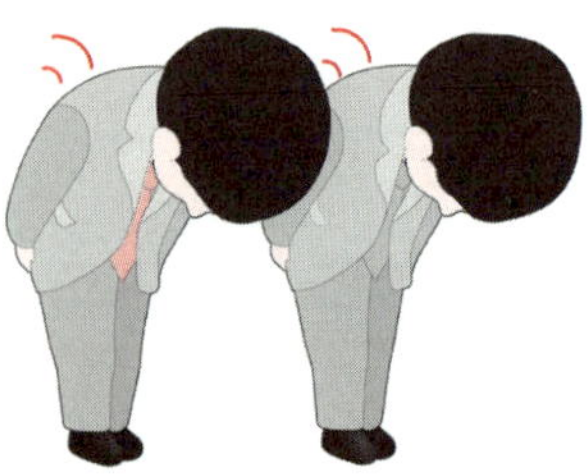

학습내용평가 11

1. 테이블세팅

항 목 내 용	상	중	하	비고
테이블세팅을 항목별로 준비할 수 있다.				
테이블세팅을 순서대로 할 수 있다.				
테이블세팅의 기본 원칙에 따라 수행할 수 있다.				
기물류의 배열은 전체적인 균형을 이룰 수 있도록 적당한 간격을 유지한다.				
손님 앞에서 요리에 맞추어 신속하게 세팅할 수 있다.				
기물이 부딪혀 소음을 내지 않도록 조심한다.				

2. 서비스 과정

항 목 내 용	상	중	하	비고
고객입장 시 웃는 얼굴로 밝고 또렷하게 맞이한다.				
감사하다는 마음이 손님에게 전달되도록 정성껏 인사한다.				
예약을 확인하고 자리로 안내한다.				
고객이 자리에 앉기 쉽게 두 손으로 의자 등받이를 잡아 가볍게 빼고, 앉을 때 두 손과 한 쪽 무릎을 사용하여 살며시 밀어준다.				
보관을 원하는 물건이 있을 때에는 보관표를 반드시 손님 본인에게 드리고, 보관품을 소중히 관리한다.				
올바르게 메뉴판을 내놓고 주문을 받을 수 있다.				
메뉴를 주문하는 동안 고객의 우측에서 냅킨을 펼쳐 고객의 무릎 위에 올려놓는다.				
식사 전에 식전주 주문을 받을 수 있다.				
주문받은 식전주를 서빙할 수 있다.				
수프 볼에 담아서 서브할 때에는 고객의 우측에서 제공한다. 그리고 수프의 내용물에 대해 설명한다.				
수프 튜린으로 서빙할 경우는 고객의 좌측에서 제공한다.				
샐러드는 고객의 우측에서 서브하고, 샐러드드레싱은 고객의 좌측에서 서브한다.				
뜨거운 요리는 뜨거운 식기에, 차가운 요리는 차가운 식기에 담아서 서브한다.				
먹은 빈접시를 치울 때에는 큰 접시부터 작은 접시의 순으로 같은 크기의 접시를 통일해서 빼고, 볼, 글라스 등 작은 식기를 사용한다.				
고객이 남긴 음식은 포크와 나이프를 분리하여 한 접시에 모을 수 있다.				
손님 앞에서 음식물찌꺼기를 합치는 등의 서비스는 절대로 하지 않는다.				

학습내용평가 11

항 목 내 용	상	중	하	비고
먹은 빈접시를 치우고 나면, 테이블 위에 남겨진 것을 정리한다.				
빵 부스러기를 포함한 이물질을 클리너로 정리한다.				
찻잔은 항상 워머에 넣어 사전에 뜨겁게 데워서 사용한다.				
커피의 서빙온도는 80도 정도가 좋으며, 컵에 8부 정도를 채운다.				
고객에게 계산을 받기 전에 계산서의 기재사항을 확인한다.				
접객담당자는 고객이 일어날 때 즉시 의자를 빼드리고, 테이블 주위에 빠뜨린 물건이 없는지 확인한다.				
환송 담당자는 고객퇴장 시 계산을 신속하게 할 수 있도록 계산대로 안내한다.				
출구 쪽을 향해 방향을 제시하고 정중히 배웅한다.				

CHAPTER 12 동양음식의 이해

학습목표

- 중국음식의 특징을 설명할 수 있다.
- 중국음식의 지역별 특징을 설명할 수 있다.
- 중국음식 정찬코스에 대하여 설명할 수 있다.
- 일본음시이 특징을 설명할 수 있다.
- 일본음식의 지역별 특징을 설명할 수 있다.
- 일본음식 정찬코스에 대하여 설명할 수 있다.
- 한식의 특징을 설명할 수 있다.
- 한식의 지역별 특징을 설명할 수 있다.
- 한식의 상차림 음식에 대하여 용도별로 설명할 수 있다.

동양요리는 서양과의 대비는 국가의 요리를 지칭한다. 하지만 국내 호텔 및 외식 시장에서 주로 볼 수 있는 대표적인 음식은 우리나라 한식을 비롯하여 중식과 일식이다. 본 학습과정에서는 중국음식, 일본음식, 한국음식을 중심으로 살펴보자.

1. 중국음식

1) 중국음식이란?

중국의 음식은 오랜 세월을 두고 넓은 영토와 넓은 영해에서 다양하고 풍부한 농·축·수산물을 얻을 수 있어, 이늘 산해신품을 이용한 요리는 불로장생을 목표로 하여 오랜 기간의 경험을 토대로 꾸준히 다듬고 지역적으로 개발되어 왔다. 오늘날은 동양을 벗어나 세계적인 요리로 발전하였다. 다양한 재료를 풍부한 맛과 영양, 손쉽고 합리적인 조리법, 풍성한 외양 등이 중국요리를 세계 어느 나라, 어느 지역, 어느 사람에게나 환영을 받게 하였다.

중국요리와 중화요리의 용어 차이는 매우 애매한 편이다. 중국이 중화인민공화국을 나타내는 반면, 중화는 화교사회 등 전반적인 중화권 및 그 문화를 뜻하는 좀 더 광의적인 표현으로 중화요리는 중국요리가 현지화 된 요리이다. 한국과 일본에서는 중국요리보다는 중화요리가 좀 더 고급스러운 이미지로 받아지고 있다. 중국음식의 특징을 나열하면 다음과 같다.

- 재료의 선택은 엄격하게 한다.
- 맛이 다양하고 풍부하다.
- 조리기구가 간단하고 사용이 용이하다.
- 찜 요리가 다양하다.
- 조리과정에서 기름을 합리적으로 많이 사용한다.
- 외양이 풍요롭고 화려하다.
- 녹말을 많이 사용한다.
- 고온으로 가열하여 당분을 열로 변화시키면서 조미료와 향신료를 적절히 사용하여, 재료의 고유한 맛과 조미료의 새로운 맛을 조화시킨다.
- 썰기는 정교하고 세밀하게 한다.
- 불 가감에 주의한다.
- 튀김의 경우, 두 번 튀긴다.
- 볶음의 경우, 최단시간으로 한다.
- 기름에 파, 마늘, 생강 등의 향신료를 사용한다.
- 재료의 수분을 제거하기 위해 파오(炮)의 방법을 쓴다.
- 재료를 변질시키기 위해 기름을 쓴다.
- 조미료로 기름이 사용된다.

2) 지역적 분류

자료 : http://blog.daum.net/sikdang(직장인 3분 지식)

중국요리의 다양함은 '중국인들이 평생 못이루는 것 3가지 중 하나'로 표현되듯, 전국의 중국요리를 다 먹어보는 것이 포함될 정도로 엄청나다. 중국요리를 설명할 때 많이 쓰는 표현 중 하나가 '남첨북함 동랄서산(南甜北鹹, 東辣西酸)'인데, "남쪽은 달고 북쪽은 짜며, 동쪽은 맵고 서쪽은 시다."라는 뜻이다.

우리나라에서는 흔히 중국을 농서남북 행성구역으로 구분하여 '중국의 4대요리[13]'를 북경, 상해(혹은 난징), 사천, 광동 네 지역의 요리로 표현하고 있다. 하지만 중국에서 '4대요리(四大菜系)'라고 하면 산둥, 사천, 광둥요리에 화이양(淮扬 : 장쑤 성) 또는 저장요리가 추가된다. 그리고 '사대요리'보다는 '팔대요리' 분류가 더 많이 쓰인다. 이 '팔대요리'는 행정구역인 성(省)을 기준으로 요리를 나눈 것이고, 그 외에 문화권 내지는 생활권을 기준으로 약 15가지로 분류할 수도 있다. 비록 8대요리[14]에 들어가진 않지만, 그 나름대로 존재감을 발하는 요리들이 있다. 예를 들면, 베이징요리나 상하이요리 등의 경우, 도시 자체가 규모가 크고 지명도가 높기 때문에, 포함되지 않는 것은 다소 무리가 있는 요리들이다. 물론 상하이요리나 베이징요리는 장쑤요리나 산둥요리에 넣기도 한다. 이외에도 티베트와 위구르 자치구들을 제외한 중국의 중앙에 위치해 있어 온갖 요리가 다 섞여있는 후베이요리가 있다.

여기서는 우리나라에서 분류한 북경, 상하이, 광동, 사천요리를 중심으로 알아본다.

13) 베이징요리 : 북경과 톈진, 산둥성에서 발달하여 황궁요리가 유명하다.
난징요리 : 남경과 항주, 소주와 양주지역에서 발달하였다.
광둥요리 : 광둥성을 중심으로 한 해안지방에서 발달하였다.
쓰촨요리 : 사천성을 중심으로 한 산악지대의 풍토에 영향을 받았다.

14) 산둥(山東), 사천(四川), 광둥(廣東), 후난(湖南), 장쑤(江蘇), 저장(浙江), 푸지엔(福建), 안후이(安徽)의 8대권역의 요리를 말한다.

(1) 북경요리

북경요리는 징차이(京菜, 경채)요리로 부른다. 궁중요리에서 발전하였으며, 북경 서쪽에서 타이완까지의 요리를 포함한다. 중국요리 중에서 가장 호화로운 장식을 한 요리이며, 화북평야의 광대한 농경지에서 생산되는 풍부한 각종 농산물을 주재료로 한다. 조미에는 소금으로 간을 하여 색이 엷으며 기름기가 많고 맵다. 연료로는 루메이라는 화력이 강한 석탄을 사용하기 때문에 튀김요리, 볶음요리, 농후한 요리가 발달하였다. 대표적인 요리로는 오리통구이, 양통구이 등이 있다.

북경은 화북평야의 광대한 농경지에서 생산되는 소맥을 비롯한 농작물, 과물 등이 풍부하여 만두, 국수, 빵, 파이, 중국피자 등을 많이 만들어 먹으며, 특히 면류는 북방 사람들의 주식이다.

(2) 남경요리

중국 중부지역의 대표적인 요리로서 난징, 상하이, 쑤소우, 양조우 등의 요리를 말한다. 남경요리 중 유럽풍으로 국제적인 발전을 이룩한 것이 상하이요리이며, 남경요리의 총칭으로 일명 상하이요리라고도 한다. 상하이는 따뜻한 기후와 풍부한 농산물 등 갖가지 해산물의 집산지로 다양한 요리를 낳게 했고, 특히 이 지방의 특산물인 장유를 써서 만드는 요리는 독특하다. 상하이요리는 간장이나 설탕으로 달콤하게 맛을 내며, 기름기가 많고 진한 것이 특징이다.

돼지고기에 진간장을 써서 만드는 홍사오로우가 유명하고, 한 마리의 생선을 가지고 머리에서 꼬리까지 요리하는 조리법과 양념을 달리해서 맛을 내는 생선요리도 일품이다. 바닷가재로 만드는 푸룽침세, 두부로 만드는 스진사 꿔두와 꽃 모양의 빵인 화권(花券) 등으로 유명하다. 특히 바다가 가깝기 때문에 해산물을 많이 쓰고, 간장과 설탕을 많이 써서 맛을 내며 선명한 색채를 낸 화려한 음식이 많다.

(3) 광동요리

중국 남부의 요리를 대표하는 광동요리는 광저우(廣州)를 중심으로 푸젠(福建)요리, 차오저우(潮州)요리, 둥장(東江)요리 등의 지방요리 전체를 일컫는다. 광동요리는 흔히 난차이(南菜)라고 하는데, 광저우는 외국과의 교류가 빈번하여 이미 16세기에는 스페인, 포르투갈의 선교사, 상인들이 많이 왕래했기 때문에 전통적인 요리와 국제적인 요리관이 정착되어 독특한 특성을 이룩하였다.

사람들은 일찍부터 이 매력 있는 식생활의 고장을 일러 '식재광주(食在廣州)'라고 칭찬했다. 남쪽의 더운 지방인 광저우의 요리는 재료가 가지고 있는 자연의 맛을 잘 살려내는 담백한 것이 특징이다. 서유럽요리의 영향을 받아 소고기, 서양채소, 토마토케첩, 우스터소스 등 서양요리의 재료와 조미료를 받아들인 요리도 있다. 이러한 재료는 전통요리의 맛에 변화를 가져온 것이었고, 그것을 소화하고 중국화 하는데 능한 그들은 서유럽풍이 섞인 다채로운 맛의 연회요리로까지 발전시켰다.

볶음에서는 재료가 지니고 있는 자연의 맛을 살리기 위해 지나치게 익히지 않고 비교적 간을 싱겁게 하며 기름도 적게 쓴다. 하오유(굴기름), 칭정(淸蒸, 청증) 같은 조리법으로 담백한 맛을 낸다. 대표적인 요리로는 구운 돼지고기인 차사오(叉燒, 우소)와 광동식 탕수육인 구라오러우 등이 있고, 덴싱(點心, 점심) 종류로는 사오마이(燒賣, 소매), 차오판(炒飯, 초반) 등이 있다.

(4) 사천요리

사천성의 요리인 츠완차이(川菜)는 북경, 남경, 광동요리와 함께 중국의 4대 요리 중 하나이다. 사천요리는 고대시대 이 지역에 있었던 파국과 촉국요리로부터 기원한다. 전국시대 때 파국과 촉국은 진시황의 중국통일 이후 산동지역의 제나라, 노나라와 남방에 있던 초나라의 요리기술이 유입되고, 삼국시대 이후 중원지역의 요리기술도 이 지역으로 도입되었다.

중국 서쪽지방 양자강 상류의 산악지대 요리를 대표하는 사천요리는 운남, 귀주지방의 요리까지를 총칭한다. 사천지방은 바다가 멀고 더위와 추위가 심한 지방으로서 옛날부터 악천후를 이겨내기 위해 향신료를 많이 쓴 요리가 발달해 왔고, 매운 요리와 마늘, 파, 고추를 사용하는 요리가 많다. 또한 외지이기 때문에 소금절이, 건물 등의 보존식품이 잘 발달하여 채소를 이용한 자차이와 같은 특산물을 낳기도 하였다. 산악지대에서 나오는 암염은 소금절이 밑받침이 되었고 신맛과 매운맛, 톡 쏘는 맛과 향기가 기본을 이룬다. 두부는 다진 고기를 이용한 마파두부, 회교도들의 양고기인 양로우 꿔즈, 새우고추볶음 등이 유명하다.

3) 요리법에 따른 분류

(1) 냉분(冷盆)

냉채(冷菜) 혹은 양채(凉菜)라고도 하며, 여러 가지 재료를 병합하여 만든 것을 냉분 또는 병반(倂盤)이라고 한다. 냉채의 이름은 내용물을 추가할 때마다 4가지 냉채(四色冷盆), 5가지 냉채(五色冷盆)라고 하며, 그 외 특이한 새 모양으로 만들면 봉황냉채(鳳凰冷盆)라고 한다.

(2) 탕(湯)

탕은 주탕, 상탕, 청탕으로 구분하고 있으며, 각 요리의 특징은 다음과 같다.

- 주탕 : 한식의 육수, 양식의 스톡Stock 등과 같은 국물요리, 볶음요리, 조림요리, 찜요리 등에 이용된다.
- 상탕 : 맑고 짙은 맛의 국물로 국요리, 볶음요리, 조림요리, 찜요리 등에 이용된다.
- 청탕 : 맑은 장국을 말하며, 이용범위가 중국요리에서 제일 많다. 청탕에는 맑은 육수를 이용해야 하고, 간은 반드시 소금을 사용해야 하며 재료는 미리 그릇에 담아놓고 뜨거운 육수를 붓는다.

(3) 열분(湯)

전채(前菜)의 하나로 더운요리 중 가장 먼저 내며 양, 질, 맛이 강조되는 요리이다.

- 상어지느러미 해물(三仙魚翅) : 해삼, 전복, 새우, 관자, 상어지느러미, 야채
- 전가복(全家福) : 새우, 전복, 송이, 해물, 야채
- 해삼과 삼겹살(海蔘扣肉) : 해삼, 돼지삼겹살, 청경채

(4) 증채(蒸菜)

고온의 증기를 이용하여 익히는 방법을 말한다.

- 닭찜요리(蒸鷄) : 닭요리, 생강, 파, 팔각
- 삼겹살찜(紅燒扣肉) : 삼겹살, 춘장, 간장, 파, 생강, 팔각
- 생선찜(淸蒸鮮魚) : 조기, 우럭, 도미
- 상어지느러미류(魚翅類) : 상어지느러미 찜
- 딤섬류(點心) : 화권, 왕만두, 군만두, 쇼마이

(5) 작채(炸菜)

많은 양의 기름을 프라이팬Frying Pan에 넣고 가열하여 튀겨내는 방법이다. 조리에 기름을 사용함으로써 더욱 맛을 돋울 수 있다. 또한 적은 양으로 많은 칼로리를 얻을 수 있으며, 단시간에 고온을 이용함으로써 비타민과 다른 성분의 손실을 막을 수 있다. 요리로는 닭고기 튀김, 갈비 튀김, 소고기 튀김 등이 있다.

(6) 초채(炒菜)

강한 화력을 이용하여 빠른 속도로 볶아내는 방법이다.

(7) 민채(燜菜)

재료를 살짝 튀긴 후에 많은 육수를 넣어 오랜 시간 조리하는 방법이다.

(8) 고채(烤菜)

재료를 양념한 뒤 불에 굽는 방법이다. 북경오리 요리가 가장 대표적이다.

(9) 류채(溜菜)

익힌 재료를 여러 가지 조미료를 혼합한 소스에 넣어 만든 방법이다.

조 리 법

- 炒(차오) : 기름의 양을 적게 해서 볶는다. 더 적게 해도 중화요리의 기준이지만, 한국인의 느낌으로 볼 때는 여전히 많다. 빨리 불을 통과하면서 조리하는 방법으로 대표적인 중화요리의 조리법이다.
- 溜(류) : 원료를 익힌 후 걸쭉한 전분으로 즙을 만들어 원료 위에 부어서 만든 다음, 졸여서 즙이 비교적 많게 만들어 진한 맛을 나게 한다. 예) 유산슬
- 炸(자) : 튀김조리법. 불을 균일하게 하여 고르게 튀기다가 재료가 크기와 모양을 갖추면 불을 줄이는 것
- 烹(펑) : 기름에 튀긴 재료를 살짝 끓인다.
- 爆(바오) : 차오(炒)보다 더 센 불에 단숨에 볶는 방법
- 燴(후이) : 조리방법의 하나로, 졸여서 걸쭉한 국물을 만들어 완성한다.
- 氽(툰) : 기름으로 튀긴다.
- 燒(사오) : (식재료를)찌거나 튀기거나 살짝 볶은 후에, 국물과 양념을 넣고 다시 볶거나 졸인다. 혹은 먼저 끓인 다음 다시 기름에 튀기는 방법
- 煮(주) : 끓인다.
- 燜(먼) : 기름에 튀기거나 재료를 끓인다.
- 炖(둔) : (불로) 끓여서 졸인다.
- 扒(바) : 조리법의 하나로, 약한 불로 장시간 끓인다.
- 煎(젠) : 양면을 잘 굽는 조리법
- 蒸(정) : 찌고 증기를 통과시키는 조리법
- 烤(카오) : 직화로 구운 토스트 조리법(예, 베이징 카오야)
- 煨(웨이) : 조미료를 첨가, 장시간 약한 불로 끓인다.
- 涮(솬) : 얇게 썬 재료를 가볍게 끓인다. 샤부샤부 한다.
- 卤(루) : 각종 조미료, 향료를 넣어 숙성한다.
- 拌(반) : 혼합하여 버무린다.
- 腌(옌) : 소금에 절인다. (넓게는)된장, 간장 등을 바른다.

4) 중국식의 정찬코스

(1) 전채(前菜)

술안주로 권하는 맨 처음 음식으로, 중식의 전채는 서양식의 오르되브르Hors d'oeuvre와 같다. 특징은 오리알을 제외하고는 거의가 요리인의 손으로 직접 조리되는 것이 특징이다. 전채는 메뉴의 서막으로 손님 앞에 제일 먼저 나가는 것이므로, 그 솜씨로써 다음에 나올 요리의 맛까지 짐작할 수 있다는 의미에서 중요하다.

특색 냉채(特色併盆)	Special Assorted Cold Dishes
4가지 냉채(四色併盆)	Four Kinds of Cold Dishes
3가지 냉채(三色併盆)	Three Kinds of Cold Dishes
전복 냉채(凉拌鮑魚)	Cold Sliced Abalone

자료 : 호텔신라 팔선냉채

(2) 탕채(湯菜)

탕채는 서양요리처럼 식탁에 나가는 순서에 일정한 규칙이 있는 것이 아니라, 그 때의 식단에 따라서 탕채를 생략하기도 하고, 또는 요리의 중간에 내기도 하며 제비집 같은 특수한 국을 제외하고는 일정치 않다.

게살 상어지느러미수프(蟹肉魚翅)	Shark's Fin with Crabmeat Soup
게살 제비집수프(蟹肉燕窩)	Crabmeat Soup with Bird's Nest
옥수수 제비집수프(粟米燕窩)	Corn Soup with Bird's Nest
불도장(古法佛跳牆)	Mini Buddha Jumps Soup
청채전복수프(青菜鮑魚湯)	Vegetables Soup with Sliced Abalone
옥수수수프(鷄茸粟米湯)	Corn Soup
삼선수프(三鮮湯)	Seafood Soup
산라탕(酸辣湯)	Hot and Sour Soup

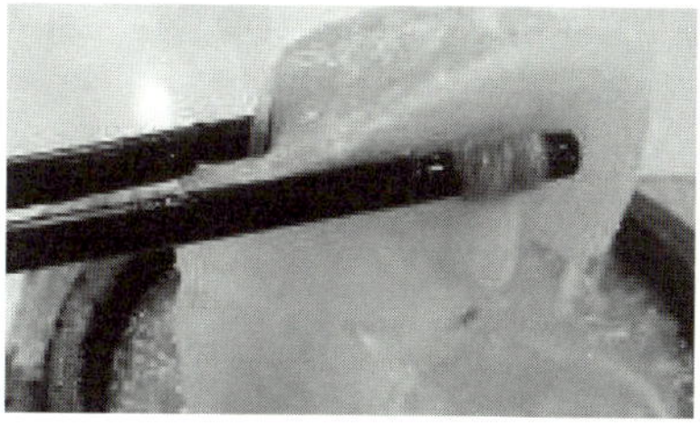

게살 상어지느러미수프

불도장

(3) 좌채(炒菜)

볶음요리의 일종이다. 좌채의 대부분이 탕에 녹말로 농도를 붙인 것이 많다. 중국요리 중에서 가장 그 수가 많으며, 고급요리에서 일상식의 반찬에 이르기까지 폭넓은 요리이다. 좌채는 다음의 3가지 분류로 구분된다.

① 칭좌(清炒)

재료를 같은 모양, 같은 크기로 썰어서 소량의 기름으로 볶은 뒤에 조미료와 탕을 넣고 끓이다가 마지막에 녹말로 농도를 붙인다. 대체로 재료에 조미하지 않고 바로 기름에 볶는다. 조미하는 방법에는 간장을 넣는 법, 술을 먼저 넣는 법, 탕을 먼저 붓고 술이나 간장, 소금을 뒤에 넣는 법 등의 3가지 기초방법이 있다.

홍소해삼(紅燒海蔘)	Braiesd Sea Cucumber
아스파라거스전복(露筍鮑魚)	Braiesd Abalone with Asparagus
류산스(溜三絲)	Braised Sea Cucumber with Shrimp and Beef
전가복(全家福)	Sauteed Seafood and Vegetables
팔보채(八寶菜)	Sauteed Mixed Seafood
각종 야채볶음(頂湖上素)	Braised Mixed Vegetables

② 간좌(幹炒)

주가 되는 재료를 소금, 후추, 술, 간장 등으로 조미하여 소량의 녹말을 물에 푼 것을 씌워서 기름을 넉넉히 가열하여 빨리 튀겨낸다. 튀길 때는 반쯤 익혀서 기름을 뺀다. 다음에 곁들일 야채류를 소량의 기름으로 볶아 조미하고, 주재료가 큰 것이면 야채와 함께 볶은 후 녹말로 농도를 붙인다.

송이소고기볶음(松茸牛肉)	Sauteed Beef with Pine Mushrooms
닭고기레몬소스(寧蒙車鷄)	Chicken in Lemon Sauce
닭고기고추볶음(宮爆鷄丁)	Sauteed Diced Chicken and Peanuts with Hot Red Pepper
고추새우볶음(宮爆蝦仁)	Sauteed Shrimp with Hot Pepper and Peanuts
야채생선볶음(菜遠魚球)	Fried Fish with Vegetable
닭고기캐슈넛(腰果鷄丁)	Sauteed Diced Chicken with Cashewnuts

③ 징좌(京炒)

녹말을 묻혀 튀긴 것을 볶는 간좌와 같은 방법이나, 징좌는 녹말 대신 난백을 사용한다. 재료에 조미를 하여 난백을 섞고 거기에 녹말을 넣어 손가락으로 비비듯이 혼합하여 기름 속에 하나하나 떨어지게 집어넣어 색이 희고 깨끗하도록 튀겨낸다. 그리고 튀겨낸 것을 다시 볶는다. 조미는 색깔이 깨끗하도록 하기 위해 간장을 사용하지 않고 소금을 주로 사용한다.

광동식 상어지느러미요리(廣東魚翅)	Cantonese Style Shark's Fin with Oyster Sauce
삼선상어지느러미요리(三鮮魚翅)	Braised Shark's Fin with Three Kinds of Seafood
부용상어지느러미요리(芙蓉魚翅)	Creamed Shark's Fin and Crabmeat
송이와 제비집요리(松茸燕窩)	Braised Superior Bird's Nest with Pine Mushroom

(4) 젠채(煎採)

녹말기름에 볶거나 지진 물기 없는 요리를 젠채라고 한다. 모양이 예쁘거나 특수한 것은 양을 적게 한다. 식단을 짤 때 물기 많은 요리 뒤에 내면 변화가 있어서 좋다.

소고기상추쌈(安仁牛鬆)	Sauteed Beef Wrapped in Lettuce
피망소고기볶음(靑椒牛肉絲)	Sauteed Shredded Beef with Green Peppers

(5) 짜채(炸採)

튀김요리인 짜채도 기름을 많이 사용한다는 점에서 좌채나 젠채(煎採)와 같이 대표적인 중국요리이다. 기름에 튀긴 것을 그대로 완성된 요리로서 취급할 뿐만 아니라 요리법의 한 단계로서도 취급한다. 튀긴 것을 다시 볶는다든지, 찐다든지, 류(瑠)를 끼얹는다든지 하기 때문에 응용범위가 대단히 넓다.

깐풍기(乾烹子鷄)	Sauteed Chicken in Garlic Sauce
라조기(辣椒鷄)	Sauteed Chicken with Mushrooms, Bamboom Shoots and Hot Red Peppers
왕새우튀김(炸大蝦)	Fried King Prawns
바닷가재요리(칠리, 마늘, 콩짜장소스 鮮龍蝦類)	Braised Lobster-Chili, Garlic, Bean Sauce
탕수생선(糖醋魚球)	Fried Fish with Sweet and Sour Sauce

(6) 류채(溜採)

튀긴 요리, 삶은 요리, 찐 요리 등에 농도를 붙인 국물을 끼얹은 요리이다.

전복굴기름소스(濠油鮑魚)	Braiesd Abalone with Oyster Sauce
생선찜(淸蒸鮮魚)	Steamed Whole Live Fish
어향소고기말이(魚香牛卷)	Beef Wrapped with Chinese Sauce
청채굴기름소스(濠油菜心)	Chinese Green Vegetables with Oyster Sauce

(7) 꺼채(烤採)

구이요리인 꺼채는 독특한 화통 속에 달아놓고 약한 불로 익히는 것을 말한다. 한 마리의 새끼돼지, 오리, 닭 등을 많이 이용한다.

훈제오리(樟茶肥鴨)	Smoked Duck
북경식오리요리(北京烤鴨)	Peking Style Roasted Duck

(8) 덴싱(點心)

만두류의 일종이다. 덴싱(點心)의 어원은 본래 중국에서는 1일 2식이었으므로 그 사이에 가벼운 간식을 하는 것으로 인식되었으나, 지금은 식사대용이 되는 것 외에는 구와쯔, 과자, 음료까지를 말하고 있다.

새우춘권(鮮蝦春捲)	Minced Shrimp Spring Rolls
수정새우만두(水晶蝦餃)	Stemed Shrimp Dumplings
물만두(水餃子)	Boiled Beef Dumplings
군만두(煎餃子)	Fried Beef Dumplings
은사권(銀絲卷)	Steamed Plain Roll

(9) 식사(食事)

요리가 끝나고 난 뒤에 가벼운 면 또는 밥을 먹는다.

팔진볶음밥(八珍炒飯)	Fried Rice with Seafood
류산스덮밥(溜三絲飯)	Sauteed Sliced Seafood on Rice
야채탕면(上素湯麵)	Noodle Soup with Mixed Vegetables
기스면(鷄絲湯麵)	Noodle Soup with Chicken Meat
야채초면(上素炒麵)	Fried Noodles with Vegetables

(10) 후식(後食)

최종적으로 식사가 끝나면 제공되는 음식을 말한다.

은행탕(拔絲百果)	Fried Sweet Gin Ko Nuts
찹쌀떡탕(拔絲元宵)	Fried Honey-glazed Rice Balls
리찌두부(梨枝豆腐)	Iced Almond Jelly with Ly-chees
야자시미로(椰汁西米露)	Coconuts Si-mi-ro
계절과일(鮮果)	Season's Fruits

5) 정탁요리와 일품요리

(1) 정탁요리

요리의 천국이라고 불리는 중국요리는 소화기능을 고려하여 코스가 짜여지는데, 냉채 → 탕 → 해산물 → 육류 → 두부 → 야채 → 식사 → 후식의 순으로 구성되는 것이 보통이다. 하지만 요즘은 요리 몇 가지를 간소화해 주문하는 경우도 많다. 채단

(采旦)은 중국의 메뉴를 가리키는 말로 한정식이 3첩, 7첩, 9첩으로 상차림을 달리하듯, 중식도 비슷한 형태를 띠지만 홀수를 꺼리는 탓에 보통 짝수 메뉴를 구성한다. 중식코스는 식욕을 돋우는 것으로 시작하여 위에 부담을 주지 않는 순으로 입맛과 소화기능 등을 치밀하게 고려하여 짜여진 것이 특징이며, 전체적으로 찬요리를 먼저 내며 짜고 담백한 것을 또한 먼저 내고, 달고 진한 요리는 나중에 내는 것을 원칙으로 한다.

① 凉亮鮮三蘚(삼선냉채)

입맛을 돋우고 위액을 분비해 식욕을 자극하는 전채요리는 주로 냉채를 준비한다. 말 그대로 차갑게 내는 요리, 삼선(三蘚)이란 3가지 해산물, 즉 해삼, 전복, 새우 등으로 만든 요리를 뜻하며, 때로는 3가지 야채로 만든 요리를 뜻하기도 한다.

② 佛跳牆(불도장)

두 번째로 맑고 따뜻한 탕요리로 목을 열어준다. 불도장은 각종 진귀한 식재료를 이용하여 최소한 2시간 이상을 달여 은은한 향과 재료의 깊은 맛을 느낄 수 있다.

③ 采旦紅魚生翅(광동식 상어지느러미요리)

주요리에 들어가면 위에 부담을 주지 않는 해물류를 먼저 선보인다. 중국요리는 북경, 상해, 사천, 광동식으로 나뉜다. 각기 특색 있는 맛으로 중국요리를 대표하는데, 예를 들어 광동식 상어지느러미는 담백한 맛을 강조하며, 북경식은 굴소스와 간장을 이용하여 시원한 맛을 낸다. 사천식은 고추기름을 이용하여 매콤하게 요리한다. 자극적인 음식을 즐기는 편이라면 사천식을 선택해야 하고, 담백한 맛을 선호하는 편이라면 광동식을 주문한다.

④ 北京片皮鴨(북경오리요리)

북경요리의 대표주자라 할 수 있을 정도로 널리 알려진 요리, 오리껍질을 파와 오이, 소스를 곁들여 춘병에 싸고, 고기는 썰어서 피망과 함께 볶아먹는다. 그리고 뼈는 야채를 섞어서 국물로 우려먹는다.

⑤ 好品豆腐(호품두부)

고기요리 다음에는 보통 두부요리를 배치하는데, 부드러운 음식으로 위와 혀를 편안히 하기 위함이다. 그 종류로는 청채두부, 게살두부 등이 있다.

⑥ 松茸露筍(송이아스파라거스)

식사가 준비되기 전에는 느끼함을 덜기 위해 야채요리를 올리는데, 요즘은 생략하는 코스가 많은 편이다.

⑦ 八珍炒麵(팔진초면)

초(炒)는 중국요리에서 가장 많이 사용되는 방법 중 하나로 단시간 내에 볶아내는 것을 말하며, 팔진(八珍)은 8가지 진귀한 재료를 이용한 요리를 뜻한다. 대표적인 요리로는 인삼, 복령, 백작 등 8가지 약재를 넣어 끓인 팔보오골계탕, 다양한 해물을 가미한 팔보채, 팔진초면이 있다.

⑧ 後食(후식)

마무리로는 마음을 평온하게 해주는 단맛, 후식 혹은 자연 그대로의 맛인 과일이 준비된다. 보통은 시미로(四米露)가 제공된다. 시미(四米)는 타피오카라 불리는 투명한 알갱이의 동남아시아의 전분이며, 로(露)는 무언가가 혼합된 양식의 수프로 걸쭉한 상태를 말한다.

(2) 일품요리

중국요리에서 사용되는 한자에는 각기 다른 뜻을 내포하고 있다. 龍(용)은 용 모양으로 표현한 요리, 豚肉(돈육)은 돼지고기요리, 鴨(압)은 오리고기요리, 白采(백채)는 배추요리, 青菜(청채)는 청경채, 蝦仁(하인)는 잔새우, 松茸(송용)은 송이버섯, 絲(사)는 실처럼 잘게 썰은 요리, 竹笙(죽생)은 대나무버섯, 燕窩(연와)는 제비집, 蟹肉(해육)은 게살, 蘭花(난화)는 브로콜리, 鮑魚(포어)는 전복 등을 의미한다.

① 全家福(전가복)

중국요리의 이름에는 예부터 내려오는 유래로 유명해진 것이 많다. 유명한 요리일수록 입에서 입으로 전해져 내려오는 것이 많은데 전가복 또한 그러한 예이다. 온가족이 모여 행복하다는 뜻으로, 중국의 주현이라는 유생의 가족들이 고난을 겪다가 다시 만난 것을 축복해 산해진미를 가득 넣은 요리이다.

② 家常海蔘(가상해삼)

가상(家常)은 '집에서 편히 즐길 수 있는 요리'라는 의미를 담고 있다. 사천식 조리법을 이용하여 매콤하면서도 해삼의 부드러운 맛을 느낄 수 있는 요리이다.

③ 作烹明蝦(깐풍새우)

蝦(하)는 새우를 말한다. 作(작)은 넉넉한 기름에 밑 손질한 재료를 튀기는 조리법으로, 표면을 딱딱하게 하여 속재료 고유의 맛을 살리는 것이며, 烹(팽)은 이미 튀긴 것 혹은 볶은 재료에서 다시 부재료, 조미료를 넣고 센불에서 다시 신속하게 볶아 조리하는 것을 말한다. 明蝦(새우)는 중국 산동성의 明蝦(새우)가 유명해지면서 좋은 식자재를 가리키는 뜻으로 사용되고 있다.

④ 沙律蝦仁(새우마요네즈소스)

沙律(사율)은 마요네즈소스를 가리킨다.

⑤ 糖醋鮮魚(탕수생선)

새콤달콤한 탕수소스를 말하며, 탕수어는 생선의 부드러움을 느낄 수 있는 요리이다.

⑥ 靑蒸鮮魚(생선찜요리)

蒸(찜)은 수증기를 이용해 익히는 조리방법이다.

⑦ 辣椒鷄(라조기)

鷄(계)는 닭을 말한다. 辣(랄)에서 알 수 있듯이, 라조기는 후추에 고추기름을 첨가하여 매운맛이 강한 요리이다.

⑧ 金姑魚香牛肉捲(소고기어향소스)

牛肉(우육)은 소고기를 말한다. 어향소스는 중국요리에서 많이 사용되는 소스로, 사천지방의 록수라는 독특한 향과 맛이 나는 물에 고추, 마늘 등의 재료를 넣어 5가지 맛과 향을 낸다.

6) 중국의 술과 차

(1) 중국의 대표술

① 마오타이

중국의 귀주성에서 생산되는 알코올함량 53도의 마오타이주를 중국 사람들은 나라의 술이라 말하고 있으며, 중국인의 혼을 승화시켜 빚어낸 술이라 서슴지 않는다. 또한 마오타이는 아름다운 마음을 전하는 진귀한 선물로 여기고 있으며, 거실 한 곳에 장식으로 보관하기를 즐겨한다. 고량을 주원료로 하여 보리, 누룩 등을 첨가시켜 발효하고 9번이나 증류해서 독에 넣어 밀봉하여 최저 3년 동안 숙성시킨다. 1915년 파나마 만국박람회에서 세계의 3대 명주 중의 하나로 평가받은 후, 그 명성이 세계 도처로 퍼져 애주가들의 사랑을 받고 있다.

② 죽엽청주

중국의 산서성에서 생산되는 알코올함량 45도의 죽엽청주는, 고량을 주원료로 하여 죽엽과 각종 초근목피의 10여 가지 천연약재 등을 첨가, 양조한 중국 전통술로 신비스런 연황빛을 띠며, 입에 감치는 맛이란 이루 형용할 수 없다. 그리고 음주 후 나타나는 두통 등의 제반 증상을 전혀 느낄 수 없으며, 기를 충족시킬 뿐만 아니라 혈액을 맑게 순환시키고 간, 비장의 기능을 상승시키는 작용을 한다고 평가되고 있다. 중국 최고의 스태미나주이다.

③ 분주

중국의 산서성에서 생산되는 알코올함량 48도의 분주는, 중국에서 오랫동안 전해 내려온 전통 명주 중의 하나이며, 고서에 의하면 1500여 년의 역사를 지니고 있다. 분주는 주류 역사상 뚜렷한 개성을 발휘하고 있는데, 술빛은 맑고 빛나며 청향에 속한다. 순하고 상쾌한 맛이며, 부드럽고 달콤하여 마신 후 은은한 향기가 남는다. 적당량을 마시면 능히 혈액순환을 촉진시키고 소화를 도와준다. 그리고 피로를 회복시켜주는 기능을 하게 된다.

④ 오량액주

중국 사천성에서 생산되는 알코올함량 41도의 오량액은 1600여 년의 역사를 가진 중국의 명주이며, 당나라시대에 처음 양조되었는데 '중벽춘'이라고 이름지어졌다. 오량액은 고량, 쌀, 옥수수, 찹쌀, 소맥, 5종의 양식으로 양조하여 성공한 것으로서 향기가 그윽하고 술맛이 순수하며, 마신 후 깨끗한 맛은 그야말로 일품이다.

⑤ 양하주

중국 강소성 고진에서 생산되는 알코올함량 48도의 양하대곡은 400여 년의 역사를 가지고 있고, 청나라 강희제 때 이미 해외로 널리 알려졌으며 국내 및 국제대회에서 여러 차례 상을 받았다. 중국 내 권위 있는 명주 전문가들은 양하대곡을 농향형 술의 전통이라 칭하였고, 양하대곡은 달콤하고 부드러우며, 연하고 맑고 깔끔한 향기의 5가지 특색을 지니고 있다. 향기가 농후하고 순수하며 입 속에서 부드럽고 달콤함을 느낄 수 있으며, 뒷맛이 오래 간다. 또한 일반 술의 주량을 초과하더라도 음주 후 나타나는 불편한 증상을 느낄 수 없다.

⑥ 노주노교

중국 사천성 노주시에서는 알코올함량 45도의 품질 좋은 노주노교(특곡)를 많이 생산한다 하여 중국의 주성(술의 도시)이라고 불리어진다. 노주곡주 공장은 400년의 역사를 가지고 있는 전통 있는 공장이며, 현재는 전통생산기법과 현대적인 과학기술을 접목시켜 현대화된 관리체계가 서로 결합된 대형 주류기업체이다. 생산직 3,000여 명과 기술인원 300여 명이 근무하고 있으며, 과학연구소가 있고 양조기술 공업학교를 운영하고 있다.

⑦ 고정공주

알코올함량 45도의 고정공주는 술 중의 목단이다. 고정공주의 역사는 제민요구에 의하면, 서기 196년 조조 고향의 구운 춘추를 한현제에게 올렸더니 구운 주법과 부합되었다는 역사가 있으며, 고정공주는 이로부터 유명해지게 되었다. 고정공주는 신의를 펼쳤던 '화타'의 고향 호주시에서 생산된다. 이곳의 기후는 무척 좋으며, 토양은 매우 비옥하고 수질이 깨끗하다. 본 양조는 남북조시대의 '고정'의 물을 사용하여 달콤하고 깨끗하다. 광물질이 풍부하고 고량, 소맥, 대맥, 완두를 주원료로 삼는다.

⑧ 동주

중국 귀주성에서 생산되는 알코올함량 41도의 동주는 '동건사'가 창건되면서부터 명성을 떨치게 되었다. 동주는 백주 중에서도 기타 행형백주에 속한다. 양질의 고량을 주원료로 하여 산 속의 순수한 산천수를 사용하였고, 또 여기에다 130여 가지의 유명 중국약재를 첨가하여 대 · 소곡을 만들고 소곡소교를 사용하여 주배를 제조하였다. 소곡소교를 사용하여 주배를 제조하며 주배, 향배를 한꺼번에 증기에 쪄서 술을 짜내는 이러한 독특한 양조기법은, 대곡주의 진한 향기와 소곡주의 부드럽고 달콤한 뒷맛을 한꺼번에 조화시킨다.

⑨ 고량주

중국 화북의 특산인 고량(수수)을 원료로 사용하여 만든다. 누룩 재료는 대맥, 작은 콩 등으로 내단히 폭이 넓고 증류과정의 숙성도 흙으로 만든 독을 사용한다. 색깔도 없고 맛도 독특하며 강한 냄새가 난다. 고량주는 액이 온화하며 진하고 순하며,

적당히 마시면 피로를 회복시켜 주고 신진대사를 촉진시키며 체력을 증강시켜 준다.

⑩ 소홍주

황색 또는 암홍색의 황주로 4000년 역사를 가진 가장 오래된 술이다. 알코올함량이 10도로, 중국술로는 도수가 약한 편에 속한다. 찹쌀을 발효시키고 특수한 누룩을 사용하는데, 술을 만드는 사람마다 독자적인 비법을 가지고 있다. 누룩 외에 감초, 귤껍질을 넣으며, 오래될수록 향기가 난다. 소홍주는 소홍지방에서 만드는데, 소홍에서는 딸이 태어남과 동시에 술을 빚어 땅 속에 묻은 다음, 그 딸이 커서 시집을 갈 때 개봉했다고 한다. 말린 매실을 잔에 넣어 마시는데, 와인처럼 시고 단맛이 난다. 특히 겨울에는 정종처럼 데워먹고, 여름에는 차게 해서 마시면 제 맛이 난다.

⑪ 오가피주

빨간색을 띠며, 하북성 천지에서 생산되고 있다. 리큐르(혼성주)의 일종으로 고량을 원료로 하여 목향과 오가피 등 10가지의 약재를 넣어 침전법에 의해 만든 한방약의 하나이다. 신경통, 류머티즘에 효과가 있는 불로장생의 약주로 꼽힌다.

⑫ 회춘 장수주

중년이나 노년에 오는 이런 노후현상을 극복하기 위해 빚어진 중국의 보주가 회춘장수주이다.

⑬ 청궁 어액주

진시황이 불로초를 구하는 염원과 같이 청왕조시대에도 불로장수를 위한 황제들의 집념은 '청궁 어액주'를 탄생시켰다. 황제의 명을 받은 왕궁 명의는 청나라 한방에서 전래되어온 방식에 따라 전통적 처방배합기술로 고품질 녹용, 인삼, 정제수오, 중국산 안젤리카를 비롯하여 조제화분, 권력, 괴경 등 여러 가지 진귀한 중국 한약제로 최고급 로열강장액을 빚어왔다. 계속 장복하면 허약체질 개선, 성욕증진, 뇌기능 보강, 정력증진을 도와준다.

⑭ 장수 장락주

중년의 건강을 증진시키고 성기능을 왕성하게 조절할 수 없을까? 성기능장애에 의한 남성불임과 성기능 보강에 관해 오랜 기간 연구하던 중국 귀주성에 소재한 '남성불임증연구소' 증초문 박사에 의해 연구되고 만들어졌다는 신비의 술이다. 이 신비의 술은 아미노산과 미량원소 등 천연 영양소와 함께 녹용, 동충하초, 대황정 등 20여 종의 약재를 주성분으로 만들어진 보주로, 식사 때 반주로 장기복용하면 얼굴색이 좋아지며 모발이 재생되는 등 놀라운 효능을 얻게 된다는 술이다.

⑮ 황궁 회춘주

명주의 진가를 오래 남기는 좋은 술로서, 일반인들은 감히 엄두도 내지 못하고 오직 황궁에서만 은밀하게 생력을 불어넣어주던 영양보주이다. 황제들을 위하여 특별히 수십여 가지의 약재를 다려 진하게 배합하여 빚어진 보주이다.

⑯ 허준보주

허준의 보주비방은 『동의보감』에서 뿐만 아니라 『보약술비망록』이라는 책에 별도로 기술되어 있을 만큼 유명한데, 최근 중국 연변에 살고 있는 허준의 후손인 허창욱 연변의대 교수가 백부께서 보존하고 있던 보약술 비망록을 북한으로부터 가져와 과학적 실험을 거쳐 입증된 사실을 근거로 하여 직접 제조하였다. 이 술은 처음 마시면 마치 두들겨 맞은 것처럼 온몸에 통증과 함께 뻐근한 증세가 오는데, 이것은 바로 뭉쳤던 어혈이 풀리면서 느껴지는 현상이다.

⑰ 조조주

알코올함량 45도의 고량, 쌀, 옥수수를 주원료로 하여 만든 중국주로서 지방성이 높고 중국요리에 적합한 명주이다.

⑱ 서봉주

알코올함량 55도의 서봉주는 4대 백주 중의 하나이며 고량을 주원료로 보리, 완두

콩을 첨가하여 증류한 술로 맛이 중후하며 뒤끝이 깔끔한 것이 특징이다.

⑲ 금주곡주

금주곡주는 양질의 붉은 수수만을 발효 증류시킨 후 색, 향 등을 엄격히 분류검사 후 합격한 상품만을 출하한다. 금주곡주는 맑고 투명한 빛깔을 띠며 향이 짙고 달콤한 맛을 낸다. 마신 후 입 속 향기가 오래도록 지속된다. 1984년 요령성 명주로 제3, 4회 전국주류품평회 때 국가우수상품으로 선정되었다.

⑳ 화도주(북경 마오타이)

화도주는 귀주성 마오타이 주류회사와 합작으로 빚어낸 누룩향 계통의 술로, 북경으로 도입해 만들어낸 고당향 곡주이다. 부드러운 맛과 뒷향이 오래 지속되어 북경의 마오타이라 불린다. 화도주는 1988년 제1회 중국식품박람회에서 금상을 수상하는 등 전국적인 대회에서 수차례에 걸쳐 입상한 경력이 있는 명주이다.

(2) 중국의 차

차의 역사는 세계에서 중국이 가장 오래되었고, 그 종류도 많다. 중국의 차는 중국의 전설적인 시조신화인 삼황시대(三皇時代) 신농씨(神農氏) 때부터 시작되어 5000년의 역사를 가지는 것으로 전해진다. 현재도 광둥어(廣東語)의 '차Cha', 푸젠어(福建語)의 '테Te'가 세계적으로 차(茶)란 말로 쓰이고 있다.

근대에 이르기까지 중국차는 세계에서 가장 질이 좋은 차로 알려지고 있으나, 인도 · 스리랑카 또한 그 역사와 명성은 중국에 못지않다. 특히 광둥의 잉더(英德) 홍차는 좋은 평가를 받고 있다. 중국차는 약차(藥茶)로 마시기 시작해 점차 기호차(嗜好茶)가 되었으며, 중국차가 일반화하고 세계에 널리 퍼진 것은 명(明)나라 때의 전차(煎茶)법이고, 모차(抹茶)나 다례(茶禮) 같은 것은 송(宋)나라가 멸망하면서 사라졌다. 또 중국에서는 수십 년 묵은 차를 약차로 하여 거기에 여러 가지 한약을 넣어 민간약으로도 많이 쓰이고 있다. 중국의 대표 차는 다음과 같다.

① 오룡차(烏龍茶)

오룡차는 불발효차와 완전발효차 사이의 반 발효차이다. 이 차는 발효한 정도에 따라 경미하게 발효한 경반 발효차(10~20%), 이보다 발효도가 높은 중반 발효차(40~60%)로 나눈다. 오룡차는 복건성, 광동성, 대만 등지에서 생산되며, 그 지역에 따라 민남오룡, 복건오룡, 광동오룡, 대만오룡 등 네 종류로 나누어진다. 오룡차는 다 자란 찻잎을 사용하는데, 그 이유는 다 자라 찻잎만이 차의 독특한 향기와 맛을 제대로 낼 수 있기 때문이다. 오룡차를 즐기기 위한 몇 가지 요령과 특징을 보면, 대만 동정산(東頂産)이 최고의 특품이며, 차의 색깔은 등황색(橙黃色)으로 향기가 매우 높다. 머리가 띵하고 졸리고 피곤할 때 주로 마시고, 카페인 성분이 비교적 소량 함유되어 있다. 식전, 식후 및 평상시 손님이 방문했을 경우 상용으로 좋고, 5~6차례 정도 물을 부어 마실 수 있다.

② 백첨금련보이차(白尖金蓮普耳茶)

약간의 발효차에 속하는데, 기본적인 제다과정은 잎을 시들게 하여 볕을 쬐어 말리거나 불을 쬐어 말리는 것이다. 일반적으로 싹이 통통하고 잔털이 많은 복정대백차와 같이 갓 나온 잎에 하얀 솜털이 많은 품종을 골라서 사용하는데, 다 만들어진 완성품에는 하얀 잔털이 덮여있어 아주 소박하고 단아하며 찻물이 맑고 담담하여 그 맛이 깔끔하다.

③ 연리지불여년 설남보이차(連理枝不如年 雪南普耳茶)

이 차의 특징으로는 중국 설남산이 최특품이고, 색깔은 커피색을 띠며 음주 후 다음날 아침에 마시면 효과가 좋다. 속이 거북하고 입에 침이 마를 때 마시면 더욱 효과가 있으며, 중국음식을 먹을 때 마시면 기름기제거 효과가 있다.

④ 모리화차(某洌花茶)

이 차는 중국 항주산이 최특품이다. 북경에서는 샹팬차라고 불리며, 북방인이 많이 애용한다. 수질이 나쁜 지방에서는 자스민꽃을 넣어 향을 첨가시키고, 이 자스민의 꽃향이 들어있어 피부색이 좋아지고 이 차를 많이 마신 덕택에 항주지방에 미녀가 많다는 설도 있다. 기름기 제거효과 때문에 식사 시 많이 마시며, 또한 고기, 마늘 냄새를 없애는 작용을 한다.

⑤ 유암철관음(酉岩鐵觀音)

이 차는 중국 북건성산이 최특품이고, 카페인 성분이 다량이며 맛은 쓰고 색깔은 진한 편이다. 주로 새벽이나 신경을 많이 쓰는 업무종사자가 피곤할 때 1온스 정도의 작은 잔으로 마신다.

⑥ 녹차(綠茶)

중국에서 생산량이 가장 많은 차 중의 하나로써, 전국 18개 차 생산지역 모두 녹차를 생산한다. 중국의 녹차는 품종이 많기로 세계에서 으뜸으로, 해마다 수만 톤이 수출되며, 세계 차 시장에서 녹차 무역량의 70% 내 · 외를 차지한다. 중국의 전통녹차인 미차(眉茶)와 주차(株茶)는 그 향기가 높으면서도 맛이 순수하고 모양이 아름답고 여러 번 달여서 마실 수 있어 국내 · 외 소비자들로부터 높은 환영을 받고 있다. 녹차를 만드는 기본적인 제다과정은 살청(殺青), 비비기, 말리기(乾燥) 등 3가지로 나뉜다. 녹차는 중국 항주산이 최고품이며, 일명 청차라고도 한다. 식전, 식후 및 손님이 방문할 경우 상용으로 마시고, 기름기 제거효과가 있으며 고급차류에 속한다.

⑦ 쭈완차(搏茶)

신선한 음식이 없는 몽고나 티베트 사람들에게 필수품이며, 러시아인들은 홍쭈완차를 즐긴다. 중앙아시아 사람들은 쭈완차에 소금, 버터를 넣고 약한 불에 끓인 후 버터를 녹여서 마신다.

⑧ 황차(黃茶)

노란 찻물에 노란잎이 이 차의 특징이다. 차를 만드는 과정 중 비비기 전에 두텁게 쌓아놓아서 노랗게 물든 결과이다. 비비기 전에 쌓아놓아 노랗게 물든 것도 있고, 비벼놓은 후에 한군데 쌓아두었거나 오랫동안 펴놓아서 노랗게 물든 것도 있는데, 불로 한 번 말리고 나서 쌓아 노랗게 물든 것도 있고, 다시 불에 말리려고 할 때 노랗게 물든 것도 있다.

⑨ 홍차(紅茶)

기본적인 제다과정은 시들려 비비고 발효시켜 말리는 것이다. 찻물도 빨갛고 잎도 빨간 홍차의 주요 품질적 특징은 발효를 거친 후에 형성된다. 발효란 찻잎 중에 원래 무색이던 폴리페놀이 폴리페놀옥사이데이즈의 촉매작용으로 옥시데이전이 되어 홍색의 홍차의 색소인 폴리옥시데이즈를 형성한 것이다. 가장 일찍 나타난 중국 홍차는 복건성 일대의 소종홍차(小種紅茶)로, 이것이 발전하고 변화하여 공부홍차(工夫紅茶)가 생산되었다.

⑩ 흑차(黑茶)

흑차의 기본적인 제다과정은 찻잎을 쪄서 비비고 두텁게 쌓아 말리는 것이다. 이 차는 일반적으로 찻잎이 비교적 크고 센 잎으로, 제다과정 중 자주 쌓아놓기 때문에 발효시간이 비교적 길어 잎 색깔이 까맣거나 흑갈색이 된다. 흑차는 산지와 제다방식의 차이에 따라 호남흑차(湖南黑茶), 호남노청차(湖北老青茶), 사천변차(四川邊茶), 전계흑차로 나눈다.

2. 일본음식

1) 일본음식이란?

일본요리는 "눈으로도 먹고 마음으로도 먹는다."라는 말이 있다. 이는 요리의 형태나 색깔의 아름다움을 유지하면서 재료 본연의 맛과 식감을 살려 식욕을 불러일으키는 것으로 설명된다.

일본요리는 쌀이 주식으로, 농산물과 해산물이 부식으로 형성되는데, 일반적으로

맛이 담백하고 색채와 모양이 아름다우며 풍미(향기, 혀끝 감촉, 씹는 맛)가 뛰어나다는 것이 특징이다. 하지만 이러한 특징을 너무 존중한 나머지 때로는 식품의 영양적 효과를 고려하지 않았다는 평가도 받았지만, 제2차 세계대전 이후부터는 유럽과 미국의 식생활의 영향을 받은 서양음식과 중국의 영향을 받은 중국풍의 요리가 등장하면서 한층 더 발전하게 되었다. 특히 지역별로 보면 크게 관동요리와 관서요리로 구분되는데, 흔히 에도요리로 불리는 관동요리(關東料理 : かんとうりょうり)는 지금의 도쿄를 중심으로 무가(武家) 및 사회적 지위가 높은 사람들에게 제공하기 위한 의례요리(儀禮料理)로써 일본 전통요리의 하나인 '가이세키(會席料理)요리'를 만들었고 맛이 진하며 달고 짠 것이 특징이다. 당시에는 설탕이 맛이 좋다는 뜻의 우아미라고 할 만큼 귀했는데, 이것을 많이 사용했다는 것은 관동요리가 그만큼 고급요리였다는 것을 보여준다.

관서요리(關西料理 : かんさいりょうり)라는 말은 최근에 사용하기 시작한 말로써 그 이전에는 가미가타(교토 부근의 지방요리)라고 하였다. 관서요리는 관동요리에 비해 맛이 엷고 부드러우며, 비교적 설탕을 사용하지 않고 재료 자체의 맛을 살리면서 조리하는 것이 특징이다. 관서요리는 재료의 외양과 색깔이 거의 유지되기 때문에 모양이 아름답다.

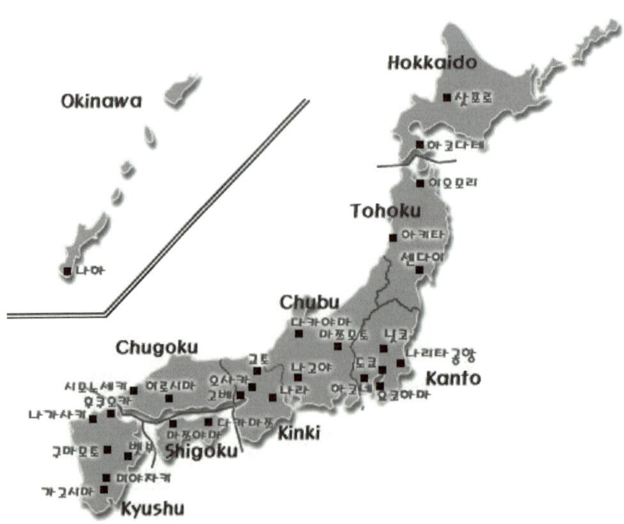

자료 : http://gospel.tistory.com(EBS 일본어회화)

2) 형식에 따른 분류

일본요리는 형식에 따라 혼젠요리(本膳料理), 가이세끼(懷石料理), 차가이세끼요리(茶懷石料理), 후까요리(普菜料理), 쇼진요리(精進料理) 등으로 분류할 수 있다.

(1) 혼젠요리ほんぜんりょうり

이 요리는 일본 아즈치 · 모모야마시대(安土 · 桃山時代)[15]의 조리법으로 전해져 내려오다가 에도시대(江戶時代 : 1603~1867)로 들면서 조리법이 문화의 변천에 따라 상이 화려해지고 요리도 예술성을 띠어 정식 향연요리에 이용하게 되어 지금까지 전해 내려오고 있다. 식단의 기본은 1가지 국에 3가지 야채란 뜻의 일즙삼채(一汁三菜), 이즙오채(二汁五菜), 삼즙칠채(三汁七菜) 등이 있으나 일즙오채, 삼즙구채, 삼즙십일채 등으로 수정된 것도 있다.

- 혼젠(本膳) : 된장국(一汁), 밥(飯), 일본김치(香物), 초생채(白), 나물 및 채소조림(煮) 등이 있다.
- 니젠(二膳) : 맑은 국(一汁), 5가지를 배합한 조리(煮), 나물무침(和え物) 등이 상에 오른다.
- 산젠(三膳) : 된장국(一汁) 또는 생선으로 만든 국(三汁), 생선회(膾), 어패류, 닭고기, 채소 등을 재료별로 조려서 그릇에 모양을 내어 담은 것 등이 오른다.
- 요젠(與膳) : 도미의 통구이(燒物) 등이 상에 오른다.
- 고젠(五膳) : 손님이 집에 가지고 갈 수 있는 요리 등이 상에 오른다.

15) 오다 노부나가(織田信長 : 1534~1582)와 도요토미 히데요시(豊臣秀吉 : 1537~1598)가 활약했던 시기를 노부나가 · 히데요시 시대 혹은 아즈치 · 모모야마(安土 · 桃山時代)시대라 한다. 1573년 노부나가는 쇼군을 교토에서 몰아내고 무로마치 막부를 무너뜨린 뒤 아즈치(安土)에 웅장한 성(城)을 지어 천하통일을 추진했으며, 오다 노부나가의 사업을 이어받은 도요토미 히데요시는 오오사카에 웅장한 모모야마성(桃山城)을 쌓고, 그곳을 근거지로 하여 천하통일을 추진했다. 아즈치모모야마시대의 이름도 노부나가의 아즈치성(安土城)과 히데요시의 모모야마성(桃山城)의 이름에서 딴 것이다.

(2) 가이세끼요리かいせきりょうり

연회석에서 제공되는 연회음식으로 가이세끼요리(懷石料理)라고도 한다. 최근에는 가이세끼는 혼젠요리(本膳料理) 형식의 흐름을 이은 것과 전통 가이세끼요리 흐름을 이은 것으로 구별되고 있다. 전자는 밥상에 요리가 처음부터 배열되어 있는 것이고, 후자는 그릇에 차례로 요리를 내는 것이다. 기본적인 가이세끼 요리는 다음과 같다.

① 진미先附 : さきつけ

고바찌(ごばち)라고도 하며 전채와 같이 제일 먼저 내는 간단한 안주로서, 담백하면서 술안주도 될 수 있는 것으로 식욕촉진제 역할을 하는 것으로 선택해야 한다.

- 나마꼬오야꼬와소(なまこ 親子和そ) : 해삼, 노고와다(해삼창자젓), 메추리알로 만든다.
- 이까마사꼬와소(いかまさこ和そ) : 오징어, 명란젓, 가늘게 썬 김으로 만든다.

② 전채前菜 : ぜんさい

젠사이를 내기 전 사끼쯔께(先附)와 더불어 먼저 내게 되는 술안주로 미각은 물론 시각으로도 식욕을 돋우며, 삼품(三品), 오품(五品), 칠품(七品) 등으로 모리스게(盛合)한 것을 각자가 먹을 수 있도록 준비하여 양을 적게 하고 맛이 담백하게 한다. 사용하는 재료는 육류, 어류, 야채, 난류 등 고루 사용한다.

③ 맑은 국吸物 : すいもの

맑은 국의 구성은 주재료(種 : だね), 부재료가 되는 야채(野菜 : やさい), 향이 나는 재료(口 : ぐち)로 골격을 구성하며, 일본요리 중에서도 특히 계절감을 가장 중요시하는 요리라고 할 수 있다. 맑은 국은 스이모노, 스마시루, 오스마시라고 부르기도 한다.

- 맑은 국 : 맑은 국(すまししゐ), 소금국(潮汁 : 생선, 조개 등을 첨가)
- 진한 국 : 된장국(みそしゐ), 비짓국(うのはなしゐ), 마국(どゐゐししゐ)

④ 사시미造り : つくり

어패류가 주가 되는 일본요리의 대표적인 요리로 간장, 초간장, 겨자 또는 마늘 등을 첨가해 먹기도 한다. 생선 외에도 닭고기, 소고기, 말고기, 고래고기, 곤약구도 사시미를 대용할 수 있다. 주요 어패류 사시미는 활어회, 흰살생선회, 참치회, 해산물회 등이다.

⑤ 구이요리焼物 : やきもの

일본요리의 메뉴에 있어서 중심적인 위치를 차지하는 중요한 요리이다. 종류로는 다음과 같다.

기구에 따른 분류	• 석쇠나 꼬치를 사용하여 불에 직접구운 직접구이 • 프라이팬이나 오븐을 사용하여 간접적으로 굽는 간접구이
형태에 따른 분류	• 통째구이(まるやき) : 형태 그대로 가열해서 굽는 것(도미, 정어리, 조개, 작은 돼지, 참새우, 새우) • 솔방울구이 : 오징어를 칼질하여 솔방울처럼 굽는 요리 • 얇게구이(うすくい) : 달걀을 풀어서 조미하여 얇게 굽는 요리 • 두껍게구이(やつやき) : 달걀, 생선류의 다진 고기를 혼합하여 설탕, 소금, 술을 넣어 간을 하고 기름을 바른 후 프라이팬에 굽는 요리
조미료에 따른 분류	• 소금구이(しおやき) : 소금에 뿌려 굽는 요리 • 데리야끼(でりやき) : 간장, 설탕을 발라서 윤기 나게 굽는 요리 • 그 외 된장구이, 흰자구이, 노른자구이, 깨간장구이, 소금 · 후추구이 등이 있다.

⑥ 조림煮物 : にもの

일본요리의 메뉴에 있어서 식사할 때에 중요한 위치를 차지할 뿐만 아니라 회석요리에서도 그 위치는 매우 중요하다. 조림은 조리법에 따라 크게 아래와 같은 메뉴가 있다.

- 조림국물을 조리한 것 : 煮付, あら煮, 時雨煮, 白煮 등
- 조림국물을 많이 한 것 : さやに, 地部煮ね 黄味煮 등
- 칡 녹말을 사용한 것 : 吉野煮, 胡麻煮 등
- 조리기 전에 가열한 것 : 炒り煮, にびだし, 味煮膾 등

⑦ 초회酢物 : すのもの

혼합한 초나 아에고로모(和え衣)로서, 사전에 처리한 재료를 무친 것으로서 상쾌하고 산뜻한 산미와 씹히는 맛과 순조롭게 혀에 닿는 감촉, 뒷맛의 개운함이 있어야 한다. 주요 초회로는 새우초회, 해삼초회, 문어초회 등이 대표적이다.

⑧ 튀김揚物 : あげもの

채소나 어패류 재료를 그냥 또는 튀김옷을 입혀서 고온의 기름 속에서 익히는 조리법으로 17세기에 일본이 포르투갈 · 네덜란드 등 외국과 교류를 시작하면서 서양음식의 영향을 받아 발전하게 되었다. 종류에는 스아게(素揚げ), 가라아게(空揚げ), 고로모아게(衣揚げ), 가와리아게(変り揚げ) 등이 있다.

가라아게(からあげ)는 생선이나 야채 등의 재료에 밑간한 다음 그 표면에 녹말 · 밀가루 · 갈분 등을 묻혀서 기름에 바삭하게 튀기는 방법이다. 재료의 맛을 그대로 느낄 수 있다. 재료로는 전갱이 · 빙어 · 도미 · 날치 · 고등어 등의 생선과 쇠고기 · 야채 등을 사용한다. 작은 생선의 경우 뼈째 씹을 수 있도록 요리한다.

고로모아게(ころもあげ)는 덴푸라(天婦羅 : てんぷら)라고도 한다. 얼음물에 밀가루를 개어서 만든 튀김옷을 생선이나 야채에 묻혀 뜨거운 기름에 튀긴다. 튀김옷으로 인하여 재료의 영양분과 맛의 손실을 방지할 수 있다. 또 재료 고유의 맛과 향이 그대로 남아 풍미가 좋다.

스아게(すあげ)는 튀김옷이나 가루를 묻히지 않고 재료 그대로 기름에 튀기는 방법이다. 재료는 물기를 빼서 준비한다. 은행 · 밤 · 가지 · 고추 · 다시마 · 깻잎 · 새우 등의 재료가 적합하다. 재료의 빛깔과 모양을 살리는 방법으로 사용한다.

이외에도 변양(變揚) 특색 있는 모양이 나도록 튀겨낸 가와리아게(かわりあげ) 등이 있다.

⑨ 식사食事 : しょくじ

회석요리에서 마지막 코스로 내는 식사, 즉 밥을 말한다. 요리의 내용에 의해서 양과 질을 정하고 그날의 전체 메뉴를 참작하여 요리를 즐기는 사람의 식성, 건강 등을 고려하여 제공된다. 종류로는 흰밥, 면류, 죽 종류, 초밥 종류 등을 낼 수 있으며, 경우에 따라서는 국물, 일본김치를 곁들이기도 한다.

- 밥의 종류 : 밤밥, 알밥, 죽순밥, 자연송이밥 등
- 면(麵)류 : 차모밀국수(茶そば), 소면(煮めん) 등
- 죽류 : 전복쌀죽, 닭고기죽, 복어죽 등
- 차밥 : 찻물에 만 밥, 연어차밥, 김차밥, 도미차밥 등

⑩ 후식果物 : くだもの

후식으로는 계절과일을 원칙으로 하며 전체적인 요리를 봐서 양을 조정해 낸다.

(3) 차회석요리茶懐石料理 : ちゃかいせきりょうり

정식의 차사(茶事)로 차를 따르기 전에 내는 것으로 간소한 식사로부터 생겨난 요리의 형식이다. 이것은 짙은 차의 맛이 농후하기 때문에 약간의 음식물을 먹는 것이 차를 맛있게 마실 수 있는 데서 시작한 것이다. 회석이라는 말은 불교 선종에서 수행 중인 승려들이 아침과 오후 두 번 밖에 식사를 하지 못하게 되어 있었기 때문에, 추운 밤이면 빈속으로 잠을 이룰 수가 없어 불돌을 회중에 품고 견디어냈다는 데서 유래되었다.

(4) 후차요리普菜料理 : ふちゃりょうり

후차요리는 오오바쿠요리(黃壁料理)라고도 불리며, 황벽산 만복사의 법주였던 중이 중국에서 찾아오는 선종승을 대접할 때 정진요리를 중국식으로 조리했던 것으로써 음식명도 중국식 명칭을 따른 것이 아직도 있다.

(5) 쇼진요리精進料理 : しょうじんりょうり

쇼진요리란, 육류를 피하고 식물인 채소류, 곡류, 두류 등을 이용해서 만들었다는 뜻으로, 맛있는 음식을 피하고 검소한 음식을 먹는 것을 의미한다.

3) 일본요리의 종류

한국에서 주로 취급하고 있는 일본요리는 앞서 다룬 가이세끼 고급 음식점과 단품 위주의 전문음식점으로 구분된다. 이 장에서는 호텔과 고급 음식점에서 주로 제공되는 요리를 중심으로 다루어본다.

(1) 오도오시お通し

오도오시는 다른 말로 쯔기다시(つぎだし), 사끼쯔께(先附), 고쯔께(小附)라고 하는데, 이 요리는 일식에서 식사를 주문하고 기다리는 시간에 제공하는 것으로 가벼운 술안주로 제공된다.

(2) 젠사이前菜

전채요리는 양식과 같이 소량으로 제공하며 타액의 분비를 촉진하여 식욕을 돋우는 역할로 삼채와 오채까지 있는데, 중요한 것은 맛의 중복을 피해야 한다.

(3) 스이모노吸い物

우리나라의 국과 유사한 맑은 장국으로, 국물 속에 작은 양의 식품을 넣어서 만든 음식이다. 맛은 담백하고 청신한 향기를 내게 하여 식욕을 돋우는데 맛국물의 종류로는 곰부와 가당랭이포맛 국물, 멸치맛 국물, 정진맛 국물, 닭맛 국물 등이 있다.

(4) 미소시루みそしる

일본된장을 기본으로 한 다시지루와 건더기가 잘 조화된 국이다.

(5) 사시미刺身

사시미는 어패류를 익히지도 않고 양념하지 않은 채 먹는 일본요리 가운데서 가장 미적 표현이 잘 나타나는 요리이다. 사시미는 날 것 그대로 맛과 향기를 즐기는 요리이다. 관동지방에서는 사시미, 관서지방에서는 쓰구리라고 한다.

(6) 야키모노や焼も物

석쇠나 꼬챙이를 사용하여 불에 직접 굽는 방법과 프라이팬이나 오븐 등을 사용하여 간접적으로 굽는 방법이 있다.

(7) 스노모노酢の物

초회는 초를 주로 사용하여 신선한 어패류, 야채, 조수육 등의 재료를 양념한 것으로, 새콤한 산미와 산뜻한 맛으로 입 안을 개운하게 한다. 진한 조림과 튀김과도 배합이 잘되며 식욕을 돋우어 주는 요리로서, 특히 하절기의 요리로 잘 어울리고 식사의 중간이나 전채로도 사용할 수 있는 전천후 요리이다.

(8) 무시모노蒸し物

증기로 찌는 요리로, 재료가 지닌 영양이나 풍미를 살리는 조리법이다. 재료는 흰살생선, 닭고기, 달걀, 조개, 야채 등이 쓰이며 비교적 담백한 것이 어울린다.

(9) 아게모노揚げ物

우리말로 튀김을 뜻한다. 재료가 지닌 자연그대로를 살릴 수 있고 영양가가 높다는 점에서 튀김은 가장 뛰어난 요리법이다.

(10) 니모노にもの

장국과 함께 가열하여 조미료로 향미를 가한 요리로, 우리나라의 찌개와 같이 국물이 많은 것과 조림과 같이 국물이 적은 것 등 조리법이 다채로운 요리로서 술안주 등으로 좋지만 대체로 밥반찬에 알맞은 요리이다.

(11) 나베모노鍋べ物

우리나라의 전골식으로 냄비에 야채, 어패류, 육류 등의 재료와 함께 여러 가지 양념을 하여 식탁에서 끓여먹는 즉석요리로, 스키야끼(すきやき)와 샤부샤부(しゃぶしゃぶ)

가 대표적이며, 이들 요리는 시간도 절약되고 계절에 따라 재료를 다채롭게 사용하므로 영양가가 높다.

(12) 후구요리河豚ふぐ料理

복어는 한자로는 하돈(河豚)이라고 하고, 몸은 뚱뚱하지만 날카로운 이와 작은 등 지느러미를 가졌으며, 복어가 가지고 있는 독은 사람에게 치명적이기 때문에 반드시 복조리 전문가에 의해 준비되어야 한다. 요리에 가장 많이 사용하는 고급 복으로는 도라후구(トラふぐ), 가라스후구(カラスふぐ), 마후구(マふぐ) 등이 있으며, 계절적으로 사용되고 있는 복으로는 나시후구, 시마후구, 가나후구, 고마후구 등이 있다.

(13) 스시壽司 : すし

쌀과 생선을 이용한 건강식 위주의 음식으로 일본요리 중에서 가장 세계적인 음식이다. 스시는 밥을 초밥초(식초, 설탕, 소금)로 맛을 들여 생선, 생선알, 조개, 김, 달걀말이, 야채 등의 재료와 조화를 맞추어 숙련된 솜씨로 만든 요리이다. 스시의 종류도 다양하여 도쿄의 '에도마에스시', 오사카의 '하꼬스시', 교토의 '마끼스시' 그리고 일본 내 각 고장마다 특색을 살린 스시가 많이 있다. 스시전문점에서 가장 많이 제공되는 생선은 아래와 같다.

참치뱃살(大とろ)	문어(たこ)	새조개(とり貝)
참치뱃살(中とろ)	바다장어(あなご)	떡조개(貝貝)
참치(まくろ)	연어알(いくら)	피조개끈(ひも)
광어(平魚)	대구알(たらこ)	단새우(甘えび)
도미(たい)	청어알(數の子)	차새우(車海老)
전어(こはだ)	성게알(うに)	활새우(おとり)
작은방어(はまち)	갑오징어(生いか)	갯가재(さゃこ)
겨울방어(ぶり)	오징어발(げそ)	민물장어(うなぎ)
학꽁치(さより)	전복(あわび)	고등어(サバ)

스시는 초밥의 재료와 만드는 방법에 따른 다음과 같이 구분한다.

① 니기리にぎり

주먹으로 뭉쳐 만든 밥 위에 생선을 올리고, 사이에 와사비를 넣은 생선초밥을 말한다. 재료로는 참치, 광어, 도미, 학꽁치, 오징어, 피조개, 새우, 농어 등이 있다.

② 노리마끼스시のりまきすし

김을 말아서 만드는 김초밥을 말한다. 재료로는 달걀말이, 생선가루, 오이, 시금치, 마구로, 오싱꼬, 박고지 등이 있다.

③ 이나마끼스시いなまきすし : 유부초밥

유부를 끓인 후 수분을 없애고 간장과 설탕을 조린다. 재료로는 깨, 표고버섯, 박속, 당근 등이 있다.

④ 그 외 하꼬스시はこすし, 바라스시ばらすし, 무라스시むらすし 등이 있다.

(14) 면요리麵料理 : めんりょうり

일본요리의 국수는 지방에 따라 만드는 재료와 맛이 다른데, 관동지방은 국물이 진하고 강한 맛을 가지고 있으며, 관서지방은 연한 맛이 특징이다. 메밀국수는 관동지방, 우동은 관서지방에서 즐긴다.

(15) 데판야끼鐵板燒 : てっぱんやき

데판야끼는 서양요리법을 모방하여 일본인들의 식성에 맞게 변화시킨 것이다. 철판 위에서 구운 요리로 고객의 기호에 따라서 철판에서 구운 고기나 야채를 즉석에서 먹게 하며, 카운터 형식으로 된 넓은 철판에서 조리사가 직접 요리하여 앞의 고객에게 서비스해 주기 때문에 조리과정을 볼 수 있어서 시각적인 효과를 높일 수 있다. 주메뉴로는 새우구이, 전복구이, 야채볶음, 육고기 및 해산물이 주를 이룬다. 철판구이 메뉴순서는 보통 아래와 같이 제공한다.

① 전채요리 ② 맑은 국
③ 샐러드 ④ 가리비구이
⑤ 대하, 은대구구이
⑥ 양송이버섯, 청경채구이
⑦ 안심구이 ⑧ 모듬 야채볶음
⑨ 식사 ⑩ 과일

철판구이에 사용되는 소스의 종류로는 마스터드소스Mustard Sauce : Meat Sauce, 오니온 소스Onion Sauce : Vegetable Sauce, 폰즈ポン酢 : Vegetable Sauce, 야채드레싱Salad Dressing 등이 있다.

(16) 조식朝食 : ちょうしょく

① 밥 정식ごはん ていしょく

고바찌(ごばち), 더운야채(野菜), 조림(にもの), 구이(燒物), 밥(ごはん), 된장국(みそしる), 일본김치(香の物), 김으로 구성된다.

② 죽 정식おかゆ ていしょく

죽 정식은 밥 정식에서 밥 대신 쌀죽(おかゆ)이 제공되는 것이 다르다. 아침에 나가는 정식엔 된장국이 포함된다.

③ 전복죽 정식あわびの おかゆ ていしょく

전복죽 정식도 밥 정식에서 밥 대신 전복죽(あわびの おかゆ)이 제공되는 것이 다르며, 전복죽 정식에도 된장국은 포함된다.

(17) 소스

일식요리에 사용되는 주요 소스는 다음과 같다.

소스 이름	용　도
사시미소스	생선회와 곁들여서 먹는 소스
스끼야끼소스	야채와 고기를 철판에서 요리하면서 간을 맞춤
본즈	고추 간 것과 무즙을 혼합하여 잘게 썬 파를 넣고 사용
소바다시	면 요리에 사용하며 서브할 때는 와사비와 파를 곁들임
우나기, 장어데리, 생선데리	장어구이, 연어구이, 병어구이, 참치구이, 삼치구이, 도미 등에 사용
고마다래	샤부샤부 등에 사용
일본식 샐러드 드레싱	샐러드에 잘 흔들어서 사용
고마소스, 깨소스	철판구이 야채볶음에 사용
양파소스	철판구이 생선류에 사용
겨자소스	철판구이의 소고기 종류의 소스로 사용

(18) 일본차

일본음식과 함께 제공되는 대표적인 차의 종류는 아래와 같다.

일본차 종류	마시는 적정온도
옥로차(玉露茶)	60℃
맛차	60~70℃
센차(綠茶)	70~80℃
호지차	90~100℃
반차(番茶)	80~90℃
겐마이차(玄米茶)	80~90℃
사꾸라차	70~80℃
우메차	70℃
곤부차	70~80℃

4) 일본의 술

(1) 사케의 정의

일본이 사케를 제조하게 된 기원은 우리나라가 청주를 제조해 먹던 방법을 전해주어 시작되었다고 문헌에 있으나, 이후 국가의 지원 아래 다양한 양조기술을 개발하고 기술보급을 하여 오늘날 세계적인 전통주가 되었다.

사케는 일본을 대표하는 전통주로서, 일본 도정미를 활용한 토속주에 서양의 기술이 적용되어 양조기술이 발달함에 따라 다양한 제조법이 개발되고 보급되어 품질과 종류가 다양한 주류가 되었다. 사케의 성분은 단백질, 탄수화물이 혼합되어 있는 발효주로서 칼로리는 100ml에 134kcal가 함유되어 있다. 사케는 니혼슈(日本酒), 세이슈(淸酒)라고도 불리며, 니혼(日本)은 일본을 의미하고 슈(酒)는 사케를 의미하며 세이는 맑고 깨끗하다는 뜻을 지니고 있다. 니혼슈(日本酒)라는 명칭에서도 볼 수 있듯이, 사케는 일본을 대표하는 전통주인 셈이다.

일본 주세법에 의하면, 알코올함량이 22도 이하로 주재료는 쌀과 물, 쌀누룩으로만 제조하여 발효시켜야 하고, 다음으로 법령에 나타나있는 것을 재료로 발효시킨 후 여과하는 것이며, 마지막으로 사케와 사케를 혼합했을 경우에만 사케라는 용어를 사용할 수 있게 되어 있다. 일반적으로 사케와 정종을 구분 없이 사용하는 경우가 빈번한데, 식민지 시절 국내에 대형 사케회사들이 들어오고 일본 사케가 유명해지자, 국내에서 정종이 사케인 것처럼 생각하는 인식이 생겼다. 즉 정종은 일본의 많은 사케 브랜드 중 하나이다.

(2) 사케의 분류

사케는 제조할 때 사용되는 원료가공과 첨가원료에 따라 크게 특정명칭주와 일반주로 나뉜다. 특정명칭주는 사케 전체 출고량의 30%를 차지하는 고급 사케에 속하며, 원료의 가공기준(정미율)과 첨가원료에 따라 크게 준마이슈와 혼조조슈로 나뉘고 세부적으로는 8가지로 분류된다. 또한 고객의 취향과 선호도에 따라 먹을 수 있도록 맛과 향, 술의 온도에 의해 4가지로 분류해 이용하고 있기도 하다. 사케를 제조하기 위한 재료는 쌀, 쌀누룩, 물이 사용되지만, 품질과 응용방법에 따라 다양하게 분류하여 고객에게 제공하는 것으로 나타났다.

① 가공기준과 첨가원료에 따른 분류

준마이다이긴조슈	가장 높은 품질에 속하는 술이다. 정미율 기준에 따라 50% 이상 표면을 벗겨낸 쌀을 주원료로 물 누룩으로만 제조한다. 준마이다이긴조슈의 특징은 효모가 강한 것을 사용하고, 낮은 온도로 발효시켜 강한 냄새가 은근히 나며 깊은 맛을 낸다.
다이긴조슈	냄새가 가장 강한 술이다. 정미율 기준에 따라 50% 이상 표면을 벗겨낸 쌀을 주원료로 물 누룩으로만 제조한다. 다이긴조슈는 준마이다이긴조슈의 사용원료와 동일하지만, 제조한 모로미에 쌀의 중량 10% 이내로 양조알코올을 첨가하여 향을 높인다.
준마이슈	사케의 표준이 되는 술이다. 쌀, 물, 누룩의 재료만을 사용하여 제조한 술로서 쌀의 종류와 누룩에 따라 맛이 나타나므로, 술을 제조하는 사람의 특징에 따라 맛이 다양하게 제조되는 술이다. 쌀의 정미율 기준이 있었지만 2004년에 사라졌다.
도쿠베쓰 쥰마이슈	정미율 60% 이하인 쌀을 주원료로 누룩, 물을 사용하여 제조한 술이다. 도쿠베쓰란 말은 '특별하다'는 뜻으로 쥰마이슈와 정미율이 차이 나므로 차별화하기에 덧붙인 단어이다. 정미율로 인해 깔끔한 맛이 특징이다.
준마이긴죠슈	준마이슈와 달리 60% 이하의 정미율 기준이 있으며 쌀, 누룩, 물을 제조한 술이다.
긴조슈	다이긴조슈와 동일하게 쌀, 물, 누룩으로 제조한 모로미에 양조알코올을 첨가하여 향을 높인 술이다. 향이 강하고 정미율이 70% 이하인 쌀을 사용한다.
도쿠베쓰 혼조조슈	정미율 60% 이하인 쌀, 물, 누룩을 넣어 제조한 모로미에 양조알코올을 넣어 제조한 술이다. 깨끗하고 상쾌한 맛이 특징이다.
혼조조슈	정미율 70% 이하인 쌀, 물, 누룩으로 제조한 모로미에 양조알코올 첨가하여 만든 술이다. 깨끗하고 시원한 맛이 일품이다.

② 맛과 향에 의한 분류

일본 사케는 맛과 향에 따라 4가지 타입으로 분류해서 먹는 방법이 일반화되어 있다. 색이 투명하고 풍부한 향과 시원하고 산뜻하며 향이 강한 군슈 타입, 투명하고

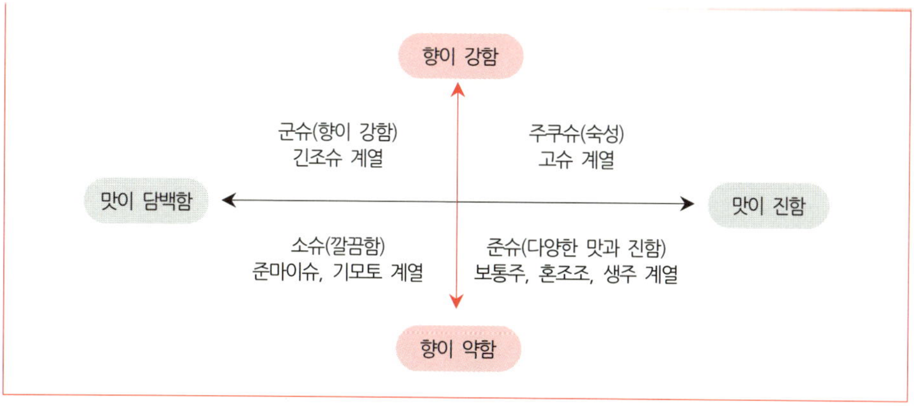

향이 단순하나 맛이 깨끗한 소슈 타입, 노란빛을 띄며 진한 맛으로 인해 뒷맛이 오래 가는 주쿠슈 타입, 진한 노란빛을 띄며 맛이 무겁고 강한 맛이 나는 준슈 타입이 있다. 소비자가 사케를 시음하지 않아도 맛과 향의 선호도에 따라 분류된 표를 이용하여 구매가 가능하도록 되어 있다.

③ 온도에 의한 분류

사케는 다양한 맛과 향을 극대화시키기 위해 중탕을 해서 데워먹는 방법과, 얼음팩을 넣어 먹는 다양한 음용방법이 있다. 사케의 온도를 가장 낮게 먹을 경우 5℃, 가장 높게 먹을 경우 50℃를 기준으로 먹는 것을 추천하고 있다. 몸에 체온과 근접했을 때 가장 강하게 느낄 수 있는 단맛과 온도가 내려가면 느낄 수 있는 쓴맛, 온도와 무관하게 똑같이 느낄 수 있는 신맛에 맞게 사케 맛을 세분화시켜 온도에 맞는 음용 방법을 권하고 있다.

온 도	종류와 특징
10℃ 전후 10~15℃	• 준마이긴조슈, 다이긴조슈, 긴조슈 등 • 청량감이 느껴지는 맛, 차게 해서 먹어야 화려한 향과 부드러운 과일맛이 느껴진다.
5℃ 전후 5~10℃	• 나마자케, 나마초죠슈 등 • 차게 해서 먹어야 경쾌하고 시원한 맛이 느껴진다.
15~20℃ 40℃ 전후 40~50℃	• 준마이슈, 혼조조슈 등 • 데워먹으면 감칠맛을 가장 쉽게 느낄 수 있다.
15~25℃ 35℃ 전후	• 고슈, 장기숙성주 등 • 대개는 15℃의 상온에서 먹는 것이 보통이다.

3. 한식음식

1) 한국음식이란?

우리나라는 지형적으로 유라시아 대륙의 극동에 위치하고 있으며, 남북으로 길게 뺀은 삼면은 바다로 둘러싸여 있고, 국토의 대부분을 이루는 산과 기름진 평야를 가지고 있다. 이러한 자연환경에 생산되는 농산물, 수산물, 축산물 등의 식재료는 그 종류가 풍부하고 다양하며, 이러한 다양성을 배경으로 하여 일찍이 독자적인 유형의 식문화를 형성하였다. 한국요리의 특징을 정리하면 다음과 같다.

- 주식과 부식이 명확하게 구분되어 있다.
- 곡물을 중히 여기어서 곡물음식이 다양하다.
- 음식의 종류와 조리법이 다양하다.
- 음식의 맛이 다양하고 향신료를 많이 사용한다.
- 음식에 대하여 의식동원 기본정신이 있다.
- 음식의 모양보다는 맛을 위주로 하며 은은한 멋을 낸다.
- 상차림 형식을 갖춘다.
- 바른 식사예법이 있다.
- 명절과 절기음식의 풍습이 있다.

2) 한국요리의 종류

(1) 주식류

① 밥

밥으로는 주로 흰쌀밥을 많이 먹지만 쌀에 보리, 기장, 수수 등의 잡곡이나 콩, 팥 등의 두류, 또는 감자, 고구마, 밤 등의 전분질 식품을 넣어서 짓기도 하는데 오곡밥, 팥밥, 콩밥, 밤밥 등의 잡곡밥이 그것이다.

② 죽

곡류를 주재료로 하여 만든 반 유동식의 일종으로, 쌀을 불려 갈아 참기름으로 볶아 끓인 흰죽을 비롯하여 팥죽, 콩죽, 녹두죽이 많이 사용되며, 보신 보양을 목적으로 하는 전복죽, 흑임자죽, 잣죽, 타락죽 등도 있다.

③ 국수

국수는 일상식의 아침, 점심상에 주로 차려지며, 잔치 때 손님 접대용으로 차린다. 생일날의 점심에는 장수를 비는 뜻으로 반드시 국수상을 차리고, 결혼, 회갑, 장례 등의 큰일을 치를 때와 많은 손님을 대접할 때는 손이 많이 가는 반상(밥상)보다 면상(국수상)을 차렸다.

④ 만두와 떡국

만두와 떡국은 국수와 마찬가지로 간단한 주식이 된다. 옛날부터 설날에는 떡국을 끓여 조상께 차례를 지내왔는데, 북쪽지방에서는 만둣국을 끓여 먹었다. 충청도의 생떡국, 개성의 조랭이떡국 등의 향토 떡국도 있다.

(2) 찬품류

① 국, 탕

밥이 주식인 우리의 일상식에서 거의 빠지지 않고 밥상에 오르는 기본적 찬물이다. 국의 건더기는 국물의 약 1/3이 적당하며, 1인당 건지는 60~100g이면 충분하다.

② 찌개, 조치, 감정

찌개는 반상에 밥반찬으로 차려지며, 국과 거의 비슷한 조리법이나 국보다는 국물이 적어 건더기가 국물의 2/3가 적당하며 국보다 간이 짠 것이 특색이다. 조치란 궁중에서의 찌개를 일컫는 말이고, 감정은 고추장으로 조미한 찌개를 말한다.

③ 전골

전골이란, 육류와 채소에 양념한 다음 전골 팬에 담아 식탁에서 바로 화로 위에 올려놓고 끓여먹는 즉석음식으로 반상이나 주안상에 곁상으로 따라 나간다.

④ 찜, 선

육류, 어패류, 채소류를 국물과 함께 끓여서 익히는 것과, 증기로 익히는 2가지 방법이 있다. 끓이는 찜은 주로 질긴 육류를 이용하며 약한 불에서 서서히 오래 익혀 연하게 만들며 생선, 새우, 조개 등은 증기에 찌는 방법을 이용한다.

⑤ 전유어, 지짐

전은 생선, 고기, 채소, 버섯류 등을 소금, 후추로 간하여 밀가루를 묻히고 달걀물을 씌워 기름에 지지는 음식으로 궁중에서는 전유화라 하였다. 지짐은 빈대떡이나 파전처럼 재료를 밀가루 푼 것에 섞어서 기름에 지져내는 음식이다.

⑥ 구이, 적

조리법 가운데 가장 먼저 생긴 조리법으로, 외부에서 높은 열로 식품의 표면을 응고시켜 속의 영양성분과 맛이 밖으로 나오지 않게 하고 양념이 재료에 배어 들어가서 독특한 맛과 향이 나게 하는 조리법이다. 적은 육류와 채소, 버섯을 양념하여 꼬치에 꿰어 구운 것이다. 산적은 익히지 않은 재료를 꼬치에 꿰어서 지진 것이고, 누름적은 재료를 양념하여 익힌 다음 꼬치에 꿴 것과 재료를 꿰어 전을 부치듯이 옷을 입혀서 지지는 것의 2가지가 있다.

⑦ 조림, 초

주로 반상에 오르는 반찬으로 육류, 어패류, 채소류로 만들고 간장 또는 고추장을 섞어서 조리한다. 초는 원래 볶는다는 뜻이 있지만, 윤기 나게 조린다는 의미로 쓰이는 조리용어이다.

⑧ 나물, 생채

나물은 숙채와 생채의 총칭이나 대개 숙채를 가리킨다. 생채는 보통 채소류를 익히지 않고 무치는 조리법으로 초장, 초고추장, 겨자장으로 무친다. 조미에 식초와 설탕을 사용하여 새콤달콤하게 하는 것이 특징이다.

⑨ 회, 숙회

회는 육류, 어패류, 채소류를 날로 또는 익혀서 초간장, 초고추장, 겨자집, 소금기름 등에 찍어먹는 음식이다. 날로 먹는 육류 회는 소고기의 연한 살코기 육회와 간, 천엽, 양 등의 내장류의 갑회가 있다. 신선한 생선과 굴, 해삼 등은 날것으로 회를 하며 오징어, 문어, 낙지, 새우 등은 익혀서 숙회로 한다. 채소의 숙회로는 미나리, 실파, 두릅 등이 있다.

⑩ 장아찌, 장과

장아찌는 채소가 많은 계절에 구입하여 간장, 된장, 고추장 등에 넣어 저장하였다가 그 재료가 귀한 계절에 쓰는 찬품으로 장과라고도 한다. 장에 넣을 때는 채소를 소금에 절이거나 말려 수분을 뺀 후 넣어야 무르거나 맛이 변하는 것을 방지한다.

⑪ 편육, 족편, 묵

편육은 소고기나 돼지고기의 덩어리를 통째로 삶아 익혀 천에 싸서 무거운 것으로 누른 다음 얇게 썬 것으로, 양념장이나 새우젓국에 찍어먹는다. 소고기는 양지머리, 사태, 업진, 우설, 우신, 소머리 등을 이용하며, 돼지고기는 삼겹살, 어깨살, 머리부위가 적당하다. 족편은 육류의 질긴 부위인 소족과 사태, 힘줄, 껍질 등에 물을 부어 오래 끓이면 젤라틴 성분이 녹아서 죽처럼 되는데, 이것을 네모진 그릇에 부어 응고시킨 것으로 청포묵, 메밀묵, 도토리묵 등이 있다.

⑫ 마른반찬(포, 부각, 튀각, 자반)

포에는 육포와 어포가 있으며, 육포는 주로 소고기를 간장으로 조미하여 말린 것인데 우둔살이나 홍두깨살을 결대로 얇게 떠서 양념하여 만든다. 튀각은 다시마, 참죽나무잎, 호두 따위를 기름에 바싹 튀긴 것이고, 부각은 재료를 그대로 말리거나 풀칠하여 바싹 말렸다가 필요할 때 튀겨서 먹는 반찬이다. 자반은 물고기를 소금에 절이거나 나물 또는 해산물에 간장이나 찹쌀풀을 발라 말려서 튀긴 짭짤하게 만든 반찬이다.

⑬ 젓갈, 식해

젓갈은 어패류를 소금에 절여 염장한 식품으로, 숙성 중 단백질 성분이 분해되면서 특유의 향과 감칠맛을 낸다. 식해란 어패류를 엿기름, 익힌 곡물과 함께 섞어서 고춧가루, 파, 마늘, 소금 등으로 조미하여 저장하는 음식이며, 함경도 지방의 가자미식해, 도루묵식해와 황해도의 연안식해, 강원도의 북어식해 등이 유명하다.

⑭ 김치

김치는 채소류를 절여서 저장 발효시킨 음식으로, 찬품 중에 가장 기본이 된다.

3) 상차림의 종류

우리 식생활에는 상차림의 목적에 따라 반상, 면상, 주안상, 교자상, 돌상, 큰상, 제상 등의 형식이 있다. 여기에서는 상업요리에 사용되는 상차림을 중심으로 대표적인 것들을 소개한다.

(1) 반상[16)]

밥과 반찬을 주 메뉴로 격식을 갖추어 차리는 상차림이다. 그 종류로는 밥상, 수랏상으로 구별하여 쓰는데, 받는 사람의 신분에 따라 명칭이 달랐다. 즉 아랫사람에게는 밥상, 어른에게는 진짓상, 임금에게는 수랏상이라 불렀다. 반상에 기본적으로 차리는 음식은 밥, 국, 김치, 장류, 찜, 찌개, 전골로 첩 수에 넣지 않는다. 첩 수에 들어가는 찬품으로는 생채, 숙채, 구이, 조림, 장과, 마른찬, 젓갈, 회편육 등으로 뚜껑 있는 작은 그릇인 쟁첩에 담는다. 반상에 차려지는 찬품의 수에 따라 3첩, 5첩, 7첩, 9첩, 12첩으로 나뉘는데, 조선시대 궁중에서는 12첩 반상을 차렸고, 사대부가에서는 9첩 반상까지만 차리도록 제한하였다. 반상차림의 구성은 다음의 표와 같다.

16) 반상은 우리나라 고유의 일상식 차림이다. 국이나 각종 반찬으로 차려진 상에서 여러 명이 둘러앉아 식사하는 풍습은 한국전쟁 이후 형성된 문화로, 조선시대 선비들의 엄격한 식사예법은 독상문화가 기본이었다.

[표 2] 반상차림의 구성

구분	기본음식							쟁첩에 담는 음식										
	밥	국	김치	장류	찌개	찜	전골	생채	숙채	구이	조림	전	장아찌 장과	마른찬	젓갈	회	편육	수란
3첩	1	1	1	1	×	×	×	택 1		택 1		×	택 1			×	×	×
5첩	1	1	2	2	택 1			택 1		1	1	1	택 1			×	×	×
7첩	1	1	2	3	1	택 1		1	1	1	1	1	택 1			택 1		
9첩	1	1	3	3	2	1	1	1	1	1	1	1	1	1	1	택 1		
12첩	2	2	3	3	2	1	1	1	1	2	1	1	1	1	1	1	1	1

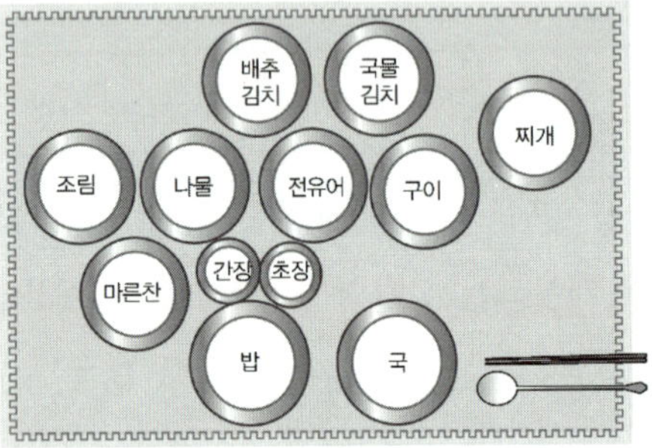

5첩반상

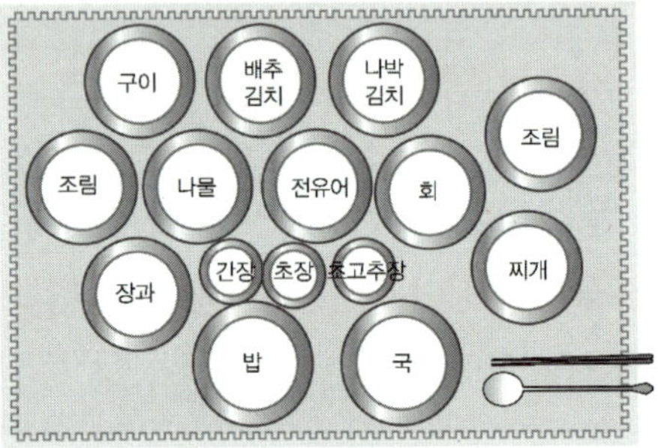

7첩반상

9첩반상

(2) 주안상

주안상은 손님을 대접하기 위해 차리는 상이다. 음식을 상에 낼 때는 먼저 술과 포나 마른안주를 내어 잔이 고루 돌려지면 찬 음식과 더운 음식을 때맞추어 바로 내도록 한다. 술을 거의 먹으면, 주식으로 면이나 떡국 등을 마련한다. 식사 후에는 후식으로 조과, 생과, 화채 등을 한 가지씩 내도록 한다. 청주, 소주, 탁주 같은 술과 함께 전골이나 찌개 같은 국물이 있는 뜨거운 음식과 전유어, 회, 편육, 김치를 술안주로 낸다.

주안상

(3) 교자상

교자상은 집안에 잔치나 경사가 있을 때 보통 큰 사각반이나 또는 원반에 음식을 차려놓고 여러 사람이 함께 둘러앉아 먹는 상이다. 밥을 주식으로 하는 교자상을 얼

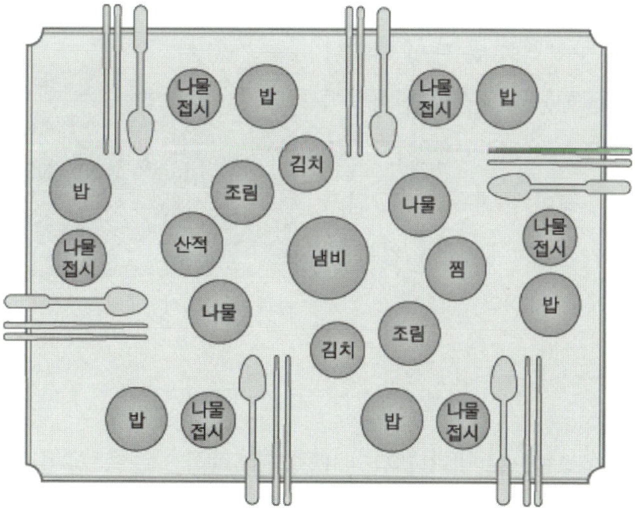

교자상이라고 하는데, 주된 찬품을 들고 나서 식사를 할 때는 다시 밥반찬이 되는 찬품과 탕을 준비해야 하므로 매우 번거롭다. 주식은 냉면이나 온면, 떡국, 만두 중에 계절에 맞는 것을 내고 탕, 찜, 전유어, 편육, 적, 회, 채(겨자채, 잡채, 구절판) 그리고 신선로 등을 올려놓는다. 김치는 배추김치나 오이소박이, 나박김치, 장김치 중에서 2가지를 마련한다.

[표 3] 교자상의 구성법

<table>
<tr><th></th><th colspan="2">메뉴명</th><th>5첩</th><th>7첩</th><th>9첩</th><th>11첩</th><th>13첩</th></tr>
<tr><td rowspan="7">기본음식</td><td>면</td><td>온면, 냉면, 떡국</td><td>1</td><td>1</td><td>1</td><td>1</td><td>1</td></tr>
<tr><td>탕</td><td>완자, 임자수탕</td><td>×</td><td>×</td><td>1</td><td>1</td><td>1</td></tr>
<tr><td>찜</td><td>도미찜, 갈비찜</td><td rowspan="2">선택</td><td rowspan="2"></td><td rowspan="2">선택</td><td>1</td><td>1</td></tr>
<tr><td>신선로</td><td>신선로</td><td>1</td><td>1</td></tr>
<tr><td>김치</td><td>배추, 장, 나박김치</td><td>1</td><td>2</td><td>2~3</td><td>2</td><td>3</td></tr>
<tr><td>장류</td><td>청장, 초장</td><td>2</td><td>2</td><td>2</td><td>3</td><td>3</td></tr>
<tr><td>꿀</td><td>편을 차릴 때 곁들임</td><td>1</td><td>1</td><td>1</td><td>1</td><td>1</td></tr>
</table>

(4) 면상

면상 혹은 장국상은 가정에서 점심으로 차리는 상이며, 주식으로 밥 대신 국수나 냉면, 떡국, 만둣국 등을 차리는 상차림이다. 또한 면상에는 마른찬, 짠반찬 등은 사용하지 않으며 찜이나 편육, 잡채, 약식 정과, 화채 등을 곁들여 큰 자극 없이 먹을 수 있는 요리를 차린다.

자료 : 궁중음식연구원

(5) 죽상차림

이른 아침에 초조반으로 내거나 간단히 차리는 죽상으로 죽, 응이, 미음 등의 유동식을 주식으로 하고 간단한 찬을 차린다. 죽상에 올리는 김치류는 국물이 있는 나박

김치나 동치미로 하고, 찌개는 젓국이나 소금으로 간을 한 맑은 조치이다. 그 외의 찬으로는 육포나 북어무침, 매듭자반 등의 마른찬을 2가지 정도 함께 차린다.

(6) 다과상

주안상이나 교자상에서 나중에 내는 후식상으로, 또는 식사대접이 아닐 때에 손님에게 차린다. 각색편, 유과, 다식, 숙실과, 생실과, 화채, 차 등을 고루 차린다.

(7) 돌상

돌상에는 음식과 각종 물건을 차려서 놓는데, 남아와 여아가 약간 다르다. 백설기, 수수팥단자, 쌀, 국수, 과일, 돈, 대추, 종이, 붓과 먹 등을 놓고, 남자 아이는 천자문과 활과 화살을 놓고, 여자 아이는 천자문 대신 색동저고리, 다홍치마에 조바위를 씌워 돌상 앞에 앉힌 후 돌잡이를 시키는데, 무엇이든 먼저 집는 것으로 앞날의 재주, 부귀, 수명 등을 점쳐주며 축복한다.

(8) 큰상

혼례, 회갑, 회년, 회혼례를 경축하여 차리는 상차림으로 높이 고이므로, 고배상(高排床) 또는 망상(望床)이라 한다.

4) 우리나라의 술

(1) 전통주의 이해

우리나라의 전통주는 주류의 원료나 제조방법 등에서 일반주류와 다를 바가 없으나, 별도의 법에 근거하여 제조허가를 받은 민속주와 농민주로 구분하여 관리하여 왔다. 전통주는 일찌감치 고구려와 신라 때부터 동아시아 전역에 명성이 높았고, 백제는 일본에 술을 빚는 법을 전해주기도 했다. 고려시대에는 원나라에서 증류기술이 전파되어 증류식 소주를 빚기 시작하여 조신시대까지 이어졌다. 조선시대의 3대 명주는 죽력고(竹瀝膏), 이강주(梨薑酒), 감홍로(甘紅露) 등이 대표적이다.

그리고 오랜 기간 동안 밥 대신 막걸리로 대표되는 탁주, 법주와 같은 청주, 청주에 여러 가지 부재료를 넣은 약주, 청주나 탁주를 증류한 증류식 소주, 증류식 소주에 과실이나 부재료를 침전시킨 혼성주, 청주에 증류식 소주를 넣어 보존성을 향상시킨 주정강화 청주까지 다양하였다.

(2) 제조방법에 따른 분류

우리나라 술은 제조방법에 따라 약주류, 가향주류, 과실주류 3가지로 나누어진다. 빚는 방법에 따라서는 한 번 빚는 단양주, 밑술, 덧술 1회 술을 빚는 이양주, 밑술, 덧술 2회를 빚는 삼양주류, 혼성주류, 속성주류, 특별한 양조법으로 달게 빚는 감주류 등으로 나눈다.

단양주는 곡류와 누룩을 물에 넣어 발효하면 걸러서 마시는 술이다. 단양주를 밑술로 하여 곡물 혹은 누룩과 곡물을 한 번 덧넣어 빚으면 이양주가 된다. 이양주를 발효한 후 덧넣어 빚는 술이 삼양주이다. 덧술을 여러 번 할수록 사양주, 오양주가 되는데, 덧술하는 횟수가 많을수록 당도가 높고, 풍미가 좋은 고급술이 된다. 문헌에 따르면 이양주가 조선 초기, 중기 이후 단양주보다 3배 정도 많아 일반적으로 이양주가 가장 많았다.

(3) 지역 대표명주

여기서는 한식과 잘 어울리는 전통주를 중심으로 대표적인 지역 명주에 대해 알아보고자 한다.

첫 번째, 서울, 인천을 포함한 경기도는 김포의 문배주, 파주의 감홍로 등이 대표적이다. 문배주는 김포에서 양조하지만 원래는 평양이 본거지인 전통주이고 면천두견주, 경주교동법주와 함께 우리나 중요무형문화재로 꼽히는 전통주이기도 하다. 문배주는 배가 들어가지 않았음에도 배향이 난다고 하여 문배주라고 불렸다. 붉은 빛을 띠며 단맛이 나서 달감, 붉을 홍의 감홍로는 조선시대 3대 명주 중 첫 번째로 꼽히는 술로 춘향전과 별주부전에 등장한 평양의 대표적인 술이었고 지금은 파주에서 생산된다.

두 번째, 전라도는 정읍의 죽력고, 진도의 홍주, 전주의 이강주, 완주의 송화백일주가 대표적이다. 스님이 빚은 전통소주 완주의 송화백일주는 산중에서 오래 수도하는 승려들이 부족한 영양을 보충하고 심신을 다스리기 위해 빚기 시작한 곡차이다. 4월 중순에서 5월 초순 사이에 송홧가루와 송순 솔잎을 채취해 사용한다. 진도 홍주는 지초라는 약초를 사용해 붉은 색을 띠는 것이 특징인데, 그 색이 홍옥과 같이 붉다 하여 홍주라고도 한다. 소주 특유의 은은한 향기가 나며 알코올 농도는 45~48도 정도 된다. 조선 3대명주의 하나로 유명한 이강주는 한국 전통소주와 계피의 향기에 생강과 배의 매콤하고 시원한 맛이 날 뿐 아니라 울금과 꿀을 첨가하여 많이 마셔도 취하지 않고 뒤끝이 깨끗한 25도의 술이다. 정읍의 죽력고는 대나무를 토막 내 불을 지펴 진액을 내리고 약초(대입, 석창포, 계심 등)와 함께 내린 약소주의 일종이다. 여기서 죽력이라는 것은 푸른 대의 줄기를 숯불이나 장작불에 쪼여 흘러나오는 수액 같은 기름을 가리킨다.

경상도의 전통주는 문경의 고운달과 문경바람, 함양의 담솔, 안동의 명인안동 소주가 있다. 문경의 전통주 고운달은 문경에서 생산된 전통도자기에서 숙성해 오미자 본연의 맛과 향이 그대로 살아있는 맑고 투명한 증류주이고 문경바람은 사과가 원료로 하는데, 은은한 사과향과 묵직한 풍미가 특징이다. 백자에 숙성한 증류한 것은 하얀색 병은 25도이고 노란빛을 띤 병은 오크통에서 숙성한 40도이다. 함양의 전통주 담솔은 맑은 소나무라는 뜻으로 솔송주를 증류하여 내린 술로 2년간 저온 숙성시켜 그 부드러움과 감미로움을 이끌어 낸 뒤 꿀로 뒷맛을 잡아낸 것이 특징이다.

자료 : 오피스프렌즈(우리나라의 지역대표 전통주)

세계가 인정한 전통소주 단향이 나며 묵직한 맛이 특징인 안동의 안동소주가 있다. 안동에서 소주의 제조법이 발달한 것은 원나라가 한반도에 진출한 것과 밀접한 관련이 있다. 13세기 일본 원정을 목적으로 한 원나라의 병참기지가 안동에 있으면서 고려에 소주가 발달하기 시작한 것이다. 3단 사입 과정을 거친 청주를 증류하여 소주를 내리는데, 45도, 35도, 22도 3가지가 있다.

강원도 홍천의 무작은 한국 정통의 증류식 소주임에도 입 안에서 향이 길게 남고, 은은한 과일향도 느낄 수 있어 부드러운 목넘김이 일품이다. 첨가제를 전혀 넣지 않고 자체 생산한 누룩과 쌀만으로 빚는데, 알코올 도수는 53도로 꽤 높다.

충청도 공주의 계룡백일주는 진달래, 솔잎, 오미자, 국화꽃을 넣어 한국의 사계절이 담긴 술이다. 이름에서 말하고 있듯이 최고의 맛과 향을 위해 100일간 발효 숙성시킨 술이다. 1623년 광해군을 몰아내는 반정의 1등 공신이었던 이귀를 치하하기 위해 인조가 궁중에서 빚는 술의 주방문을 하사한 것이 연안 이씨 가양주의 출발점이 됐다.

제주도 고소리술은 약 700년 전 고려시대 때 전파되어 현재까지 전해 내려오는 제주도 지역의 전통주이다. 좁쌀로 술을 빚은 오메기술을 고소리라는 도기를 사용하여 증류시킨 술로 29도와 20도가 있다. 고소리는 소줏고리의 제주도 방언이다.

학습내용평가 12

1. 중국음식

항 목 내 용	상	중	하	비고
중국요리와 중화요리의 차이점을 설명할 수 있다.				
중국음식의 주요 특징을 설명할 수 있다.				
'남첨북함 동랄서산'의 뜻을 설명할 수 있다.				
중국의 8대요리 권역을 설명할 수 있다.				
우리나라에서 동서남북 행정구역으로 구분한 중국의 4대요리에 대해 설명할 수 있다.				
북경요리의 특징을 설명할 수 있다.				
남경요리의 특징을 설명할 수 있다.				
광동요리의 특징을 설명할 수 있다.				
사천요리의 특징을 설명할 수 있다.				
냉분에 대해 설명할 수 있다.				
탕에 대해 설명할 수 있다.				
열분에 대해 설명할 수 있다.				
증채에 대해 설명할 수 있다.				
작채에 대해 설명할 수 있다.				
초채에 대해 설명할 수 있다.				
중국요리의 조리법에 대해 설명할 수 있다.				
중국식의 정찬코스를 순서대로 설명할 수 있다.				
전채요리의 종류를 설명할 수 있다.				
탕채요리의 종류를 설명할 수 있다.				
좌채요리의 종류를 설명할 수 있다.				
젠채요리에 대해 설명할 수 있다.				
짜채요리에 대해 설명할 수 있다.				
류채요리에 대해 설명할 수 있다.				
꺼채요리에 대해 설명할 수 있다.				
덴싱에 대해 설명할 수 있다.				
중국의 대표술 20개에 대해 설명할 수 있다.				
중국의 대표차 종류 10개에 대해 설명할 수 있다.				

2. 일본음식

항 목 내 용	상	중	하	비고
일본음식의 특징에 대해 설명할 수 있다.				
관동요리와 관서요리의 차이점을 설명할 수 있다.				
형식에 따른 일본요리를 구분할 수 있다.				
혼젠요리의 특징에 대해 설명할 수 있다.				
가이세끼요리의 특징에 대해 설명할 수 있다.				

학습내용평가 12

항 목 내 용	상	중	하	비고
가이세끼요리를 순서대로 설명할 수 있다.				
차회석요리를 설명할 수 있다.				
후차요리를 설명할 수 있다.				
쇼진요리를 설명할 수 있다.				
오도오시에 대해 설명할 수 있다.				
전사이에 대해 설명할 수 있다.				
스이모노에 대해 설명할 수 있다.				
미소시루에 대해 설명할 수 있다.				
사시미에 대해 설명할 수 있다.				
야키모노에 대해 설명할 수 있다.				
무시모노에 대해 설명할 수 있다.				
아게모노에 대해 설명할 수 있다.				
니모노에 대해 설명할 수 있다.				
나베모노에 대해 설명할 수 있다.				
후구요리에 대해 설명할 수 있다.				
스시에 대해 설명할 수 있다.				
면요리에 대해 설명할 수 있다.				
데판야끼요리에 대해 설명할 수 있다.				
일본요리의 조식에 대해 설명할 수 있다.				
일본요리의 소스에 대해 설명할 수 있다.				
일본차에 대해 설명할 수 있다.				

3. 한국음식

항 목 내 용	상	중	하	비고
한국요리의 주요 특징에 대해 설명할 수 있다.				
한국요리의 종류에 대해 설명할 수 있다.				
찬품류의 종류에 대해 설명할 수 있다.				
상차림의 종류에 대해 설명할 수 있다.				
반상에 대해 설명할 수 있다.				
주안상에 대해 설명할 수 있다.				
교자상에 대해 설명할 수 있다.				
면상에 대해 설명할 수 있다.				
죽상차림에 대해 설명할 수 있다.				
큰상에 대해 설명할 수 있다.				

CHAPTER 13

한식서비스

학습목표

- 한식 테이블세팅을 수행할 수 있다.
- 한식 상차림을 용도별로 수행할 수 있다.
- 한식서비스를 수행할 수 있다.
- 한식서비스를 과정별로 이해하고 수행할 수 있다.

1. 한식의 테이블세팅

1) 기본세팅

① 식탁보 ② 냅킨
③ 스푼과 젓가락 홀더
④ 스푼 ⑤ 젓가락 ⑥ 찻잔
⑦ 솔트 앤 페퍼 ⑧ 꽃병

자료: 〈TV 눈으로 맛보는 가을미각〉 테이블세팅

자료 : 〈여성동아〉 테이블세팅

2) 상차림법

한식 상차림의 기본 구성은 비슷하나 최근 모던 한식이 개발하면서 레스토랑마다 개성을 살린 테이블세팅이 연출된다. 또한 개인상과 여럿이 함께 식사하는 연회상 테이블은 찬과 요리를 세팅하는 방식에서 차이가 있을 수 있다. 보통 한정식이 제공되는 한식당에서는 다중이 함께 이용되는 경우가 많기 때문에, 개별로 제공되는 기본 찬류와 공동이 함께 먹을 수 있는 음식으로 구분하여 제공하는 것이 일반적이다. 그래도 기본 차림법의 원칙은 다음과 같다.

자료 : 워커힐호텔 한식당 온달

- 아침, 점심, 저녁을 막론하고 반상으로 접대할 때에는 반상기를 사용하므로, 요리를 담은 그릇은 반드시 뚜껑을 덮는다.
- 맨 윗줄은 야채요리를 놓고, 그 중심은 김치를 놓는다.
- 중간 줄은 마른찬이나 조림 등을 놓는다. 상의 오른쪽 윗부분에는 더운요리 중 국물이 없는 요리를 놓는다.
- 상의 오른쪽 아래 부분에는 국물이 있는 더운요리를 놓는다.
- 남아 있는 초간장 주위에는 초간장이나 초고추장을 필요로 하는 요리를 놓아 중

앙을 차지하게 한다.

- 식사가 끝나면 상과 그릇을 전부 가져가고, 별도로 후식을 대접한다.

3) 연회 시의 유의사항

- 공동으로 식사할 수 없는 간장, 초간장, 밥, 탕, 물김치, 신선로 등은 각 개인에게 요리를 담아 접대한다.
- 초간장을 필요로 하는 요리는 초간장이나 초고추장 그릇 주위에 대각선을 이루도록 놓는다.
- 김치는 중심에 놓고, 더운요리와 찬요리는 서로 대각선으로 놓아 상대편 고객이 불편이 없도록 주의한다.
- 수저, 물컵, 냅킨은 식사 전에 식탁에 차리고, 장 종지와 요리를 덜어먹을 수 있는 빈접시를 접대한다.
- 차가운 반찬, 마른반찬, 국물 없는 더운요리, 국물 있는 더운요리의 순서로 접대한다.
- 식사가 끝나면 식기 전부를 걷어가고, 후식을 접대한다.

4) 서빙방법

최근 한식을 제공하는 서빙방법은 레스토랑의 서비스 스케일에 따라 차이가 있다. 전통의 상차림으로 제공되는 한상차림과 서양음식의 서빙법을 접목한 메뉴 순서에 제공되는 방법이다. 이외 단품의 서빙방법도 있으나, 고급한정식의 경우는 서양음식의 서빙방식을 채택하는 경우가 많다. 여기서는 양식 정찬의 순서에 따라 제공되는 방법에 대하여 알아본다.

우선 서양음식 서빙방식과 동일하며, 양식 정찬순서에 한식을 대치시킨다. 다만, 차이점은 찬이 될 수 있는 김치, 나물, 마른찬, 간장, 초간장 등은 반상기에 담아 식사 선에 식탁에 차리도록 한다.

애피타이저	구절판, 수삼샐러드, 야채 쌈말이 등
수 프	신선로, 대합탕 등
생 선	생선 전유어, 메로구이, 삼치구이, 은대구구이 등
앙트레	너비아니구이, 갈비 등
샐러드	겨자채, 초회 등
디저트	경단, 화전, 과일, 화채, 차 등

서빙 절차를 보면 다음과 같다.

- 밑접시를 고객좌석 앞 중앙에 놓는다.
- 밑접시 위에 냅킨을 올려놓는다.
- 차림표에 신선로 대신 탕이 있을 경우는 밑접시 옆에 탕그릇의 자리를 남겨놓고 수저를 놓는다.
- 밑접시 앞에는 찬이 되는 요리들과 기본찬을 반상기에 담고 뚜껑을 덮어 대접한다.
- 수저 끝의 오른쪽에 물컵을 놓는다.
- 신선로, 탕, 생채, 밥은 식사 시작과 함께 접대순서에 의해 접대되므로, 그 장소를 남겨놓는다.
- 그 외의 요리는 순서에 의해 접대되는 요리로 밑접시 위에 요리를 담은 그릇을 접대한다.
- 한정식 코스의 요리는 서양음식과 같이 한 가지씩 접대하며, 한 가지 식사가 끝나면 그 요리의 그릇만 회수하고 밑접시는 그대로 남겨두어 다음 요리 접대 시 사용한다.
- 식사가 끝나면 식기를 전부 회수하고 순서에 의해 후식을 대접한다.

다음은 서빙 시 유의사항이다.

- 아침, 점심, 저녁을 막론하고 반상으로 접대할 때에는 반상기를 사용하므로, 요리를 담은 그릇은 반드시 뚜껑을 덮는다.
- 국물이 있는 요리는 오른쪽, 마른요리는 왼쪽에 놓는 것을 원칙으로 한다.
- 상의 오른쪽 윗부분은 더운요리 중 국물이 없는 요리를 놓는다.

- 상의 오른쪽 아랫부분에는 국이나 찌개처럼 국물이 있는 더운요리를 놓는다.
- 소스에 해당하는 간장, 초고추장, 새우젓 등의 주위에는 이들을 필요로 하는 요리를 놓아 중앙을 차지하게 한다.
- 손이 자주 가는 요리는 앞에 놓는다.
- 중간 줄은 마른찬이나 조림 등을 놓는다.
- 여러 명이 식사를 할 경우, 공동으로 사용하기에 미간이나 위생상 곤란한 간장, 초고추장, 밥, 탕, 물김치, 신선로 등은 각 개인에게 요리를 담아 상차림을 한다.
- 음식을 먹다가 나오는 뼈와 가시를 뱉을 수 있도록 뚜껑이 달린 오목한 그릇인 도구가 필요할 경우 왼편 끝에 놓는다.
- 두 사람 이상이 식사를 할 경우 김치는 중심에 놓고, 더운요리와 찬요리는 서로 대각선으로 놓아 서로가 이용하기에 불편이 없도록 한다.
- 순서에 따라 요리를 낼 필요가 있는 경우 차가운 반찬, 마른 반찬, 국물 없는 더운요리, 국물 있는 더운요리 순서로 상에 내놓는다.
- 반찬의 내용은 가능한 한 같은 조리법을 사용하여 조리한 것이 겹치지 않도록 하고, 또 같은 재료가 중복되지 않도록 한다.
- 식사가 끝나면 그릇 전부를 치우고, 차와 후식을 놓는다.

2. 서비스 과정

1) 고객의 입장

(1) 환대

- 고객이 식당 입구에 들어서면 입구의 안내요원이 자리를 안내한다.
- 노약자 및 어린이 동반 시 이동이 용이한 장소로 안내한다.
- 첫인상이 중요하므로, 처음 고객을 맞이하는 서비

스인은 밝은 미소를 짓는다.

- 우천 시 젖은 우산이나 빗물에 바닥이 미끄럽지 않도록 조치한다.

(2) 인사

- 고객이 식당에 들어오면 정중하고 밝게 인사한다.
- 고객은 3초 안에 식당의 서비스를 평가할 수 있다.
- 인사는 고객서비스의 시작임을 잊지 않는다.
- 늘 아침인사 같은 느낌의 인사를 건넨다.
- 대상에 맞는 인사법을 고려한다.

(3) 자리안내

- 예약여부를 확인한 후 자리로 안내한다.
- 노약자, 어린이, 단체손님, 연인 등의 상황에 맞게 자리안내를 한다.
- 고객이 원하는 자리로 안내하되, 예약 등의 상황을 정확히 숙지한다.

(4) 착석서비스

- 고객이 자리에 앉는 것을 도와준다. 의자를 고객의 입장이 용이하도록 돕고, 착석을 확인한 후 오른쪽 다리로 의자를 살짝 밀어서 착석을 돕는다.
- 어린이를 동반한 고객을 위해 아기의자를 준비한다.
- 큰 가방이나 외투는 옆의 의자에 놓아주거나 클락룸Clock Room에 보관한다.

(5) 보관서비스

- 보관요청을 하지 않을 때에는 고객의 외투, 모자, 가방, 짐 등을 고객이 편리하도

록 테이블 옆 또는 고객의 주위에 놓아준다.

- 보관을 원할 때에는 보관표를 반드시 본인에게 제공하고, 보관품을 소중히 관리한다.
- 나갈 때에는 필히 보관표의 번호를 확인 대조하고, 다른 보관품과 바뀌지 않도록 주의한다.

2) 식음료서비스

(1) 냅킨서비스

- 모든 고객이 자리에 착석하면 상석 고객의 냅킨을 도와준다. 냅킨의 앞, 뒷면을 정확히 확인하여 도와주며, 먼지가 날리지 않도록 조심스럽게 냅킨서비스를 한다.
- 고객이 원하지 않으면 서비스를 중단한다.
- 어린이의 경우, 목에 걸 수 있도록 도와준다.

(2) 오차서비스

- 고객이 자리에 앉으면 준비된 오차나 물을 먼저 서비스한다. 그리고 오차의 온도를 잘 맞추어 서비스하는데, 뜨겁고 차가운 정도를 알려준다.
- 오차 잔의 7~8부 정도를 서비스한다.
- 너무 가득 서브해서 고객의 입술이 데이는 일이 없도록 한다.
- 어린이 동반고객일 경우, 뜨거운 오차를 주의시킨다.

(3) 메뉴판 전달

- 메뉴는 고객의 우측에서 제공하고, 주문받을 때에는 고객의 좌측에서 받는다.(경

우에 따라서는 유동적일 때도 있다.)

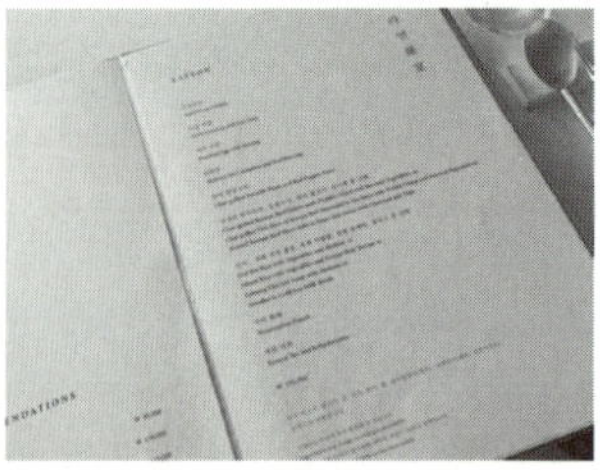

- 주문기록은 통일된 약자로 정확히 기재하며, 복창하여 확인한다.
- 메뉴를 제시할 때에는 부부일 경우 부인에게 먼저 보이고, 연회 시와 같이 많은 고객인 경우에는 주빈 또는 주최자의 왼쪽 고객부터 시계바늘이 도는 방향으로 여자, 남자, Hostess, Host 순으로 한다.
- 와인리스트는 고객의 우측에서 제시한다.

(4) 주문받기

- 항상 메모지와 볼펜을 지참하여 즉시 주문내용을 받아 적는다. 펜을 쥐고 가슴 앞으로 하며, 허리를 15도 정도 숙이고, 고객의 좌측에서 얼굴을 주시하며 공손하게 주문을 받는다.(자리나 상황에 따라 유동적)
- 고객의 특별한 주문요청이 있을 경우, 주방과 신속히 연락하여 가능 여부를 확인한 후 주문을 결정한다.
- 시간이 오래 걸리는 요리는 주문받을 때 반드시 소요시간을 알린다.
- 주문이 끝나면 감사의 표시로 정중하게 인사한 후 물러난다.

(5) 음료서비스

- 글라스는 위생상 반드시 1/3 하단쪽을 손끝으로 가볍게 쥐어야 하며, 글라스 우측 아래에 놓는다. 테이블에 글라스를 놓을 때에는 절대 소리가 나선 안 되며, 놓은 후에는 반드시 고객 앞으로 1cm 정도 살며시 밀어준다.
- 테이블클로스를 사용하지 않는 테이블에 음료글라스를 놓을 때에는 반드시 코스터Coster 또는 칵테일 냅킨을 깔고 서브한다.

(6) 음식서비스

- 접시를 파지할 경우, 엄지손가락이 접시의 테두리 라인 안쪽으로 들어가지 않도록 주의한다. 무늬나 마크가 들어 있는 접시 또는 그릇은 무늬나 마크가 고객의 정면으로 오도록 하고, 접시를 놓을 때에는 테이블 끝에서 약 2cm 정도 안쪽으로 살며시 놓는다.
- 음식을 내려놓을 때에는 소리가 나지 않도록 주의한다.

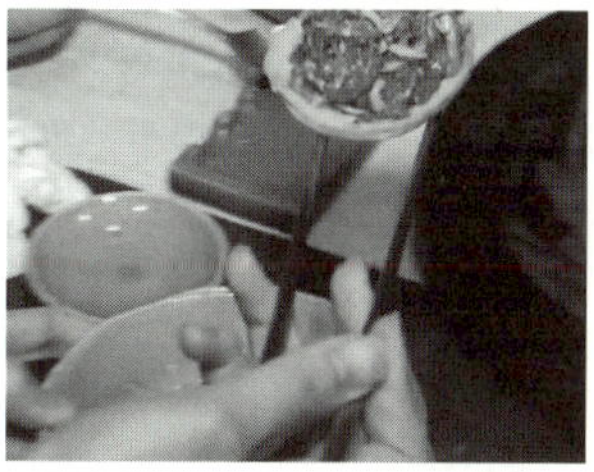

- 주문한 식사를 서빙할 경우 먼저 드신 그릇을 정리한다. 뜨거운 요리일 경우 밑접시와 같이 서브한다.
- 정식코스의 요리는 서양음식과 같이 한 가지씩 접대하므로 코스별 내용을 고객에게 안내한다. 용기의 뜨거운 뚜껑을 열어준다.
- 맛있는 요리와 함께 맛있는 멘트를 더한다.

(7) 뜨거운 음식서비스

- 뜨거운 음식서비스 시 각별히 주의한다. 미리 서비스할 자리를 잡은 후 천천히 서비스한다. 고객의 행동반경을 잘 살펴 갑자기 일어나는 돌발상황에 대비한다. 그리고 어린아이나 노약자가 있는 경우 다시 한 번 확인하며, 용기의 뜨거운 뚜껑을 열어준다.
- 뜨거운 음식은 뜨겁게 제공한다.

3) 정산 및 환송

(1) 계산서비스

- 계산 시 주문한 품목에 대해 다시 한 번 안내한다. 총금액 또는 할인금액에 대한 안내도 자세히 한다. 영수증은 사인하기 편한 위치로 돌려 제공하고, 정산된 영

수증은 잘 접어서 전달한다. 그리고 즐거운 식사가 되었는지 다시 한 번 눈을 맞춘다.

- 카드에 이상이 있거나 결제가 되지 않을 때에는, 손님의 기분이 상하지 않게 다른 안내를 한다.
- 차별화된 영수증서비스를 만든다.

(2) 환송하기

- 마지막 인사까지도 정성스럽게 한다. 가능하면 서비스를 담당했던 직원이 환송하며, 마지막 인사말로 고객의 기분을 높여준다.
- 환송 전 고객 테이블로 가서 잊은 물건이 없는지 체크한다.
- 우천 시에 우산을 잊진 않았는지 체크한다.

학습내용평가 13

1. 테이블세팅과 서비스

항목내용	상	중	하	비고
한식의 기본 테이블세팅을 할 수 있다.				
밑접시를 고객좌석 앞 중앙에 놓는다.				
밑접시 위에 냅킨을 올려놓는다.				
차림표에 신선로 신 탕이 있을 경우는 밑접시 옆에 탕그릇의 자리를 남겨놓고 수저를 놓는다.				
밑접시 앞에는 찬이 되는 요리들과 기본찬을 반상기에 담고 뚜껑을 덮어 접한다.				
수저 끝의 오른쪽에 물컵을 놓는다.				
한식의 기본 차림법에 대해 설명할 수 있다.				
반상기를 사용할 때 요리를 담은 그릇은 반드시 뚜껑을 덮는다.				
맨 윗줄은 야채요리를 놓고, 그 중심은 김치를 놓는다.				
중간 줄은 마른찬이나 조림 등을 놓고, 상의 오른쪽 윗부분에는 더운요리 중 국물이 없는 요리를 놓는다.				
상의 오른쪽 아래 부분에는 국물이 있는 더운요리를 놓는다.				
공동으로 식사할 수 없는 간장, 초간장, 밥, 탕, 물김치, 신선로 등은 각 개인에게 요리를 담아 제공한다.				
김치는 중심에 놓고, 더운요리와 찬요리는 서로 각선으로 놓아 상편 고객이 불편이 없도록 한다.				
그 외의 요리는 순서에 의해 접되는 요리로 밑접시 위에 요리를 담은 그릇을 접한다.				
한정식 코스의 요리는 서양음식과 같이 한 가지씩 접하며, 한 가지 식사가 끝나면 그 요리의 그릇만 회수하고 밑접시는 그대로 남겨두어 다음 요리 접시로 사용한다.				
식사가 끝나면 식기를 전부 회수하고 순서에 의해 후식을 제공한다.				

학습내용평가 13

2. 서비스 과정

항 목 내 용	상	중	하	비고
고객입장 시 웃는 얼굴로 밝고 또렷하게 맞이한다.				
감사하다는 마음이 손님에게 전달되도록 정성껏 인사한다.				
예약을 확인하고 자리로 안내한다.				
고객이 자리에 앉기 쉽게 두 손으로 의자 등받이를 잡아 가볍게 빼고, 앉을 때 두 손과 한 쪽 무릎을 사용하여 살며시 밀어준다.				
보관을 원하는 물건이 있을 때에는 보관표를 반드시 손님 본인에게 드리고, 보관품을 소중히 관리한다.				
올바르게 메뉴판을 내놓고 주문을 받을 수 있다.				
메뉴를 주문하는 동안 고객의 우측에서 냅킨을 펼쳐 고객의 무릎 위에 올려놓는다.				
고객이 자리에 앉으면 준비된 오차나 물을 먼저 서비스한다.				
오차는 잔의 7~8부 정도를 서비스한다.				
음식을 내려놓을 때에는 소리가 나지 않도록 주의한다.				
주문한 요리를 서빙할 경우 먼저 먹은 그릇을 정리한다.				
뜨거운 요리는 뜨거운 식기에, 차가운 요리는 차가운 식기에 담아서 서브한다.				
먹은 빈접시를 치울 때에는 큰 접시부터 작은 접시의 순으로 같은 크기의 접시를 통일해서 빼고, 볼, 글라스 등 작은 식기는 트레이를 사용한다.				
손님 앞에서 음식물찌꺼기를 합치는 등의 서비스는 절대로 하지 않는다.				
먹은 빈접시를 치우고 나면, 테이블 위에 남겨진 것을 정리한다.				
찻잔은 항상 워머에 넣어 사전에 뜨겁게 데워서 사용한다.				
고객에게 계산을 받기 전에 계산서의 기재사항을 확인한다.				
접객담당자는 고객이 일어날 때 즉시 의자를 빼주고, 테이블 주위에 빠뜨린 물건이 없는지 확인한다.				
환송담당자는 고객퇴장 시 계산을 신속하게 할 수 있도록 계산대로 안내한다.				
출구 쪽을 향해 방향을 제시하고 정중히 배웅한다.				

CHAPTER 14

일식서비스

학습목표

- 일식 테이블세팅을 수행할 수 있다.
- 일식 상차림을 용도별로 수행할 수 있다.
- 일식서비스를 수행할 수 있다.
- 일식서비스를 과정별로 이해하고 수행할 수 있다.

1. 일식의 테이블세팅

1) 기본세팅

① はし : 젓가락

② はしおき : 젓가락받침

③ ナプキン : 냅킨

④ しょうゆびん : 간장병

2) 서빙방법

- 물수건은 고객 앞에서 인사한 후 고객의 오른쪽에서 낸다.
- 사시미와 모듬요리가 2인분 이상일 경우에는 앞접시를 언제나 곁들인다.
- 샤브샤브나 스키야끼 등 냄비요리를 치울 때에는, 냄비 안에 작은 그릇을 담지 말고 트레이로 작은 그릇부터 차례로 치운 후 냄비는 냄비대로 별도로 치운다.

- 냄비요리를 낼 때에는 끓이는 시간이 소요되기 때문에 주문을 받을 때 고객에게 소요되는 시간을 꼭 알려야 한다.
- 가이세끼요리의 경우, 요리에 대한 설명을 할 수 있도록 충분한 지식을 갖추도록 한다.

3) 룸서빙 방법

- 고객이 룸 안에 들어가면 구두를 가지런히 한다.
- 문을 열고 닫을 때에는 무릎을 꿇고 앉아 양손으로 문을 열고 닫는다.
- 문을 열 때에는 처음 윗부분을 열고 난 후 양손으로 아랫부분을 연다. 닫을 때에도 마찬가지다.
- 방문은 약 10~15cm 정도 열어놓고, 밖에서 대기자세를 하면서 고객의 상황을 살핀다.
- 고객이 방 안의 벨을 사용하기 전에 필요한 것이 없는가를 먼저 살핀다.
- 고객에게서 항상 시선을 떼지 말고 서비스에 최선을 다한다.
- 서브하고 나올 때에는 뒷모습이 보이지 않도록 한다.
- 룸 안에서는 항상 트레이Tray를 사용한다.
- 음식과 그릇이 고객 머리 위로 가지 않도록 한다.
- 빈그릇이 많이 있을 경우에는 트레이를 두개 갖다놓고, 한 트레이는 치워 사이드 테이블 위에다 놓고 다른 트레이를 사용하여 나머지를 치운다.
- 그릇을 들 때에는 입을 대지 않는 한 쪽 가장자리를 잡는다.
- 룸에 들어갈 때나 나올 때에는 항상 정중하게 목례를 하고 서비스에 임하도록 한다.

4) 오차서비스

물수건을 먼저 내고 음료 주문을 받은 뒤, 음료가 끝나면 추가 주문을 받고 추가 주문이 없을 경우 오차를 서브한다. 고객의 기호에 따라 오차를 먼저 제공해도 상관은 없다. 오차컵을 테이블에 놓을 때 소리가 나지 않도록 조심스럽게 내려놓고, 고객 앞으로 조용히 밀어 제공한다. 조식은 처음부터 오차를 서브한다. 오차를 추가로 서비스할 경우 다음과 같이 한다.

- 빈용기를 트레이Tray에 받쳐 들고 다니면서 남아 있는 오차는 그 용기에 버리고, 뜨거운 것을 서브한다.
- 고객이 뜨거운 오차를 싫어할 경우에는 남은 오차에 그대로 서브한다.
- 식후에 과일을 낼 때에는 먼저 있던 오차를 치우고 새로운 물수건과 오차를 서브한다.

5) 냄비요리서비스

냄비요리(복냄비, 도미요리, 샤부샤부, 모듬냄비)의 재료는 인원수에 맞게 조리해서 고객에게 덜어주거나, 직접 냄비에서 들기를 원할 때에는 고객의 취향에 맞게 제공한다.(냄비요리는 끓는 것을 보면서 본인이 먹고 싶을 때 마음대로 떠먹는 즐거움이 있다.)

샤부샤부, 스끼야끼, 복지리 등 냄비요리가 1인분일 때에는 접시의 고기가 고객 앞으로 놓이도록 한다. 또 2인분 이상일 때에는 주방에서 준비해 준 요리의 내용물이 고객 앞으로 오도록 하며, 그릇과 뚜껑의 무늬도 맞추어 덮는다. 냄비요리를 조리할 때 다시가 졸여지면 냄비 안에 있는 야채와 고기 등의 요리를 모두 건져 고객에게 서브하고, 다시를 더 추가로 부어서 조리한다. 냄비요리는 처음부터 끝날 때까지 테이블 옆에서 조리해야 한다. 그리고 냄비요리를 방에서 서브할 때 먼저 전열기를 열어 준비한 후 주방에서 냄비를 갖고 방에 들어가 즉시 전열기 위에 올려놓는다. 주의할 점은 냄비를 다다미 위에 놓아서는 절대로 안 된다.

2. 서비스 과정

1) 고객의 입장

(1) 환영인사

- 고객이 식당에 들어오면 정성스럽게 인사한다. 룸일 경우, 룸 앞에서 정성스럽게 인사한다.
- 예약을 했는지 여부를 확인한다.
- 예약손님은 신속히 예약된 룸이나 장소로 안내한다.
- 다른 고객에게 방해되지 않도록 조용히 안내한다.

(2) 자리안내

- 예약자의 성함과 예약 모임을 정확히 확인한 후 룸으로 안내한다. 안에 먼저 온 고객께 입장을 알리고, 조용히 문을 열어준다.
- 고객이 입장하면 신발정리를 해둔다.
- 가능하면 제일 상석의 고객 구두는 암기한 후 퇴실할 때 중앙에 비치하도록 한다.

2) 식음료서비스

(1) 주문서비스

- 고객이 모두 입실하면 룸에 들어가 정중히 인사한다. "룸의 서비스 담당 OOO입니다."라고 안내한다. 대화의 방해가 되지 않는 위치에서 주문을 돕는다.
- 문을 열고 닫을 때에는 무릎을 꿇고 앉아 양손으로 문을 열고 닫는다.
- 모임의 성격에 맞게 주문서비스를 돕는다.

- 너무 한꺼번에 많은 주문을 받지 않는다.
- 메뉴와 적절한 음료 주문도 추천한다.

(2) 물수건서비스

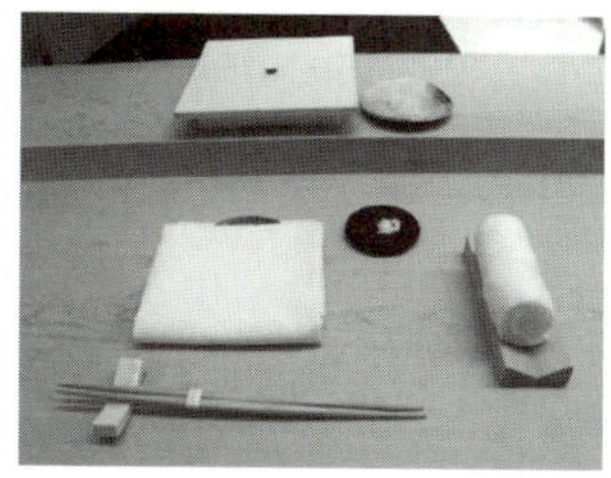

- 주문이 끝나면 물수건을 준비한다. 물수건은 고객 앞에서 인사한 후 고객의 오른쪽에서 낸다. 물수건의 서비스는 음식점마다 다르므로 음식점의 방침에 따른다.
- 받침대에 올려서 서비스한다.
- 식사제공 시 한꺼번에 서비스되지 않도록 주의한다.

(3) 오차서비스

- 물수건을 먼저 내고 음료주문을 받은 뒤 음료가 끝나면 추가 주문을 받고, 추가 주문이 없을 경우 오차를 서브한다.
- 고객의 기호에 따라 오차를 먼저 제공해도 상관없다.
- 오차컵을 테이블에 놓을 때 소리가 나지 않도록 조심스럽게 내려놓고, 오차 받침을 이용하여 고객 앞으로 조용히 밀어 제공한다.
- 조식에는 처음부터 오차를 서브한다.

(4) 음료서비스

- 음료서비스를 받은 음료를 제공한다. 음료에 맞는 글라스와 기타 서비스품목을 준비한다.(와인잔, 얼음바스켓, 얼음집게 등)
- 맥주나 정종을 주문한 고객 중 상석의 고객에게 서비스를 원할 경우에 따라준다.
- 찬음료는 차게, 더운음료는 뜨겁게 서비스한다.

(5) 간장서비스

- 일식의 경우, 간장종지를 서비스한 후 간장을 서빙한다.
- 메뉴가 사시미인지 초밥인지 구별하여 간장종지를 세팅한다.
- 미리 담아서 서비스할 경우 간장이 흐르지 않도록 조심한다.
- 서비스 시 손가락이 종지 안으로 들어가지 않도록 주의한다.

(6) 음식서비스

- 룸 안에서 서비스할 때는 항상 트레이를 사용한다. 이때 음식과 트레이가 고객 머리 위로 가지 않도록 한다.
- 서비스하는 음식에 대하여 간단하게 설명한다.
- 맛있게 드시는 방법을 안내하는 것도 좋다.
- 고객에게서 항상 시선을 떼지 않고 서비스에 최선을 다한다.
- 그릇을 들 때 항상 입을 대지 않는 한 쪽 가장자리를 잡는다.

- 여러 명이 먹는 요리는 가운데에 놓아준다. 이때 주문한 수량과 함께 요리명을 안내한다.
- 상석의 위치에서 가장 보기 좋게 서비스한다.
- 요리에 필요한 소스나 찬이 제대로 갖추어져 있는지 확인한다.
- 부족한 소스류나 찬류는 요리서비스 후 즉시 서브한다.

(7) 앞접시서비스

- 모듬요리나 사시미가 2인 상으로 제공될 경우에는 반드시 앞접시를 준비한다.

- 떠먹기 불편한 고객은 여분의 젓가락으로 서비스 한다.
- 요리에 필요한 소스나 찬이 제대로 갖추어져 있는지 확인한다.
- 부족한 소스류나 찬류는 요리서비스 후 즉시 서브한다.

(8) 추가서비스

- 마지막 서비스가 끝나고 고객의 식사속도에 맞춰 추가주문 여부를 확인한다. 방문은 약 10~15cm 정도 열어놓고 밖에서 대기자세를 하면서 고객의 상황을 살핀다.
- 고객이 방 안의 벨을 사용하기 전에 필요한 것이 없는가를 먼저 살핀다.
- 확인하고 나올 때에는 뒷모습이 보이지 않도록 한다.
- 테이블에 빈그릇이 많을 경우에는 트레이를 두 개 갖다놓고, 한 트레이는 치워 사이드테이블 위에다 놓고 다른 트레이를 사용하여 나머지를 치운다.

3) 정산 및 환송

(1) 계산서비스

- 계산 시 품목에 대하여 다시 한 번 안내한다. 총금액 또는 할인금액에 대한 안내도 자세히 한다. 영수증은 사인하기 편한 위치로 돌려준다. 정산된 영수증은 잘 접어서 전달한다. 그리고 즐거운 식사가 되었는지 다시 한 번 확인한다. 불편함을 호소하는 고객께는 빠른 응대어를 구사하고, 조치한다.

- 카드에 이상이 있거나 결제가 되지 않을 때에는 손님의 기분이 상하지 않게 안내를 한다. 간단한 인사말이나 보관이 용이한 영수증함을 준비하는 센스도 좋다.

(2) 환송하기

- 고객이 룸에서 나오면 항상 정중하게 인사한다. 그리고 맡겨 놓은 물건이나 서류가 있으면 입구에 준비한다.
- 주차서비스를 받은 고객의 차량준비 여부를 확인한다.
- 불편한 점은 없었는지 다시 한 번 확인한다.
- 영수증서비스나 기타 추가서비스에도 세심한 배려를 아끼지 않는다.

3. 카운터서비스

카운터서비스는 고객이 조리과정을 직접 볼 수 있는 장점이 있다. 일본음식은 카운터서비스를 제공하는 식당이 적지 않다. 카운터서비스를 제공하는 식당에서는 주방이 개방되었으므로 위생관리를 철저해야 한다.

1) 고객의 입장

(1) 환영인사

- 담당서버는 고객을 카운터로 안내하고 조리사는 정중히 인사한다. 예약고객일 경우 사전에 숙지하여 직함이나 성함으로 호칭한다.
- 진열되어 있는 식자재들은 최고의 상태로 비치한다.
- 조리사는 고객이 즐거운 식사가 될 수 있다는 느낌이 들도록 친절하게 인사한다.

(2) 자리안내

- 담당서버는 고객이 카운터 자리에 앉을 수 있도록 착석서비스를 한다.
- 예약 손님이 많을 경우, 남 · 여의 자리 배치를 신중히 하여 드시는데 불편함이 없도록 안내한다.
- 카운터 의자에 큰 가방이나 소지품을 놓기 불편하므로 클락룸에 귀중품을 보관해준다.

2) 식음료서비스

(1) 물수건서비스

- 고객이 자리에 앉으면 홀의 서비스요원은 물수건을 준비한다.
- 물수건서비스 시 음료주문도 함께 받는다.

(2) 오차서비스

- 사시미나 초밥을 드는 고객이므로, 음료 주문에도 오차서비스를 바로 한다.
- 따듯한 오차의 경우, 식기 전에 자주 오차를 바꾸어 제공한다.
- 오차의 가장 적정한 온도로 서브한다.

(3) 음식서비스

- 카운터서비스에서 대부분의 요리는 조리사가 직접 하지만, 간단한 샐러드나 전채는 홀서버가 준비해 제공한다.
- 먹기 편안한 위치에서 서브한다.

- 카운터의 장소가 협소한 곳은 옆에 앉은 고객에게 방해가 되지 않도록 서브한다.

(4) 야채서비스

- 곁들이는 생야채는 신선한 재료로 그날그날 제공할 수 있게 한다. 그리고 생야채와 소스는 식사 전 미리 준비한다.
- 2인 한 접시 또는 개인접시에 담아서 서브한다.
- 고객이 먹기 편안한 위치에서 서브한다.

(5) 앞접시서비스

- 앞접시를 준비하여 조리사가 앞접시에 요리를 놓아 올릴 수 있도록 한다. 지저분한 앞접시는 수시로 교체한다.
- 필요한 소스 혹은 요리가 더 있는지 수시로 확인한다.

계산과 환송서비스는 앞에서 다룬 바와 같다.

학습내용평가 14

1. 테이블세팅과 서비스

항 목 내 용	상	중	하	비고
일식의 기본 테이블세팅을 할 수 있다.				
물수건은 고객 앞에서 인사한 후 고객의 오른쪽에서 낸다.				
사시미와 모듬요리가 2인분 이상일 경우에는 앞접시를 언제나 곁들인다.				
가이세끼요리의 경우, 요리에 한 설명을 할 수 있도록 충분한 지식을 갖추도록 한다.				
고객이 룸 안에 들어가면 구두를 가지런히 한다.				
문을 열고 닫을 때에는 무릎을 꿇고 앉아 양손으로 문을 열고 닫는다.				
문을 열 때에는 처음 윗부분을 열고 난 후 양손으로 아랫부분을 연다.				
음식과 그릇이 고객 머리 위로 가시 않도록 한다.				
물수건을 먼저 내고 음료 주문을 받은 뒤, 음료가 끝나면 오차를 서브한다.				
냄비요리(복냄비, 도미요리, 샤부샤부, 모듬냄비)의 재료는 인원수에 맞게 조리해서 고객에게 덜어준다.				
냄비요리가 1인분일 때에는 접시의 고기가 고객 앞으로 놓이도록 한다.				

학습내용평가 14

2. 서비스 과정

항 목 내 용	상	중	하	비고
고객입장 시 웃는 얼굴로 밝고 또렷하게 맞이한다.				
감사하다는 마음이 손님에게 전달되도록 정성껏 인사한다.				
예약을 확인하고 자리로 안내한다.				
다른 고객에게 방해되지 않도록 조용히 안내한다.				
룸 안에 먼저 온 고객께 입장을 알리고, 조용히 문을 열어준다.				
룸으로 고객이 입장하면 신발정리를 해둔다.				
문을 열고 닫을 때에는 무릎을 꿇고 앉아 양손으로 문을 열고 닫는다.				
모임의 성격에 맞게 주문서비스를 돕는다.				
너무 한꺼번에 많은 주문을 받지 않는다.				
메뉴와 적절한 음료 주문도 추천한다.				
물수건을 먼저 내고 음료주문을 받은 뒤 음료가 끝나면 추가 주문을 받고, 추가 주문이 없을 경우 오차를 서브한다.				
오차 컵을 테이블에 놓을 때 소리가 나지 않도록 조심스럽게 내려놓고, 오차 받침을 이용하여 고객 앞으로 조용히 밀어 제공한다.				
음료에 맞는 글라스와 기타 서비스품목을 준비한다.(와인잔, 얼음바스켓, 얼음집게 등)				
간장종지를 서비스한 후 간장을 서빙한다.				
메뉴가 사시미인지 초밥인지 구별하여 간장종지를 세팅한다.				
모듬요리나 사시미요리가 2인 이상일 경우에는 반드시 앞접시를 준비한다.				
룸 안에서의 서비스 시 항상 트레이를 사용한다.				
고객에게서 항상 시선을 떼지 않고 서비스에 최선을 다한다.				
요리에 필요한 소스나 찬이 제로 갖추어져 있는지 확인한다.				
고객이 방 안의 벨을 사용하기 전에 필요한 것이 없는가를 먼저 살핀다.				
고객에게 계산을 받기 전에 계산서의 기재사항을 확인한다.				
접객담당자는 고객이 일어날 때 즉시 의자를 빼주고, 테이블 주위에 빠뜨린 물건이 없는지 확인한다.				
환송담당자는 고객퇴장 시 계산을 신속하게 할 수 있도록 계산대로 안내한다.				
출구 쪽을 향해 방향을 제시하고 정중히 배웅한다.				
카운터서비스 과정을 설명할 수 있다.				
카운터에 진열되어 있는 식자재들은 최고의 상태로 비치한다.				

CHAPTER 15

중식서비스

학습목표

- 중식 테이블세팅을 수행할 수 있다.
- 중식 상차림을 용도별로 수행할 수 있다.
- 중식서비스를 수행할 수 있다.
- 중식서비스를 과정별로 이해하고 수행할 수 있다.

1. 중식의 테이블세팅

1) 기본세팅

중식 테이블세팅Table Setting은 고객을 맞이할 수 있는 모든 준비를 완료하는 단계를 말하며, 고객에게 편안함과 안락한 이미지를 부여함과 동시에 식사의 편의를 최대한 제공하기 위한 기본준비 작업이다. 또한 서비스인의 신속한 서비스를 위한 준비이기도 하다.

① 본 디쉬Bone Dish
② 냅킨
③ 양념접시
④ 젓가락
⑤ 차컵
⑥ 수프 스푼
⑦ 젓가락Chopstick 홀더

자료 : https://ningbo.park.hyatt.com

2) 세팅 전 준비사항

- 테이블 및 의자가 흔들리는 것이 있는가 확인한다.
- 테이블클로스는 잘 깔려있는지, 더럽지 않은지 확인한다.
- 세팅에 필요한 기물이나 냅킨을 다시 한 번 확인한다.
- 꽃병의 꽃이 시들지 않았는가 확인한다.
- 각종 소스병을 점검한다.
- 예약사항을 확인한다.

자료 : www.deconcrete.org

3) 주문받는 방법

- 중국요리는 1인분의 주문방법이 아니고, 접시의 양에 따라 보통 대 · 중 · 소로 나누어 분류한다.(대 : 7~8인분 / 중 : 4~5인분 / 소 : 2~3인분)
  ※ 이것은 손님의 수에 알맞은 분량을 적당하게 준비하여 요리가 남지 않게 하기 위한 것이다.
- 조리법이 같은 요리는 되도록 중복되지 않도록 한다.
- 술을 즐기는 고객에게는 튀김요리, 구운요리, 절임요리 등을 추천하도록 한다.
- 요리의 주문을 받는 시간이 지체되어야 할 경우, 우선 전채의 주문만을 받아 주방에 주문서를 제시하고 다음 요리의 주문을 받도록 하며, 손님에게 충분한 시간을 주도록 한다.
- 손님이 주문을 망설일 경우, 특별요리 또는 손님의 기호를 알아본 후 그에 알맞은 요리를 추천하도록 한다.
- 시간을 요하는 손님에게는 조리시간이 짧은 볶음요리를 추천하도록 한다.
- 탕류, 찜류 등 시간이 오래 걸리는 요리는 사전에 손님에게 알려야 하며, 조리시

간이 오래 걸리는 요리를 한꺼번에 많이 주문받지 않도록 해야 한다.

- 요리의 양이 인원수에 비하여 너무 많지 않도록 주의해야 한다. 외국인의 경우는 양식과 같이 생각하고 있는 경우가 있으므로, 많은 양의 요리를 주문할 때에는 손님에게 의향을 물어 "손님 수에 비해 요리의 양이 많은 것 같습니다.", "괜찮으시겠습니까?" 하고 확인시켜 주문받도록 한다.
- 식사를 주문받을 때에는 기름진 것을 피하고, 산뜻한 죽 종류나 면 종류 등을 권한다.

4) 서빙방법

- 냉채를 서브할 때에는 손님을 먼저 서브한 후 초청한 사람 순으로 한다.
- 음식이 남았을 경우는 회전판Lazy Susan(Turntable 중앙에 올려놓는다. 상황에 따라 서브하거나 테이블에 올려놓아 분위기에 맞게 서브한다.
- 새로운 요리를 서브할 때에는 역시 새로운 접시를 먼저 사용했던 접시와 교환하도록 한다.
- 수프요리는 손님에게 알아본 뒤 수프트린Soup Tureen을 사용해서 국자Ladle로 개인 수프볼Soup Bowl에 덜어준다. 이때 손님의 옷에 흘리지 않도록 각별히 조심해야 한다.
- 요리는 고객의 테이블에서 서브해야 하나, 테이블이 복잡한 경우 보조테이블에서 접시에 덜어 서브한다.
- 생선요리는 머리 부분이 왼쪽, 배 부분이 손님을 향하도록 해서 서브한다. 회전판이 있을 때에는 올려놓아 한 바퀴 돌려 손님에게 보인 다음 서브하도록 한다.
- 티포트Tea Pot의 차가 식었을 때에는 항상 뜨거운 것으로 바꾸어주어야 한다.
- 요리를 서브할 때는 필요 이외의 말은 하지 않아야 한다. 서브 도중에 손님이 질문을 하거나 부탁을 할 경우, 손에 들고 있던 요리는 보조테이블에 놓거나 "잠깐 기다려 주십시오."라고 한 뒤 요리를 서브하고, 신속히 돌아와 손님에게 답변하도록 하며, 요리에 침이 튀지 않도록 각별히 주의해야 한다.

2. 서비스 과정

1) 고객의 입장

(1) 환영하기

- 고객이 식당 입구에 들어서면 정중하고 친절하게 맞이한다. 첫인상이 중요하므로 반갑게 맞는다는 느낌이 들도록 한다.
- 고객이 들어오는 것을 알아차리지 못하는 일이 일어나지 않도록 한다.

(2) 인사하기

- "어서 오십시오."라는 인사와 함께 밝고 정중하게 인사한다.
- 걸으면서 인사한다든지, 머리를 너무 깊이 숙여 인사한다든지, 아래로 내려 본다든지 하는 인사를 하지 않도록 한다.

(3) 자리안내

- 안내는 순서대로, 그리고 신속하게 한다. 빈자리가 났는데도 고객을 오래 기다리게 해서는 안 된다.
- 가능한 한 고객이 바라는 자리로 안내한다.
- 좌석 회전을 고려하여 항상 빈자리나 빈 룸Room에 관한 정보를 숙지한다.
- 뒤에 고객이 따라오고 있다는 것을 의식하며 경쾌한 태도로 안내한다.

(4) 착석서비스

- 고객이 자리를 잡으면 의자를 끌어당겨 자리를 알려준다. 의자를 끌어당겨주지 않을 경우에는 손바닥으로 가리킨다.
- 중식에서는 원형테이블이 대부분이므로 상석의 위치를 표시한다.

2) 식음료서비스

(1) 오차서비스

- 중국요리는 기름기가 많기 때문에 이를 소화시킬 수 있도록 차를 많이 마신다. 고객이 자리를 잡으면 오차서비스를 즉시 한다.
- 차의 온도는 섭씨 80도 이상의 물을 사용한다.
- 티포트의 뚜껑이 열리지 않도록 항상 뚜껑을 잡고 서비스한다.
- 차의 종류를 고객에게 안내하는 것도 좋다.

(2) 주문서비스

- 중국요리는 1인분의 주문방법이 아니고 접시의 양에 따라 대 · 중 · 소로 나누어져 있기 때문에, 고객의 수에 알맞은 요리의 분량을 주문받는다. 같은 조리법이 중복되지 않도록 받는다.
- 술을 즐기는 고객에게는 튀김요리, 구이요리, 절임요리 등을 추천한다.
- 요리시간이 오래 걸리는 요리는 사전에 이야기하고, 요리시간이 짧은 요리를 먼저 내어도 되는지를 확인한다.

- 바쁜 고객을 위해서는 조리시간이 길지 않은 볶음요리를 추천한다.

(3) 물수건서비스

- 주문이 끝나면 물수건을 준비한다.
- 물수건은 고객 앞에서 인사한 후 고객의 오른쪽에서 낸다.
- 물수건의 서비스는 음식점마다 다르므로, 음식점의 방침에 따른다.
- 비닐봉지에 넣은 채 서비스하거나, 받침대에 올려서 서비스한다.

(4) 음료서비스

- 주문받은 음료를 제공한다. 음료에 맞는 글라스와 기타 서비스 품목을 준비한다.(와인잔, 얼음 바스켓, 얼음집게 등)
- 음료(중국주, 와인)를 주문한 고객 중, 상석의 고객에게 서비스를 원할 경우 따라준다.
- 찬음료는 차게, 더운음료는 뜨겁게 서비스한다.

(5) 찬서비스

- 주문을 받은 후 요리가 제공되기 전 기본 찬 서비스를 한다.
- 한 번에 너무 많은 양의 기본 찬을 준비하지 않도록 한다.

(6) 요리서비스

- 일품요리 서비스 시 "고객께서 주문하신 OOO요리입니다."라고 요리에 대해 안

내한 후 서비스한다. 그리고 고객의 오른쪽에서 먹기 편안하게 서비스한다.

- 일품요리의 경우 상석부터 노약자, 여성, 어린이 등 상황에 맞게 서브한다.
- 보통 서양의 경우 여성을 제1순위로 여기나, 중식 서비스의 경우 모임이나 연장자에 따라 유동적으로 서비스해야 한다.

- 냉채를 서브할 때는 주빈에게 먼저 서브한 후 초청한 사람 순으로 한다. 회전식 쟁반이 있을 경우는 남은 음식을 회전식 쟁반 위에 올려놓는다. 그리고 수프는 고객에게 물어 본 뒤 수프트린Soup Tureen을 사용해서 국자로 수프볼에 덜어준다. 이때 고객의 옷에 흘리지 않도록 각별히 조심해야 한다.
- 생선요리는 머리 부분이 왼쪽, 배 부분이 고객을 향하도록 해서 서브한다.
- 회전판이 있을 경우에는 회전판에 올려놓고, 한 바퀴 돌려서 고객에게 보인 후 서브한다.

(7) 접시교체서비스

- 새로운 요리를 서브할 때는 새로운 접시를 먼저 사용했던 접시와 교환한다.
- 요리를 고객테이블에서 서브해야 하나, 테이블이 복잡할 경우 보조테이블에서 접시에 덜어 서브한다.
- 앞접시를 서비스하고 준비된 메뉴를 서브한다.
- 요리를 서브할 때에는 필요 이외의 말은 하지 않는다.
- 요리서브 중 고객이 질문을 할 경우, 보조테이블에 요리를 잠시 두고 답변을 한 후 다시 서브한다.

3) 정산 및 환송

(1) 계산서비스

- 계산 시 먹은 품목에 대해 다시 한 번 안내한다. 총금액 또는 할인금액에 대한 안내도 자세히 한다. 영수증은 사인하기 편한 위치로 돌려서 제공한다. 정산된 영수증은 영수증함에 잘 접어 전달한다. 즐거운 식사가 되었는지 다시 한 번 눈인사를 한다. 불편함을 호소하는 고객에게는 빠른 응대어를 구사하고 조치한다.

(2) 환송하기

- 계산이 끝났으면 "고맙습니다."라는 인사와 함께 배웅한다. 잊은 물건이나 맡긴 물건이 없는지를 확인한다. 그리고 고객이 돌아갈 준비를 끝낼 때까지 기다린다.
- 돌아갈 준비가 다 된 것을 보고 나서 인사한다.
- 고객을 재촉하지 않도록 조심한다.
- 고객이 돌아갈 때에는 종사자 전체가 신경을 쓴다.

학습내용평가 15

1. 테이블세팅과 서비스

항 목 내 용	상	중	하	비고
중식의 기본 테이블세팅을 할 수 있다.				
테이블 및 의자가 흔들리는지 확인한다.				
각종 소스병을 점검한다.				
중국요리는 접시의 양에 따라 보통, 중, 소로 나누어 주문받는다.				
술을 즐기는 고객에게는 튀김요리, 구운요리, 절임요리 등을 추천한다.				
탕류, 찜류 등 시간이 오래 걸리는 요리는 사전에 손님에게 알려야 한다.				
냉채를 서브할 때에는 손님을 먼저 서브한 후 초청한 사람 순으로 한다.				
음식이 남았을 경우는 회전판 중앙에 올려놓는다.				
새로운 요리를 서브할 때, 새 접시를 먼저 사용했던 접시와 교환한다.				
수프요리는 손님에게 여쭈어 본 뒤 수프 튜린을 사용해서 개인 수프 볼에 덜어준다.				
생선요리는 머리 부분이 왼쪽, 배 부분이 손님을 향하도록 해서 서브한다.				
티포트의 차가 식었을 때에는 항상 뜨거운 것으로 바꾸어 주어야 한다.				
요리를 서브할 때는 필요 이외의 말은 하지 않아야 한다.				
서브 도중에 손님이 질문을 하거나 부탁을 할 경우, 손에 들고 있던 요리는 보조 테이블에 놓거나 "잠깐 기다려 주십시오."라고 한 뒤 요리를 서브한다.				

학습내용평가 15

2. 서비스 과정

항 목 내 용	상	중	하	비고
고객입장 시 웃는 얼굴로 밝고 또렷하게 맞이한다.				
감사하다는 마음이 손님에게 전달되도록 정성껏 인사한다.				
예약을 확인하고 자리로 안내한다.				
고객이 자리에 앉기 쉽게 두 손으로 의자 등받이를 잡아 가볍게 빼고, 앉을 때 두 손과 한 쪽 무릎을 사용하여 살며시 밀어준다.				
중식에서는 원형 테이블이 부분이므로 상석의 위치를 표시한다.				
고객이 자리에 앉으면 준비된 차를 먼저 서브한다.				
티 포트의 뚜껑이 열리지 않도록 항상 뚜껑을 잡고 서브한다.				
고객의 인원을 고려하여 접시의 양을 대 · 중 · 소로 나누어 알맞은 요리의 분량을 주문받는다.				
요리시간이 오래 걸리는 요리는 사전에 이야기하고, 요리시간이 짧은 요리를 먼저 내어도 되는지를 확인한다.				
주문이 끝나면 물수건을 준비한다.				
비닐봉지에 넣은 채 서비스하거나 받침에 올려서 서브한다.				
"고객께서 주문하신 OO요리입니다."라고 안내한 후 서브한다.				
냉채를 서브할 때는 주빈에게 먼저 서브한 후 초청한 사람 순으로 한다.				
남은 음식은 회전식 쟁반 위나 혹은 테이블 가운데에 올려놓는다.				
새로운 요리를 서브할 때는 새로운 접시를 먼저 사용했던 접시와 교환한다.				
고객에게 계산을 받기 전에 계산서의 기재사항을 확인한다.				
접객담당자는 고객이 일어날 때 즉시 의자를 빼주고, 테이블 주위에 빠뜨린 물건이 없는지 확인한다.				
환송담당자는 고객퇴장 시 계산을 신속하게 할 수 있도록 계산대로 안내한다.				
출구 쪽을 향해 방향을 제시하고 정중히 배웅한다.				

CHAPTER 16

고객 불평 처리법

학습목표

- 고객 불평을 이해하고 그 유형을 설명할 수 있다.
- 불평 고객 5단계 응대법을 수행할 수 있다.
- 고객 불평 상황별 응대할 수 있다.
- 강한 불평 고객을 절차에 따라 처리할 수 있다.

1. 고객 불평

1) 고객 불평이란?

외식서비스를 제공하는 산업현장은 서비스 종사자가 아무리 열심히 노력하고 있다하더라도 외식상품의 서비스에 대해 고객이 느끼는 취향과 사고방식은 각기 다른 만족도를 만들어 낸다. 그리고 아무리 주의를 기울여도 고객의 성향과 갑작스런 상황을 모두 통제할 수 없기에 누군가에게는 실수가 빌생할 수 있다. 서비스 선진기업에서는 이런 부족한 점에 대해서는 솔직히 사과하고 신속히 처리하는 것을 최선으로 한다.

고객 불평Customer Complaints을 단순히 손님의 불평이나 자사의 마이너스로 받아들이지 말고 회사가 발전하기 위한 귀한 정보로 받아들인다. 또한 손님의 지식 부족과 착각에서 발생하는 클레임도 있는데, 이럴 때에는 고객이 부끄럽게 느끼지 않도록 해야 한다.

고객 불평을 긍정적으로 받아들여 마지막까지 책임감을 가지고 대처하는 것이 무엇보다도 중요하다. 고객 불평을 제대로 처리함으로써 점포의 이미지를 향상시킬 수도 있다면 고객 불평을 통해 고객과 보다 밀접한 관계를 가질 수 있다. 그러므로 고객 불평을 손님을 보다 잘 이해해 가는 과정에서 생기는 기회로 생각하는 것이 좋다. 왜냐하면, 고객에 대한 깊은 이해가 서비스의 원점이기 때문이다.

2) 고객 불평의 유형

(1) 상품 자체

- 상품 자체에 대한 고객 불평은 주로 음식의 맛, 양, 조리법 그리고 음식의 품질 등에서 발생한다.
- 이물질(예 : 머리카락)이 발견되었다, 음식의 양이 너무 적다, 주문한 음식이 식었다, 음식의 맛이 너무 짜다, 일부 음식이 익지 않았다, 예전과 다른 맛이다, 음식 맛이 없다, 음식의 식재료가 너무 저품질이다, 식재료가 상했다, 제공된 반찬이 오래 된 것 같다, 밥이 너무 오래되었다, 음식이 너무 늦다 등등

(2) 시설과 분위기

- 음악이 시끄럽다, 실내가 너무 덥거나 춥다, 조명이 너무 어둡거나 밝다, 다른 손님이 너무 시끄럽게 한다, 식탁이 너무 지저분하다, 식기가 없다 등등

(3) 접객서비스

- 접객서비스가 나쁘다(태도, 말씨 등), 인사를 하지 않는다, 부탁한 일을 잊었다, 잡담하고 있다, 불러도 응답자가 대답이 없다, 고객을 무시한다, 전화를 받지 않는다, 잘난체 한다 등등

(4) 지불 관련

- 전표의 금액이 잘못되었다, 신용카드를 쓸 수가 없다, 영수증의 수취인이 잘못되어 있다 등등

(5) 기타

- 주차할 공간이 없다, 화장실이 지저분하다, 화장실에 휴지가 없다 등등

2. 고객 불평 응대법

1) 5단계 응대법

강한 고객 불평은 고객에게 먼저 사과하고, 즉시 상사에게 보고하여 책임자의 지시에 따라 신속하게 처리한다. 주의할 점은 불평고객에게 애매한 답변은 하지 않도록 한다. 다음은 고객 불평 발생 시 대처해야 할 5단계 응대법이다.

(1) 우선 사과한다.

- 어느 쪽에 원인이 있든 우선 사과부터 한다.
- 부족한 점에 대하여 솔직히 사과한다.
- 고객 불평의 원인이 무엇인지 파악한다.

(2) 잘 듣는다.

- 무엇에 대한 불평인지 냉정하게 잘 듣는다.
- 고객의 말을 자르거나 곧바로 부정하지 않는다.
- 해명을 서두르지 않는다.
- 고객이 원하는 바를 바로 파악한다.

(3) 신속히 적절한 대처한다.

- 고객이 원하는 것이 정리되면 반복하여 확인하고, 담당자가 해결할 수 있는 것은 즉시 실행한다. 다만, 실행이 어려운 것은 관리자에게 보고하여 신속히 해결한다.
- 고객의 입장을 고려하여 신속히 응대한다.

(4) 책임, 성의 있는 태도로 임한다.

- 누가, 어떻게, 언제까지 할 것인지를 명확하게 말한다.
- 상대의 기분을 풀어주는 것을 잊지 않는다.

(5) 같은 문제가 다시 발생하지 않도록 노력한다.

- 실수가 왜 일어났는지 원인을 규명하여 다시 일어나지 않도록 한다.
- 고객 불평이라도 반복적으로 일어나지 않도록 현장에 피드백한다.
- 점장, 책임자에게 보고한다.

2) 상황별 응대법

(1) 요리에 이물질이 발견될 때

① 최초 접했을 때	
고 객	"여기 음식 좀 봐요. 머리카락이 들어 있잖아요. 기분 나빠서 못 먹겠어요."
서비스인	"정말 죄송합니다. 곧 다시 만들어 오겠습니다. 잠시만 기다려주십시오. 시간은 괜찮으십니까?"
고 객	"괜찮아요. 주방장한테 주의하라고 말해 주세요."
서비스인	"예, 잘 전하겠습니다. 정말 죄송합니다."

▼

② 책임자에게 보고	
책임자	"아까는 정말 죄송했습니다. 머리카락이 들어있었다니, 진심으로 사과드립니다."
고 객	"정말 그랬어요. 앞으로 이런 일이 생기지 않도록 해주세요."
책임자	"예, 앞으로는 충분히 주의시켜 이런 일이 없도록 하겠습니다. 정말 죄송합니다."

▼

③ 고객 배웅 시	
서비스인	"오늘은 정말 죄송했습니다."
책임자	"다시 한 번 찾아주시면 최선을 다해서 모시겠습니다. 감사합니다."

〈포인트〉
* 이물질이 들어있는 건 절대 안 될 일이다. 하지만 그런 일이 발생했을 때에는 진심으로 사과한다.
* 책임자에게 보고하고, 책임자가 손님에게 깍듯이 사과의 말을 전한다.
* 책임자의 판단에 따라 요금을 받지 않도록 하는 경우도 많다.
* 디저트 등을 사과하는 의미로 손님에게 전한다. 또 서비스쿠폰 등의 작은 선물을 준다.
* 나쁜 입 선전은 생각보다 빨리 퍼지게 되므로 대처에 주의한다.

(2) 주문한 요리가 늦었을 때

① 최초 접했을 때	
고 객	"우리는 30분 이상 기다렸는데, 아직도 요리가 안 나오는데요."
서비스인	"정말 죄송합니다. A코스를 주문하셨군요." "지금 확인하고 있습니다. 잠시만 기다려주십시오."

▼

② 확인 후	
서비스인	"오래 기다리시게 해서 죄송합니다." "조리시간이 조금 길어졌습니다. 2~3분 후면 나옵니다. 잠시만 더 기다려 주시겠습니까?"
고 객	"그래요. 앞으로 15분밖에 여유가 없으니까 빨리 좀 부탁드릴게요."
서비스인	"예, 알겠습니다. 조리가 끝나는 대로 최대한 빨리 가져오겠습니다."

▼

③ 서비스 할 때	
서비스인	"기다려주셔서 감사합니다."
책임자	"이쪽이 A코스입니다. 주문하신 요리는 모두 나왔는지요?" "그럼, 즐거운 식사 되십시오."

〈포인트〉
* 조리시간이 오래 걸리는 요리는 주문받을 때 그 이유와 시간을 손님에게 미리 알려준다. 이외에 주문한 것이 다 나왔는지 재확인한다.
* '시간은 금이다.' 고객의 시간은 금보다 더 귀하다는 것을 잊지 말자. 조리시간이 긴 음식을 주문받을 때에는 사전에 미리 예상시간을 알려주고, 예상시간보다 길어졌을 때에는 중간중간에 상황을 알려주어야 한다.

(3) 물을 엎질렀을 때

① 최초 접했을 때	
고 객	"앗, 차가워. 어떡하지?"
서비스인	"정말 죄송합니다. 금방 닦을 것을 가져오겠습니다."
고 객	"치마가 많이 젖어버렸어. 얼룩지면 어떡해?"
서비스인	"(닦으면서)정말 죄송합니다. 블라우스는 괜찮습니까? 곧 책임자를 불러오겠습니다. 잠시만 기다려 주십시오."

▼

② 확인 후	
관리자	"부주의해서 대단히 죄송합니다. 저는 점장 OOO라고 합니다. 치마는 괜찮겠습니까?"
고 객	"예, 괜찮을 것 같은데, 얼룩이 지지 않을까 걱정이에요."
서비스인	"괜찮으시다면, 세탁비를 변상해 드리겠습니다." "얼룩이 생길까 염려됩니다. 정말 죄송합니다."

〈포인트〉
* 물뿐만이 아니라 음료수, 수프, 요리 등을 서빙 할 때 손님의 의복을 더럽힐 경우가 있으므로 항상 주의한다.
* 그 자리에서 세탁비를 지불하는 경우도 있고, 세탁소에는 손님이 직접 가고, 그 대금을 영수증과 교환하는 경우도 있다.
* 어떻게 하든지 책임자의 판단을 따르도록 한다.

3) 강한 고객 불평 대처법

강한 고객 불평으로 그 고객에 대한 손실은 적을 수도 있지만, 그보다 수많은 가망 고객마저 잃어버리는 경우에는 기업에 큰 손해가 발생할 수 있다. 때문에 고객 불평은 발생 즉시 바로 해결하는 것이 최선이다. 하지만 고객에게 큰 손상을 입혔을 경우는 바로 대처할 수가 없다. 이럴 경우에는 시간(다시 방문하여 대응), 장소(점내에서 응접실 등), 담당자(담당자에게 점장, 책임자로 바꾸어 대응)를 바꾸면서 고객에게 진심을 전달할 필요가 있다. 이 3가지를 바꿈에 따라 상대의 기분을 진정시키는 효과를 얻을 수 있다. 그리고 제일 먼저 무엇에 대한 클레임인지 전체를 파악해야 한다. 질문을 하면서 고객이 원하는 것을 확인하고 처리할 수 있는 수준에서 합리적인 처리한다. 다음은 고객 불평 시 확인해야 할 점검사항이다.

NO	체 크 항 목	Yes	No
1	나는 무엇에 대한 클레임인지 냉정하게 잘 듣는다.		
2	나는 손님의 말허리를 자르거나 곧장 부정하지 않는다.		
3	나는 부족한 점에 대하여 솔직하게 사과하고 있다.		
4	나는 어느 쪽에 원인이 있든지 우선 사과하고 있다.		
5	나는 적절한 대처를 상대의 입장에서 생각한다.		
6	나는 책임, 성의 있는 태도로 대하고 있다.		
7	나는 실수가 왜 일어났는지 원인을 규명하여 재차 일어나지 않도록 노력하고 있다.		
8	나는 대처법에 대해 상사와 상담하고 나서 대답한다.		
9	나는 다른 사람이 일으킨 클레임이라도 스스로 책임감을 가지고 응대하고 있다.		
10	나는 자신의 실수로 일으킨 클레임은 주변사람에게 곧 사과하고 있다.		
11	나는 손님이 말한 내용에 대하여 직접적으로 부정하는 말을 사용하지 않고, 말투와 말씨에 주의한다.		
12	나는 점장과 상사에게 전할 때, 손님에게 들리는 곳에서는 '클레임'이라 하지 않고 '의견 요망'으로 말한다.		
13	나는 자사의 규칙을 무리하게 강요하거나 따르도록 하는 듯한 말투는 쓰지 않고 있다.		
14	나는 '가격이 가격이라서' 등 가격이 싸니까 어쩔 수 없다는 듯한 말투는 쓰지 않는다.		
15	나는 '아, 그렇습니까?' 등 자신과는 관계없다는 듯이 흘려버리는 듯한 말을 사용하지 않는다.		

학습내용평가 16

항 목 내 용	상	중	하	비고
고객불평을 단순히 손님의 불평이나 자사의 마이너스로 받아들이지 말고, 회사가 발전하기 위한 귀한 정보로 받아들인다.				
고객불평을 제대로 처리함으로써 고객과 보다 밀접한 관계를 가질 수 있다.				
고객불평의 유형에 대해 설명할 수 있다.				
고객불평 5단계 응대법에 대해 설명할 수 있다.				
요리에 이물질이 발견되었을 때 신속히 응대할 수 있다.				
주문한 요리가 늦었을 때 신속히 응대할 수 있다.				
물을 엎질렀을 때 신속히 응대할 수 있다.				
강한 불평고객에 대한 처리 절차에 대해 설명할 수 있다.				
고객불평 시 확인해야 할 점검사항을 활용할 수 있다.				

불평고객 응대법 시나리오 작성하기

사례예시 4주차

NCS 기반 직무능력수행평가 1

1 평가내용

1. 관련 능력단위요소 : 안내하기 / 인사하기
2. 서비스 기본자세의 중요성과 목적, 내용, 방법 및 수행능력평가

평 가 내 용	평 가	
1. 서비스 기본(선 / 앉은 / 보행)자세를 수행할 수 있다.	예	아니오
2. 서비스 기본(대기 / 안내 / 인사와 표정)을 수행할 수 있다.	예	아니오
3. 서비스 기본 응대화법을 수행할 수 있다.	예	아니오
4. 서비스 전화응대를 능숙하게 수행할 수 있다.	예	아니오

2 평가방법

1. 4주차 1교시 수업 후 직무능력수행평가 1을 시행한다.
2. 조별 역할연기 롤플레잉을 수행한 후 자가진단 평가 및 교수자의 평가를 통해 패스Pass 스티커를 붙여준다.
3. 대답이 부정확하거나 미흡할 때에는 패스Pass 스티커를 붙일 수 없다.

3 보충지도

1. 평가가 끝난 후, 패스Pass 스티커가 붙어있지 않은 문항에 대해서는 역할연기 시나리오 노트를 3회 기록해 온다.
2. 논-패스Non-pass 문항은 교수에게 개별적으로 찾아와 교수 앞에서 답하고, 정확한 답변이 나올 때 패스Pass 스티커를 받을 수 있다.

❶ 서비스 접점지역에서 서비스 기본(선 / 앉은 / 보행)을 수행하시오.	❷ 서비스 접점지역에서 서비스 기본(대기 / 안내)자세를 수행하시오.
❸ 서비스 접점지역에서 인사법과 표정관리를 수행하시오.	❹ 서비스 접점지역에서 기본 응대화법을 연출하시오.
❺ 서비스 접점지역에서 상황별 바람직한 접객어법을 연출하시오.	❻ 전화응대 기본 요령과 5가지 원칙을 활용하여 연출하시오.

사례예시 8주차

NCS 기반 직무능력수행평가 2

1 평가내용

1. 관련 능력단위요소 : 환영 · 환송 인사하기 / 개인위생관리 / 식음료 영업준비 / 테이블 세팅하기 / 테이블 기물 취급하기
2. 평가내용 : 서비스실무매너(Ⅰ) 기본과정 관련 실무 전반에 대한 수행능력평가

평 가 내 용	평 가	
1. 서비스인의 복장(다림질, 단추, 구두 / 스타킹)을 갖추고 있다.	예	아니오
2. 서비스인의 용모(두발, 구강, 손톱)를 갖추고 개인 위생관리를 유지할 수 있다.	예	아니오
3. 서비스인의 상황별 환영인사를 수행할 수 있다.	예	아니오
4. 서비스인의 상황별 환송인사를 수행할 수 있다.	예	아니오
5. 트레이를 규정에 맞추어 취급할 수 있다.	예	아니오
6. 포크를 용도에 맞추어 규칙에 따라 세팅할 수 있다.	예	아니오
7. 나이프를 용도에 맞추어 규칙에 따라 세팅할 수 있다.	예	아니오
8. 테이블스푼은 용도에 맞추어 규칙에 따라 세팅할 수 있다.	예	아니오
9. 고블렛글라스를 용도에 맞추어 종류별로 세팅할 수 있다.	예	아니오
10. 와인글라스를 용도에 맞추어 종류별로 세팅할 수 있다.	예	아니오
11. 쇼 플레이트를 용도에 맞추어 규칙에 따라 세팅할 수 있다.	예	아니오
12. 냅킨을 규칙에 따라 청결하게 세팅할 수 있다.	예	아니오
13. 테이블 의자를 규칙에 따라 세팅할 수 있다.	예	아니오
14. 청결하게 격식 테이블을 세팅할 수 있다.	예	아니오
15. 모든 과정을 시간 내 세팅할 수 있다.	예	아니오

2 평가방법

1. 8주차에 직무능력수행평가 2를 시행한다.
2. 학습자 스스로 학습과제를 시간 내 실기고사를 실시한다.(4 평가자료 참조)

3. 평가 후 12개 미만 취득 학습자에게만 결과를 공개하고 보충지도에 응할 수 있도록 한다.

3 보충지도

1. 보완학습이 요구되는 학습자들을 대상으로 미흡한 과제만 별도로 훈련한다.
2. 보완학습 시기는 9주차 수업이 진행되기 전에 실시한다.

4 평가자료

• 실기수업장 배치도 • 수험자는 배치도의 순서대로 실기에 임함 	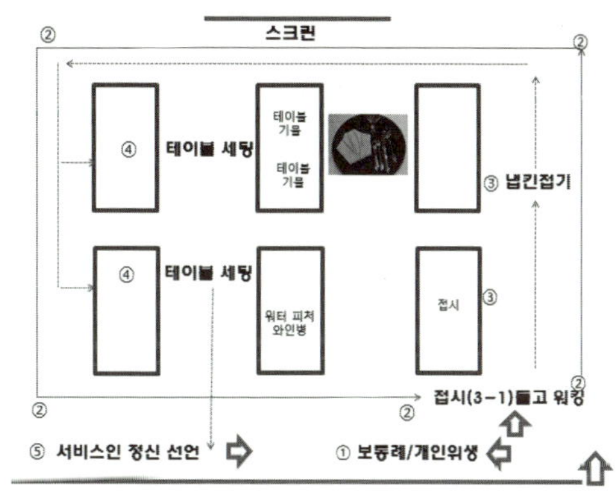	
• 냅킨의 완성 모습	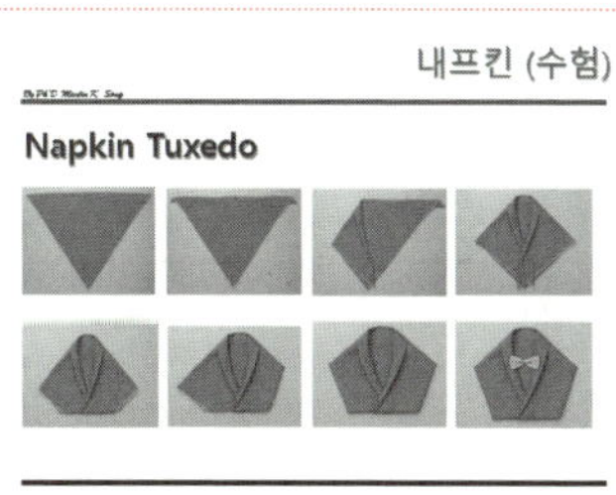	
• 테이블세팅의 평가규칙	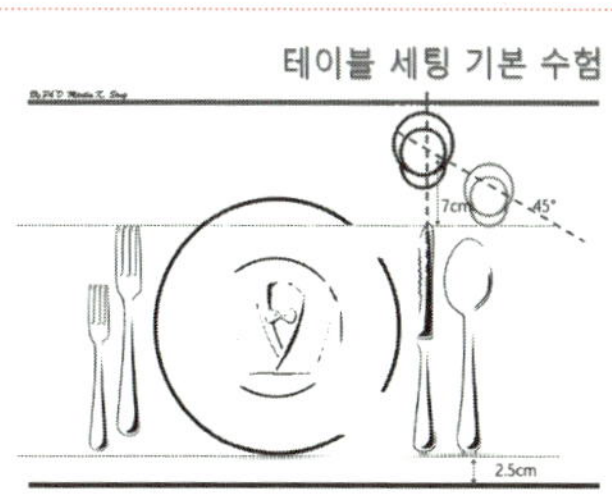	• 서비스인의 정신 선언

사례예시
11주차

NCS 기반 직무능력수행평가 3

1 평가내용

1. 관련 능력단위요소: 음식 제공하기 / 테이블 정리하기
2. 동 · 서양의 음식의 특징과 식사코스의 내용 및 서빙방법 능력평가

평 가 내 용	평 가	
1. 동 · 서양음식의 특징을 설명할 수 있다.	예	아니오
2. 프랑스음식의 특징을 이해하고 식사코스를 설명할 수 있다.	예	아니오
3. 이탈리아음식의 특징을 이해하고 식사코스를 설명할 수 있다.	예	아니오
4. 한식의 특징을 이해하고 식사코스를 설명할 수 있다.	예	아니오
5. 일본음식의 특징을 이해하고 식사코스를 설명할 수 있다.	예	아니오
6. 중국음식의 특징을 이해하고 식사코스를 설명할 수 있다.	예	아니오
7. 서양음식서비스를 수행할 수 있다.		
8. 서양음식 레스토랑의 서비스 과정을 수행할 수 있다.		
9. 일본음식서비스를 수행할 수 있다.		
10. 일식 레스토랑의 서비스 과정을 수행할 수 있다.		
11. 중국음식서비스를 수행할 수 있다.		
12. 중식 레스토랑의 서비스 과정을 수행할 수 있다.		

2 평가방법

1. 10주차 수업 종료 후 직무능력수행평가 3을 시행한다.
2. 주관식 20문항 / 객관식 10문항을 출제하여 80점 이상 이수자에게 통해 패스Pass 스티커를 붙여준다.
3. 대답이 부정확하거나 미흡할 때에는 패스Pass 스티커를 붙일 수 없다.

3 보충지도

1. 평가가 끝난 후, 패스Pass 스티커가 붙어있지 않은 문항에 대해서는 오답문항에 대해 노트를 3회 기록해온다.
2. 논-패스Non-pass 문항은 교수에게 개별적으로 찾아와 교수 앞에서 답하고, 정확한 답변이 나올 때 패스Pass 스티커를 받을 수 있다.

사례예시 15주차

NCS 기반 직무능력수행평가 4

1 평가내용

1. 관련 능력단위요소 : 식음료 주문받기 / 음료서비스하기 / 음식서비스하기 / 식음료 영업장 마감하기
2. 평가내용 : 서비스실무매너(Ⅱ) 심화과정 관련 실무 전반에 대한 수행능력평가

평 가 내 용	평 가	
1. 양식서비스를 수행할 수 있다.	예	아니오
2. 한식서비스를 수행할 수 있다.	예	아니오
3. 일식서비스를 수행할 수 있다.	예	아니오
4. 중식서비스를 수행할 수 있다.	예	아니오
5. 주문서비스를 수행할 수 있다.	예	아니오
6. 메뉴를 추천할 수 있다.		
7. 음료서비스를 수행할 수 있다.	예	아니오
8. 음식서비스를 수행할 수 있다.	예	아니오
9. 테이블정리서비스를 수행할 수 있다.	예	아니오
10. 계산서비스를 수행할 수 있다.	예	아니오
11. 환송서비스를 수행할 수 있다.	예	아니오

2 평가방법

1. 15주차에 직무능력수행평가 4를 시행한다.
2. 실기시험장에서 11개의 수행과제를 수행하고 채점표에 의해 평가한다.
3. 채점 후 학습자에게 결과를 공개하고 보충지도에 응할 수 있도록 한다.
4. 실기고사장(201호) 배치도를 작성하여 사전에 고지시킨다.

3 보충지도

1. 보충학습이 요구되는 학습자를 대상으로 별도의 보완훈련을 한다.

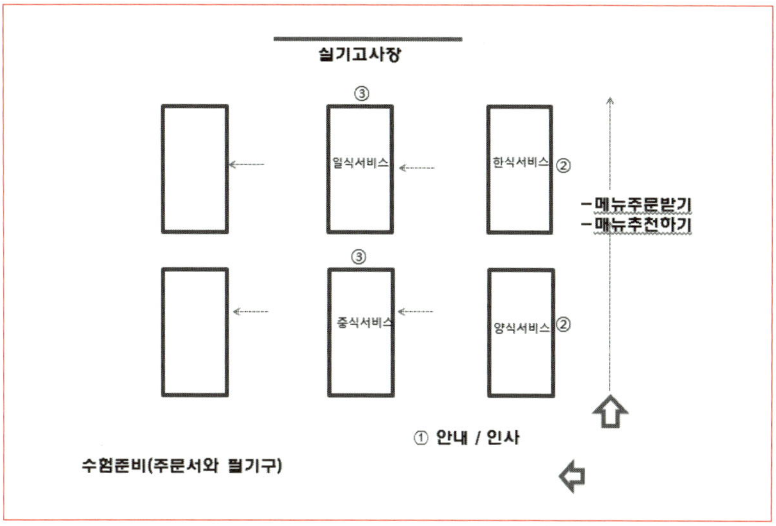

REFERENCES

고상동 · 김범태(2011). 호텔서비스매너와 실무, 백산출판사.

국가직무능력표준(www.ncs.go.kr).

김광현(2016). 막걸리와 사케 비교분석을 통한 한국 막걸리산업 발전방안 연구, 안동대학교 대학원 석사논문.

롯데호텔 서비스매뉴얼.

박영배(2009). 식음료서비스관리론, 백산출판사.

송홍규(2013). 호텔연회기획, 백산출판사.

신봉규 외 3인(2013). 고객만족 외식업서비스실무, 백산출판사.

이승은(2016). 전통주의 특성에 따른 음식과의 조화도 연구, 이화여자대학교 대학원 석사논문.

한화호텔앤드리조트 서비스매뉴얼.

호텔 그랜드앰버서더 서울 식음료업무 매뉴얼.

호텔 쉐라톤워커힐, 식음료매뉴얼.

호텔신라 서비스매뉴얼.

SPC그룹 서비스매뉴얼.

www.deconcrete.org

www.friendsx.net

www.winefolly.com

http://4.bp.blogspot.com

http://all-free-download.com

http://andiamoitaliangrill.com

http://blog.daum.net

http://dlegongbuwarac.edupia.com

http://focuspos.com

http://gospel.tistory.com

http://wordtemplatesbundle.com

http://www.abiko-wakatake.com
http://www.digital-sense.co.jp
http://www.hospitality-school.com
http://www.ldoceonline.com
http://www.pbrs.ac.nz
http://www.seven-proshop.com
http://thesool.com
https://c1.staticflickr.com
https://dev.visioncruise.co.uk
https://i.pinimg.com
https://mask.co.uk
https://ningbo.park.hyatt.com
https://thumbnail.image.rakuten.co.jp
https://twitter.com
https://upload.wikimedia.org
https://www.dreamstime.com
https://www.etiquettescholar.com
https://www.gettyimages.com
https://www.matchingfoodandwine.com
https://www.salsristoranteitaliano.com
https://www.thebalance.com
https://www.wikihow.com
https://www.winecircle.co.uk

〈동영상〉

https://www.youtube.com/watch?v=AGVADxg5k60
https://www.youtube.com/watch?v=iVpaczaAIuQ
https://www.youtube.com/watch?v=68t6TQUh2bQ(greeting and seating)
https://www.youtube.com/watch?v=r0q5-Uy1lI8(Hospitality How To-Wine Service)
https://www.youtube.com/watch?v=2Gl7qj13P6A(How to carry a tray of drinks)

https://www.youtube.com/watch?v=x44Fi6ux6Sk(How to open a bottle of Red Wine)
https://www.youtube.com/watch?v=mERHrv97PIM(taking an order)
https://www.youtube.com/watch?v=RuiSExp2s7M(restaurant training video)
https://www.youtube.com/watch?v=Qs9Yb2eUMTg(how to take a food order)

Profile

송홍규

- 장안대학교 외식산업학과 교수(現)
- 경희대학교 호텔대학 식음료서비스강사
- 경희사이버대학교 대학원 강사
- 성신여자대학교 대학원 강사
- 〈세프뉴스〉 음식칼럼니스트
- 외식창업경영학교 교장
- 월간 〈외식경영〉 음식칼럼니스트
- 〈이데일리〉 음식칼럼니스트
- 한국관광공사 음식부문 자문위원
- 한국관광공사 호텔등급심사위원
- 한국생산성본부 국가의전 강사
- 한국연회기획사협회 회장
- 한국외식경영학회 부회장
- 한국음식관광연구원 사무총장
- 한화그룹 인재경영원 교관
- 한화호텔앤드리조트 호텔 / 식음사업부 식음 / 연회과장
- SPC그룹 미래창조원 교관

저서 호텔연회기획, 호텔이벤트, 파티기획의 이해, 신외식산업론, 외식창업실무, 외식서비스실무, 메뉴관리상품론

논문 자영업자의 내부마케팅이 직무만족과 조직몰입 및 경영성과에 미치는 영향(2017)
소상공인의 역량이 서비스몰입과 경영성과에 미치는 영향(2016)
Environmental factors on the entrepreneurship of successful restaurant establishment(2015)
외 20여 편의 논문

NCS-based
FOOD and
BEVERAGE
Service